Die empfängergerichtete Organspende

Recht und Medizin

Herausgegeben von den Professoren
Dr. Erwin Deutsch, Dr. Bernd-Rüdiger Kern, Dr. Adolf Laufs (†),
Dr. Hans Lilie, Dr. Hans-Ludwig Schreiber, Dr. Andreas Spickhoff

Bd./Vol. 119

*Zur Qualitätssicherung und Peer
Review der vorliegenden
Publikation*

Die Qualität der in dieser Reihe
erscheinenden Arbeiten wird
vor der Publikation durch
Herausgeber der Reihe geprüft.

*Notes on the quality assurance
and peer review of this publication*

Prior to publication,
the quality of the work
published in this series
is reviewed by editors of the series.

Martina Resch

Die empfängergerichtete Organspende

Im Kontext der bedingten Einwilligung in die Organentnahme

Bibliografische Information der Deutschen Nationalbibliothek
Die Deutsche Nationalbibliothek verzeichnet diese Publikation
in der Deutschen Nationalbibliografie; detaillierte bibliografische
Daten sind im Internet über http://dnb.d-nb.de abrufbar.

Zugl.: Halle-Wittenberg, Univ., Diss., 2013

3
ISSN 0172-116X
ISBN 978-3-631-64975-6 (Print)
E-ISBN 978-3-653-04118-7 (E-Book)
DOI 10.3726/978-3-653-04118-7

© Peter Lang GmbH
Internationaler Verlag der Wissenschaften
Frankfurt am Main 2014
Alle Rechte vorbehalten.
PL Academic Research ist ein Imprint der Peter Lang GmbH.

Peter Lang – Frankfurt am Main · Bern · Bruxelles · New York ·
Oxford · Warszawa · Wien

Dieses Buch erscheint in einer Herausgeberreihe bei
PL Academic Research und wurde vor Erscheinen peer reviewed.

www.peterlang.com

**Meiner Familie
gewidmet**

Danksagung

Mein besonders herzlicher Dank gilt meinem Doktorvater Herrn Prof. Dr. Hans Lilie, dessen Engagement und Leidenschaft für das Recht der Organ- und Gewebespende schlichtweg ansteckend sind. So gab er mir nicht nur die Anregung zu dieser Arbeit, sondern betreute mich während der gesamten Entstehungszeit stets mit gutem Rat. Seine Unterstützung sowie seine zügige Durchsicht der Arbeit ermöglichten es, meine Promotion in einer angemessenen Zeit abzuschließen. Auch Herrn Prof. Dr. Günter Kirste danke ich herzlich für die Möglichkeit des persönlichen Gespräches im Laufe der Entstehung der Arbeit, wobei ich entscheidende Einblicke in die praktischen Umsetzungsschwierigkeiten der bedingten Spendebereitschaft erhalten konnte. Insbesondere sei ihm auch für die äußerst rasche Erstellung des Zweitgutachtens gedankt.

Der allergrößte Dank ist nicht zuletzt meiner Familie auszusprechen, der ich diese Arbeit widmen möchte. Stets habe ich von allen Seiten die denkbar größte Unterstützung, nachhaltiges Interesse und unnachgiebigen Ansporn für meine Arbeit erfahren dürfen. Ohne sie wäre deren zielstrebige Fertigstellung undenkbar gewesen.

Inhaltsverzeichnis

11

13

Abkürzungsverzeichnis

a.A.	Andere Ansicht
a.a.O.	Am angegebenen Ort
Abs.	Absatz
APuZ	Aus Politik und Zeitgeschichte
AT	Allgemeiner Teil
Az.	Aktenzeichen
BÄK	Bundesärztekammer
BAnz	Bundesanzeiger
Bd.	Band
BGB	Bürgerliches Gesetzbuch
BGBl.	Bundesgesetzblatt
BGesBl.	Bundesgesundheitsblatt
BGH	Bundesgerichtshof
BGHSt	Entscheidungen des Bundesgerichtshofes in Strafsachen
BGHZ	Enzscheidungen des Bundesgerichtshofes in Zivilsachen
BK	Bonner Kommentar zum Grundgesetz
BMG	Bundesministerium für Gesundheit
BT-Drs.	Bundestags-Drucksache
BVerfG	Bundesverfassungsgericht
BVerfGE	Entscheidungen des Bundesverfassungsgerichtes
BVerfGG	Bundesverfassungsgerichtsgesetz
BVerwG	Bundesverwaltungsgericht
BVerwGE	Entscheidungen des Bundesverwaltungsgericht
Bzgl.	Bezüglich
Bzw.	Beziehungsweise
CDU	Christlich Demokratische Union
CSU	Christlich-Soziale Union
DÄBl.	Deutsches Ärzteblatt
DKG	Deutsche Krankenhausgesellschaft
DÖV	Die Öffentliche Verwaltung
DSO	Deutsche Stiftung Organtransplantation

DVBl.	Deutsches Verwaltungsblatt
Ebd.	Ebenda
EGBGB	Einführungsgesetz zum Bürgerlichen Gesetzbuche
Erl.	Erläuterung
Eth Med	Ethik in der Medizin
f./ ff.	Folgend/ fortfolgende
FamRZ	Zeitschrift für das gesamte Familienrecht mit Betreuungsrecht, Erbrecht, Verfahrensrecht, Öffentlichem Recht
F.A.Z.	Frankfurter Allgemeine Zeitung
FDP	Freie Demokratische Partei
FS	Festschrift
GG	Grundgesetz
GMK	Gesundheitsministerkonferenz
gpk	Gesellschaftspolitische Kommentare
IGES	Institut für Gesundheits- und Sozialforschung GmbH
Insbes.	Insbesondere
i.S.d.	Im Sinne des/der
Jg	Jahrgang
JZ	Juristen Zeitung
LK	Leipziger Kommentar zum Strafgesetzbuch
MedR	Fachzeitschrift Medizinrecht
MMW	Münchener Medizinische Wochenschrift - Fortschritte der Medizin
m.w.N.	mit weiteren Nachweisen
N Engl J Med	New England Journal of Medicine
NJW	Neue Juristische Wochenschrift
Nr./ Nrn.	Nummer/Nummern
o.Ä.	Oder Ähnliches
RGSt	Entscheidungen des Reichsgerichts in Strafsachen
Rn.	Randnummer
S.	Satz, Seite
SPD	Sozialdemokratische Partei Deutschlands
SpuRt	Zeitschrift für Sport und Recht

16

StäKO	Ständige Kommission Organtransplantation der Bundesärztekammer
StGB	Strafgesetzbuch
TFG	Transfusionsgesetz
TPG	Transplantationsgesetz
u.a.	Und andere/ unter anderem
VBlBW	Verwaltungsblätter für Baden-Württemberg, Zeitschrift für öffentliches Recht und öffentliche Verwaltung
VGH	Verwaltungsgerichtshof
vgl.	Vergleiche
WG	Wechselgesetz
ZEE	Zeitschrift für Evangelische Ethik
ZEK	Zentrale Ethikkommission
ZfmE	Zeitschrift für medizinische Ethik
ZRP	Zeitschrift für Rechtspolitik

A. Einführung: Zum veränderten Umgang mit dem körperlichen Rückstand eines Verstorbenen

Schaut man in der Geschichte der Menschheit weit zurück und vergleicht mit der Gegenwart, so wird deutlich, dass das Verhältnis zu den körperlichen Überresten eines Verstorbenen und deren Verwendung eine grundlegende Veränderung erfahren hat.

Vor Jahrtausenden noch war für die Ägypter der menschliche Leichnam hauptsächlich ein Objekt der Totenehrung. Für das Leben nach dem Tod musste der Körper des Verstorbenen erhalten bleiben, wofür ein hoch spezialisiertes Verfahren der Mumifizierung entwickelt worden ist.[1] Hierfür musste die Bauchhöhle vollständig entleert werden, weshalb die inneren Organe entfernt[2], in sog. Kanopen[3] gegeben und neben den Sarg gestellt wurden. Von einer umfassenden ökonomischen Nutzung des Leichnams wie man sie heute vorfindet war man, abgesehen von der Verwendung einzelner Teile einer Mumie für die Herstellung von Arzneimitteln, weit entfernt. Die Anfänge einer gezielten ökonomischen Verwertung von Leichnamen und Leichenteilen sind vielmehr in der Spätantike zu suchen. Mit der Öffnung eines Märtyrergrabes und der Übertragung der Gebeine in eine innerstädtische Kirche nahm der Reliquienkult seinen Anfang, welcher in seinem Verlauf dazu führte, dass Leichname regelrecht zerteilt und an verschiedene Orte verteilt wurden. So war gewährleistet, dass möglichst viele Gläubige die Heiligen sehen, verehren und von spontan vollbrachten Wunderheilungen profitieren konnten.[4] Mit der Zahl der Heilungswunder stieg gleichsam der

---

1   Eine detaillierte Beschreibung der verschiedenen Formen der Mumifizierung (unterschieden wird zwischen der „kostbarsten Art der Leichenbereitung", der „mittleren Art" und der „dritten Art" für die Ärmeren) stammt von Herodot aus dem 5. Jh., siehe Herodot, Neun Bücher der Geschichte, 2. Buch: Euterpe, S. 121 f.

2   Meist mit Ausnahme bzw. einer Sonderbehandlung des Herzens, siehe Sethe, Zur Geschichte der Einbalsamierung bei den Ägyptern und einiger damit verbundener Bräuche, in: Sitzungsberichte der Preußischen Akademie der Wissenschaften, phil.-hist. Kl. 1934, S. 211 (216, 236–239).

3   Bauchige Krüge, vier an der Zahl, wobei zumindest in neuerer Zeit jede einem der Horussöhne zugeordnet war. Vgl. Kretschmer, Der Grab- und Leichenfrevel als strafwürdige Missetat, S. 118.

4   Knust, Wallfahrtsorte, Wanderschausteller und das World Wide Web: Ökonomisierung und Verehrung von Heiligenreliquien in Mittelalter und Gegenwart, in: Groß/

Wallfahrtsstrom Gläubiger, was sich freilich positiv auf die Einnahmen der Wallfahrtsorte auswirkte.[5] Nach und nach entstand ein zunehmendes Interesse an einer wissenschaftlichen und kommerziellen Nutzung menschlicher Körpersubstanzen. Anatomen benötigten Leichen zu Forschungs- und Lehrzwecken[6], und der einhergehende medizintechnische Fortschritt machte es möglich, dass Körpersubstanzen zu diagnostischen und therapeutischen Zwecken nutzbar gemacht werden konnten. Heute sind die Organe eines Menschen nicht mehr personengebunden nur für diesen „Lebenselixier". Dank der sich rasant weiterentwickelnden Transplantationsmedizin und Transplantationsimmunologie können die Organe Lebender und gar Verstorbener dazu verwendet werden, das Leben anderer Menschen zu retten, indem ein erkranktes Organ durch ein gesundes ersetzt wird. Aus Geweben und Zellen werden neuartige medizinische Produkte hergestellt, die Genforschung ist ein zentrales Thema der Gegenwart und nicht zuletzt zählt die Erzeugung menschlichen Lebens im Reagenzglas zu den nicht unumstrittenen Errungenschaften der medizinischen Forschung. Der Körper als „ökonomisches Objekt" ist äußerst wertvoll geworden.[7] Die meisten Bestandteile können nicht nur wissenschaftlich und diagnostisch, sondern therapeutisch sowie- und hierin liegt die einträglichste

---

Grande (Hrsg.), Objekt Leiche, S. 337 ff. Als Objekte der Heiligenverehrung dienten „Haut, Haare, Körperfett, Nabelschnüre, Organe, Zähne, Fingernägel, Muttermilch, Vorhäute, Tränen, Blut und Asche".

5   Ebd., S. 346.
6   An dieser Stelle ist anzumerken, dass die Beschaffungssituation im 18. und vor allem 19. Jahrhundert mangels in ausreichendem Maße zur Verfügung stehender geeigneter Sektionsobjekte sehr schwierig gewesen ist. Ausführlich zur Situation Kursachsens im 18. Jh. siehe Lück, Zur Rechtspraxis der Leichenbeschaffung in Kursachsen während des 18. Jahrhunderts, in: Schultka/Neumann (Hrsg.), Anatomie und Anatomische Sammlungen im 18. Jahrhundert; Stukenbrock weist in diesem Zusammenhang darauf hin, dass im 18. Jh. Verordnungen erlassen wurden, wonach nicht nur Hingerichtete an die Anatomie geliefert werden sollten, sondern auch „Leichen von armen Unbekannten, von in Hospitälern und Zuchthäusern Verstorbenen, von Fremden, Verunglückten und Totgefundenen" sowie von „unwürdigen" Armen. Es folgten Ablieferungsbestimmungen für ledige Mütter und uneheliche Kinder, vgl. Stukenbrock, Der tote Körper als anatomisches Objekt: Wahrnehmungen im 18. Jahrhundert, in: Schultka/Neumann (Hrsg.), Anatomie und Anatomische Sammlungen im 18. Jahrhundert, 437 (443).
7   Der französische Psychoanalytiker Michel Tort hat daher „Warme Leichen und kalte Embryonen" als die begehrtesten Objekte unserer Gesellschaft bezeichnet, in: Le désir froid – Procreation artificielle et crise des repères symboliques.

Form- industriell verwertet werden.[8] Diese Errungenschaften erfordern von der Gesellschaft ein hohes Maß an Sensibilität und Verantwortungsbewusstsein. Insbesondere dem Gesetzgeber kommt bei der rechtlichen Regulation des Umgangs mit Körpersubstanzen die Funktion des „Zünglein an der Waage" zu, wobei er stets bestrebt ist technischen und biomedizinischen Fortschritt mit dem Anspruch der Bevölkerung auf eine sozialkonforme Normierung, die Selbstbestimmung und Menschenrechte achtet, in Einklang zu bringen.

I. Ziele der Arbeit

Die vorliegende Arbeit hat sich anknüpfend an diesen schwierigen Balanceakt des Gesetzgebers zum Ziel gesetzt, die bestehenden gesetzlichen Regelungen des Transplantationsgesetzes hinsichtlich der Verknüpfung einer Organspendeerklärung mit einer Bedingung einer rechtlichen, in Bezug auf die Leichenspende anhand des § 9 Abs. 2 S. 3 TPG insbesondere verfassungsrechtlichen, Überprüfung zu unterziehen. Hierbei soll untersucht werden, ob der Gesetzgeber bei der Schaffung des Gesetzes das Persönlichkeits- und Selbstbestimmungsrecht potentieller Spender im Hinblick auf Bestimmungen verfahrenstechnisch-organisatorischer Natur sowie auf Bestimmungen, den Organempfänger betreffend, in ausreichendem Maße beachtet hat.

Nach einer lediglich überblickartigen Darstellung des rechtlichen Rahmens zur Zulässigkeit von Leichen- und Lebendspende wird mit Ausführungen zur Verfassungsmäßigkeit der Restriktion des Empfängerkreises bei der Lebendspende fortgefahren werden. Erlauben doch die bestehenden Regelungen, wie zu zeigen sein wird, hier gerade nur die Spende an einen bestimmten Empfänger. In Anlehnung an diese Ausführungen soll nach einer Untersuchung der generellen Beschränkbarkeit der Organspendeerklärung zum eigentlichen Schwerpunkt der Arbeit, der gerichteten Organspende, übergeleitet werden. Hierbei liegt der Fokus auf einer verfassungsrechtlichen Prüfung der Vereinbarkeit einer Leichenspende zugunsten eines ausgewählten Empfängers mit dem Transplantationsgesetz. In der Konsequenz wird gefragt werden, ob es insofern einer gesetzlichen Normierung bedarf, eine Novellierung des TPG also

---

8   Ausführlich zu den Phasen und Typen der Körperbearbeitung Schneider, Die soziale und rechtliche Regulation des Transfers von Körpersubstanzen: Kategorien, Klassifikationen und Normbildungsprozesse, in: Steineck/Döring (Hrsg.), Kultur und Bioethik. Eigentum am Körper, S. 27 (33 f.). Von Keller wird die Leiche gemessen an ihrer ökonomischen Verwertbarkeit (gesprochen wird von dem Wert einer Leiche in den auf kommerzielle Verwertung spezialisierten USA von 250.000 Dollar und mehr) gar als „Schatz des 21. Jahrhunderts" bezeichnet, vgl. Keller, Ausgeschlachtet, S. 12.

insofern als unerlässlich anzusehen ist. Hierbei sollen stets die Stärkung des Vertrauens der Bevölkerung in die Organspende und das Bestreben die Spendezahlen zu erhöhen, um den bestehenden Organmangel zu bekämpfen, als Leitgedanken dienen, wenngleich dem fortwirkenden Persönlichkeitsrecht des Verstorbenen sowie der Totensorge der Angehörigen besondere Aufmerksamkeit gebühren soll. Es schließt sich ein Vergleich der Lebend- und Leichenspende an, welcher Parallelen und Unterschiede aufzuzeigen versucht, wobei eventuell bestehende Unterschiede eine mögliche Ungleichbehandlung zu rechtfertigen vermögen.

Bereits aus dem Themenbereich der Arbeit, dem Medizinrecht, *in concreto* dem Transplantationsrecht, ergibt sich, dass eine rein rechtliche Betrachtung nicht ausreichend wäre, um sämtliche Auswirkungen der Zulässigkeit bzw. Unzulässigkeit der bedingten Organspende zielführend zu erfassen. Das Transplantationsrecht beansprucht, wie sonst wohl im Hinblick des Lebensschutzes nur noch das Embryonenschutzgesetz, elementaren Fragen wie Leben und Tod einen rechtlichen Rahmen zu geben.[9] Überdies sind in die Entscheidung über die Durchführung einer Transplantation Dritte (Angehörige und Ärzte) „in besonderer Weise"[10] eingebunden. Insofern verknüpft diese Materie beispielhaft die Disziplinen Recht, Medizin und Ethik. Nicht zuletzt verfolgt diese Arbeit daher das Ziel, mithilfe ethischer Grundsätze diesen Themenkomplex akzentuiert interdisziplinär zu begleiten und ethische Erwägungen in die Untersuchung der Organspendeeinwilligung unter Empfängerbestimmung einzubeziehen. Am Ende der Arbeit sollen schließlich die Ergebnisse der Untersuchung thesenartig zusammengefasst werden.

II. Thematischer Hintergrund

Mit dem Inkrafttreten des Gesetzes über die Spende, Entnahme und Übertragung von Organen am 1. Dezember 1997[11] waren große Hoffnungen verbunden. Ziel

---

9   Junge beschreibt das bestehende Spannungsverhältnis wie folgt: „So wirft die besondere Nähe zwischen Leben und Tod, zwischen der Lebensrettung bzw.- verlängerung für den einen und des Sterben eines anderen, für die Praxis der Organübertragung einen Schatten auf ein Verfahren, das sich hervorragend für die Projektion von Ängsten und Befürchtungen eignet, die, kollektiv tradiert, eine eigene Geschichte haben.", Tod und Unsterblichkeit. Legitimationsstrategien um Diskurs um Organspende, in: Hilt/ Jordan/Frewer (Hrsg.), Endlichkeit, Medizin und Unsterblichkeit, S. 191.

10   Steigleder, BGesBl. 8/2008, 850.

11   BGesBl. 1997 I, S. 2631–2639, mit Ausnahme zweier Regelungen zur Lebendspende, welche erst am 1. Dezember 1999 in Kraft traten. Ausführlich zur

war es, mit diesem Gesetzeswerk Rechtssicherheit und Transparenz bei der Spende, Entnahme und Übertragung von Organen und Geweben zu schaffen, das Organaufkommen deutlich zu steigern und den Organhandel einzudämmen. Doch die Bilanz nach sechzehn Jahren Transplantationsgesetz fällt ernüchternd aus, denn die Erwartungen konnten zumindest im Hinblick auf die Steigerung der Spendebereitschaft und das Organspenderaufkommen nicht erfüllt werden. Derzeit befinden sich in Deutschland über 12.000 Menschen auf der Warteliste für ein Organ, doch nur ca. 3.500 Transplantationen im Jahr werden durchgeführt.[12] Dieses enorme Missverhältnis hat nicht selten den „Tod auf der Warteliste"[13] zur Folge[14]. Die Spendebereitschaft hatte bereits im Jahr 2008 mit 1.198 Menschen, die nach dem Tod ihre Organe spendeten, im Vergleich zum Vorjahr sogar um 9 % abgenommen[15]. Nicht zuletzt wegen der alarmierenden Zahlen wurde auch im Koalitionsvertrag von CDU, CSU und FDP von einem dringenden Handlungsbedarf gesprochen. Laut dieser Vereinbarung sollten vor allem die organisatorischen und strukturellen Rahmenbedingungen in den Krankenhäusern derart verändert werden, dass eine Stärkung der Organspende erfolgt.[16] Bereits die Aufnahme des Ziels der Förderung der Organspende in den Koalitionsvertrag ließ die hohe gesellschaftliche und politische Brisanz der Thematik offenbar werden. Zwar konnte der plötzliche dramatische Rückgang der Spenderzahlen im Jahr 2009 gestoppt

---

Entstehungsgeschichte des TPG siehe Nickel/Schmidt-Preisigke/Sengler, Transplantationsgesetz. Kommentar mir einer umfassenden Einführung, Stuttgart 2001 bzw. zur Besonderheit der Situation nach der Wiedervereinigung siehe Hirsch/Schmidt-Didczuhn, Transplantation und Sektion. Die rechtliche und rechtspolitische Situation nach der Wiedervereinigung.

12 Siehe DSO – Jahresbericht 2012, S. 20.

13 Hierzu ist das gleichnamige Buch von Breyer u. a., Organmangel: Ist der Tod auf der Warteliste unvermeidbar? erschienen. Aufgrund des Organmangels sterben in Deutschland jährlich ca. 1.000 Menschen, weil ihnen nicht rechtzeitig ein passendes Organ zur Verfügung gestellt werden kann.

14 Lilie spricht in „Aktuelle Probleme bei der Organtransplantation – Zur Widerspruchslösung –",vor diesem Hintergrund als Ursache der hohen Sterblichkeitsrate auf der Warteliste nicht nur von einem Organversagen, sondern von einem Organspendeversagen, in: Lilie/Rosenau/Hakeri (Hrsg.), Die Organtransplantation – Rechtsfragen bei knappen medizinischen Ressourcen, S. 55.

15 Siehe DSO-Jahresbericht 2008, S. 15.

16 Siehe Wachstum. Bildung. Zusammenhalt. Koalitionsvertrag zwischen CDU, CSU und FDP. Beschlossen und unterzeichnet am 26. Oktober 2009, S. 92; abrufbar unter: http://www.cdu.de/doc/pdfc/091026-koalitionsvertrag-cducsu-fdp.pdf (zuletzt abgerufen am 12.09.2013).

werden,[17] doch als im Jahr 2012 Manipulationen der Warteliste in verschiedenen Transplantationskliniken[18] öffentlich geworden sind hatte dies fatale Auswirkungen auf die ohnehin erneut sinkende Spendebereitschaft der Deutschen. Im Jahr 2012 war mit einem Minus von 12, 8 Prozent ein deutlicher Rückgang der Spendebereitschaft im Vergleich zu Jahr 2011 zu verzeichnen.[19] Im ersten Halbjahr 2013 ging die Bereitschaft zur Organspende gar um 18 % im Vergleich zum Vorjahr zurück.[20] Neben einer schonungslosen Aufklärung der aufgedeckten Manipulationen sowie der Umstrukturierung des Meldeprozesses muss es weiterhin erklärtes Ziel bleiben, die Anzahl der für eine Spende verfügbaren Organe durch jede nur denkbare Maßnahme zu steigern, soweit diese mit rechtlichen, medizinischen und ethischen Vorgaben und Verhaltensanweisungen in Einklang steht.

Trotz einer Neufassung des TPG im Jahr 2007, welche mit der europarechtlich angestoßenen Gewebegesetzgebung einherging[21], blieben die Bestimmungen zur Organentnahme zunächst weitgehend bestehen, bis im Jahr 2012 das TPG gleich durch zwei Gesetze novelliert wurde. Die Regulierung des Transplantationsrechts hat den Gesetzgeber vor eine interdisziplinäre Herausforderung gestellt, denn die Regelung dieser Materie erforderte neben dem Anspruch auf Rechtsklarheit die Einbeziehung medizinischer Erkenntnisse sowie ethischer Erwägungen.

So soll im Folgenden zunächst eine kurze rechtliche Umrahmung des Verfahrens der Organgewinnung und -verteilung erfolgen, bevor sodann auf den Organmangel und mögliche Lösungsansätze einzugehen sein wird. Im Speziellen jedoch liegt der Schwerpunkt dieser Arbeit, wie vorangehend bereits deutlich gemacht worden ist, in der Untersuchung der Bedingbarkeit einer Spendeerklärung, insbesondere aber auf der gerichteten Lebend- sowie Leichenspende. An die Ausführungen zur Rechtfertigung des beschränkten Empfängerkreises bei der Lebendspende schließt sich eine Untersuchung der Möglichkeit einer bedingten Leichenspende an. Hierbei soll geprüft werden, inwieweit die Erklärung zur Organspende Beschränkungen beinhalten kann und welche Auswirkungen eine unwirksame Bedingung auf die Geltungskraft einer Organspendeerklärung hat.

---

17 Zu den detaillierten Zahlen siehe unter C.

18 Ausführlich zu dem tatsächlichen Geschehen sowie einer strafrechtlichen Bewertung siehe der Aufsatz von Kudlich, Die strafrechtliche Aufarbeitung des „Organspende-Skandals", in: NJW 2013, 917 ff.

19 Siehe Jahresbericht der DSO 2012, S. 16.

20 So ein Bericht der Sendung „Fakt", Das Erste, abrufbar unter: http://www.mdr.de/fakt/organspendeskandal100.html (zuletzt abgerufen am 12.09.2013).

21 Gesetz über Qualität und Sicherheit von menschlichen Zellen und Geweben (Gewebegesetz) vom 20. Juli 2007 (BGBl. 2007 I, S. 1574 ff.).

Insbesondere die Zulässigkeit der Heranziehung des Notstandskriteriums im Bereich der Transplantationsmedizin und die analoge Anwendbarkeit des beschränkten Empfängerkreises der Lebendspende auf die gerichtete Leichenspende sollen einer eingehenden Untersuchung unterzogen werden. Im Anschluss daran wird § 9 Abs. 2 S. 3 i.V.m. § 12 TPG auf seine Verfassungskonformität hin untersucht werden.

B. Gesetzlicher Rahmen

Zunächst soll also ein kurzer Überblick über die bestehenden Regelungen zur Organentnahme gegeben werden, um den rechtlichen Gesamtkontext zu verdeutlichen, innerhalb dessen die Spende von Organen in Deutschland derzeit möglich ist. An einigen der zu nennenden Voraussetzungen wird starke Kritik geübt, worauf selbstverständlich auch hingewiesen werden soll. Jedoch wird zugunsten des eigentlichen Schwerpunktes der Arbeit darauf verzichtet, die Einzelheiten der Streitigkeiten im Detail auszuführen. Zu einigen Punkten, welche für die Thematik der Bedingbarkeit von Erklärungen zur Organspende erheblich erscheinen, werden im fortlaufenden Text an geeigneter Stelle tiefergehende Ausführungen erfolgen.

Grundsätzlich werden zwei Arten der Entnahme von Organen unterschieden. So ist eine Organspende sowohl vom toten als auch vom lebenden Spender möglich, wobei die Zulässigkeit der einzelnen Transplantation jeweils vom Vorliegen bestimmter Voraussetzungen abhängig ist.

I. Die Leichenspende

Die Organentnahme vom toten Spender darf nur erfolgen, wenn die folgenden Voraussetzungen der §§ 3, 4 TPG vorliegen.

1. Einwilligung bzw. Zustimmung

Die Zulässigkeit der Organentnahme nach dem Tod des Spenders setzt das Vorliegen einer zu Lebzeiten des Spenders erklärten Einwilligung, die Zustimmung durch eine vom Spender zuvor bestimmte Person bzw. subsidiär die Zustimmung der Angehörigen des Verstorbenen voraus.

a) Einwilligung des Verstorbenen

Um dem Persönlichkeitsrecht des Verstorbenen aus Art. 2 Abs. 1 i.V.m. 1 Abs. 1 GG[22] Rechnung zu tragen, ist es für die Zulässigkeit der postmortalen Organentnahme gem. § 3 Abs. 1 S. 1 Nr. 1 TPG grundsätzlich erforderlich, dass der potentielle Spender in die Organentnahme zu Lebzeiten eingewilligt hat. Dies ist der Fall, sofern der potentielle Spender verständlich zum Ausdruck gebracht hat, dass er der Entnahme von Organen oder Geweben zum Zwecke einer Übertragung nach dem ärztlich festgestellten Tod zustimmt.[23] Formvorschriften sind hierbei nicht zu beachten, die Äußerung des Willens kann mithin sowohl mündlich als auch schriftlich erfolgen, wobei sich für die schriftliche Willensäußerung die Nutzung eines sog. Organspendeausweises[24] anbietet (§ 2 Abs. 5 TPG). Bereits ab dem vierzehnten Lebensjahr kann gem. § 2 Abs. 2 S. 3 TPG der Organentnahme wirksam widersprochen und ab dem sechzehnten Lebensjahr eine wirksame Einwilligung erklärt werden. Aus § 2 TPG ergibt sich zwar, dass die Bevölkerung über die Möglichkeiten, Voraussetzungen und Bedeutung der Organ- und Gewebespende aufzuklären ist, eine individuelle Aufklärung ist gesetzlich jedoch nicht vorgesehen.[25]

Eine zentrale Speicherung der Erklärungen zur Organ- und Gewebespende wird bislang noch nicht vorgenommen. Zwar ist in § 2 Abs. 3 TPG eine Verordnungsermächtigung enthalten, welches es dem Bundesministerium für Gesundheit mit Zustimmung des Bundesrates gestattet, eine Stelle mit der Speicherung der Erklärungen zu betrauen (Schaffung eines sog. Organ- und Gewebespenderegisters), doch ist bislang von dieser Möglichkeit wegen datenschutzrechtlicher Bedenken wie auch wegen Vorbehalten hinsichtlich des erhöhten Verwaltungsaufwandes aufgrund der Notwendigkeit, die Aktualität der Entscheidung permanent sicherzustellen, kein Gebrauch gemacht worden. Frühestens in der nächsten Legislaturperiode ist daher mit der Einführung zu rechnen. Gegen eine freiwillige Speicherung der Organspendebereitschaft auf der seit Oktober 2011 eingeführten sog. elektronischen Gesundheitskarte spricht aus Sicht des Bundesministeriums für Gesundheit

---

22 Hierzu ausführlich siehe unter G III. 3.
23 Nickel, Die Entnahme von Organen und Geweben bei Verstorbenen zum Zwecke der Transplantation, S. 150.
24 Die Bezeichnung als „Organspendeausweis" ist insofern allgemein irreführend, als dass auf dem Ausweis ebenso einer Organentnahme widersprochen werden kann, bzw. die Einwilligung auf bestimmte Organe beschränkt werden kann. Die Verf. hält es daher für ratsam, über eine Umbenennung in „Erklärung zur Organspende" nachzudenken.
25 Sasse, in: Miserok/Sasse/Krüger, TPG, § 2 Rn. 15.

hingegen nichts.[26] Vielmehr könne eine solche Möglichkeit für jeden Versicherten Anstoß sein, sich mit der eigenen Spendebereitschaft auseinanderzusetzen.

Zu beachten ist weiterhin, dass, trotz des Vorliegens der Einwilligung des Verstorbenen, § 3 Abs. 3 TPG eine Unterrichtung der nächsten Angehörigen über die beabsichtigte Organ- und Gewebeentnahme durch den Arzt vorsieht. So wird den Angehörigen die Möglichkeit gegeben, den dem Arzt vorliegenden Willen des Spenders mit einer möglicherweise ihnen gegenüber abgegebenen Erklärung abzugleichen.[27] Hintergrund ist auch hier die Stärkung des Vertrauens der Bevölkerung in die Organspende durch die Schaffung einer Kontrollmöglichkeit. Praktisch kann sich hieraus die Problemkonstellation ergeben, dass zwar eine Einwilligung des potentiellen Spenders vorliegt, die Angehörigen einer Entnahme jedoch unter (glaubhaftem) Hinweis auf einen entgegenstehenden Willen des Verstorbenen widersprechen. Wenn auch bei Vorliegen einer Erklärung des Verstorbenen diese grundsätzlich den Erklärungen der Angehörigen vorgeht[28], so ist dem Arzt dennoch im Hinblick auf eine eventuelle Strafbarkeit gem. § 19 Abs. 1 Nr. 1 TPG von einer Entnahme abzuraten, denn der Widerruf der Einwilligung ist jederzeit, auch formlos, möglich, sodass nicht ausgeschlossen werden kann, dass der Verstorbene trotz der vorliegenden anderslautenden Erklärung mit einer Organentnahme im Zeitpunkt der konkreten Entnahmesituation nicht einverstanden war. Eine Anknüpfung an den durch das Vorliegen einer schriftlichen Einwilligung hervorgerufenen Rechtsschein eines nicht vorhandenen Widerrufs[29] und eine daraus folgende Unbeachtlichkeit eines mündlich erklärten Sinneswandels überzeugt hingegen nicht. Dies würde der Möglichkeit eines formlosen Widerrufs der Erklärung Bedeutungslosigkeit zuschreiben und zudem das Misstrauen in den Prozess der Organspende schüren. Die Stärkung des Vertrauens der Bevölkerung ist jedoch erklärtes Ziel der gesetzlichen Regelung. Außerdem widerspräche dies eindeutig der Vorschrift des § 3 Abs. 3 TPG, welche gerade dazu dient, dass dem aktuellen Willen des Verstorbenen zur Geltung verholfen wird.[30] Dass der Körper eines Verstorbenen trotz des zu einem späteren Zeitpunkt mündlich erklärten

---

26 Siehe Pressemitteilung Nr. 62 des Bundesministeriums für Gesundheit vom 06.11.2010, „Ein modernes Gesundheitssystem braucht eine elektronische Gesundheitskarte – Kassen müssen konstruktiv mitarbeiten".

27 BT-Drs. 13/4355, S. 18.

28 Diese Wertung ergibt sich aus dem Vorrang des postmortalen Selbstbestimmungsrechts vor dem Totensorgerecht der Angehörigen, siehe BGH, Urt. v. 26.11.1954, BGHZ 15, 249 ff.

29 Siehe Walter, in: FamRZ 1998, 201 (206); Rixen, in: Höfling, TPG, § 2 Rn. 42.

30 Sasse, in: Miserok/Sasse/Krüger, TPG, § 2 Rn. 34.

Widerrufs zum Zwecke der Organentnahme in einen Operationssaal gelangt, steht dem Selbstbestimmungsrecht des Verstorbenen entgegen und ist mithin als unzulässig anzusehen.

b) Zustimmung durch eine vom Spender bestimmte Person

Abweichend von dem Einwilligungserfordernis des § 3 Abs. 1 S. 1 Nr. 1 TPG wird dem Spender gem. § 2 Abs. 2 S. 1 TPG die Möglichkeit eingeräumt, die Entscheidung über eine Organ- und Gewebespende auf eine namentlich benannte Person seines Vertrauens zu übertragen. Diese hat dann im Falle, dass der Verstorbene als Organ- und Gewebespender in Betracht kommt, die Entscheidung darüber zu treffen, ob sie der Entnahme zustimmt oder widerspricht. Sie tritt gem. § 4 Abs. 3 TPG an die Stelle des nächsten Angehörigen, womit die Einwilligung oder der Widerspruch zur Organ- und Gewebespende grundsätzlich Bindungswirkung für den Arzt entfaltet und anderslautende Erklärungen nächster Angehöriger mithin grundsätzlich als unbeachtlich anzusehen sind.

c) Zustimmung der Angehörigen

Ist eine Willensbekundung des möglichen Spenders, mündlich oder schriftlich[31], nicht vorhanden (im Jahr 2012 lag in nur 33,5 % der Fälle eine zustimmende Willensbekundung in mündlicher oder schriftlicher Form vor)[32] und ist auch eine Vertrauensperson nicht mit der Entscheidung betraut worden, darf eine Entnahme nur erfolgen, wenn ein nächster Angehöriger nach Maßgabe des § 4 Abs. 2 TPG über die potentielle Spendereigenschaft informiert wurde und der Organentnahme zugestimmt hat (sog. erweiterte Zustimmungslösung)[33]. Hierbei hat der

---

31 Eine spezielle Form ist (entgegen § 4 TPG „schriftlich") gesetzlich nicht vorgeschrieben, sodass die Erklärung sowohl mündlich als auch schriftlich erfolgen kann. Bei einer mündlichen Äußerung ist der Arzt jedoch gemäß § 4 Abs. 1 S. 1 TPG verpflichtet, auch die Angehörigen zu befragen, ob ihnen der erklärte Wille bekannt ist.

32 Siehe DSO – Jahresbericht 2012, S. 14.

33 Auf den noch immerwährenden Streitstand zur erweiterten Zustimmungslösung vs. Widerspruchslösung soll an dieser Stelle nicht näher eingegangen werden. Unter Punkt D. I. findet sich eine kurze Darstellung der gewichtigsten Argumente. Zur Kritik an der erweiterten Zustimmungslösung und alternativen Modellen ausführlich siehe: Rosenberg, Die postmortale Organtransplantation, S. 40 ff.

Angehörige gem. § 4 Abs. 1 S. 4 TPG den mutmaßlichen Willen des potentiellen Organspenders zu beachten.[34]

Praktisch ist es jedoch auch trotz stetiger Aufklärungsarbeit der entsprechenden Institutionen und zunehmender medialer Präsenz der Organspende häufig der Fall, dass dem Angehörigen schlicht die nötigen Anhaltspunkte fehlen, aus denen ein mutmaßlicher Wille des Verstorbenen hergeleitet werden könnte. In einer solchen Situation hat der Angehörige eine völlig selbständige Entscheidung nach eigenem, ethisch verantwortbarem Ermessen im Rahmen seines Totensorgerechts[35] zu fällen.[36]

Hat weder der Verstorbene zu Lebzeiten eine Erklärung abgegeben und sind Angehörige nicht vorhanden oder ist eine Kontaktaufnahme zu diesen nicht möglich, so darf eine Entnahme nicht stattfinden.[37]

Die durch die Regelung des § 4 TPG eingeräumte Entscheidungsmöglichkeit der nächsten Angehörigen oder anderer nahestehender Personen wird teilweise als unverhältnismäßiger Eingriff in das Persönlichkeitsrecht des Verstorbenen angesehen.[38] Dem ist entgegenzusetzen, dass auch das Betreuungsrecht in § 1904 BGB die Vertretung einwilligungsunfähiger Patienten durch den Betreuer für Maßnahmen gestattet, welche die Untersuchung des Gesundheitszustandes, eine Heilbehandlung oder einen ärztlichen Eingriff betreffen.[39] Außerdem ist dem Gesetz, abgesehen von der Eheschließung und der Erstellung eines Testaments, ein Verbot der Vertretung in persönlichen Angelegenheiten generell fremd.[40] Zwar trifft § 1905 BGB eine Einschränkung für die Einwilligungserteilung durch den Betreuer

---

34 Höfling/Rixen, TPG, § 4 Rn. 9; Schroth, TPG § 4 Rn. 11; Schreiber, Rechtliche Aspekte der Organtransplantation, in: Organtransplantation. Medizinische, rechtliche und ethische Aspekte, S. 72.

35 Hierbei handelt es sich um ein absolutes Recht i.S.d. §§ 823, 1004 BGB, siehe LG Kiel, Urt. v. 5.7.1985, Az.: 5 O 97/85; LG Bonn, Urt. v. 25.2.1970, Az.: 7 O 230/69; Maurer spricht in diesem Zusammenhang von einem sog. „Pflichtrecht", weil es im Sinne des Verstorbenen wahrgenommen werden muss, hierzu genauer siehe Maurer, in: DÖV 1980, 7 (13) und siehe unter G. III. 3. d) (bb) (4). Näheres zu der Ansicht, bei dem Totensorgerecht handele es sich um ein eigenes Persönlichkeitsrecht der Angehörigen bei Schenk, Die Totensorge – Ein Persönlichkeitsrecht, S. 92 ff.

36 Krüger, in: Miserok/Sasse/Krüger, TPG, § 4 Rn. 58 u. 59; Norba, Rechtsfragen der Transplantationsmedizin aus deutscher und europäischer Sicht, S. 153.

37 Schroth, in: Schroth/König/Gutmann/Oduncu, TPG, § 3 Rn. 18; Nickel/Schmidt/Preisigke/Sengler, TPG, § 3 Rn. 8.

38 Schachtschneider/Siebold, in: DÖV 2000, 129 ff.

39 Diettrich, Organentnahme und Rechtfertigung durch Notstand?, S. 41 ff.

40 So die Argumentation von Schreiber, Ausschuss-Drs. 598/13, 10 (18).

für den Fall einer Sterilisation des Betreuten, in die dieser nicht einwilligen kann. Diese Beschränkung der ansonsten uneingeschränkten Vertretungsmacht zeigt deutlich, dass der Gesetzgeber durchaus einen Unterschied zwischen der Einwilligung in einen ärztlichen Heileingriff und der Einwilligung in einen solch einschneidenden Eingriff wie der dauerhaften Unfähigkeit zur Fortpflanzung durch die mit einem medizinischen Eingriff verursachte Unfruchtbarkeit sieht. Doch genau wie auch im Rahmen der Zustimmung eines nächsten Angehörigen in die Entnahme von Organen, welche sich an dem mutmaßlichen Willen des Verstorbenen orientieren muss (§ 4 Abs. 1 S. 4 TPG), darf auch die Sterilisation nicht gegen den Willen des Betreuten erfolgen. Hieran wird deutlich, dass gerade durch den Betreuer bzw. die Angehörigen dem beachtenswerten Willen des Betreuten bzw. Verstorbenen zur Geltung verholfen werden soll. Für die Organentnahme unter Zustimmung der nächsten Angehörigen bedeutet das folglich gerade keinen Eingriff in das postmortale Persönlichkeitsrecht des Verstorbenen, sondern vielmehr den Schutz und die Durchsetzung des Willens über den Tod hinaus.

2. Todeskriterium

Eine weitere Voraussetzung für die zulässige postmortale Organtransplantation ist die Feststellung des Todes des möglichen Spenders. Bislang noch besteht größtenteils Einigkeit darüber, dass allein der Tote als Spender von Organen in Betracht kommt. Wann jedoch ein Mensch als tot bezeichnet werden kann, wird gemeinhin keinesfalls so einhellig beurteilt.[41]

a) Harvard Medical School, Hirntod und wachsende Zweifel

Auch wenn jüngst gar die Forderung nach einer gänzlichen Abschaffung der Tote-Spender-Regel[42] Bestandteil der Diskussion geworden ist[43], wird zum jetzigen

---

41 Geisler spricht in diesem Zusammenhang von einem „fundamentalen Dilemma" der Transplantationsmedizin, vgl. Die Lebenden und die Toten. Die Transplantationsmedizin beginnt sich von der „Tote-Spender-Regel" zu verabschieden, in: Universitas, Januar 2010, 5 (9).

42 Auch als Dead Donor Rule bezeichnet.

43 Auf die Abschaffung der Tote-Spender-Regel als mögliche Schlussfolgerung aus der Hirntodproblematik weist u. a. der amerikanische „President's Council on Bioethics" in einem Gutachten aus dem Jahr 2008 hin, vgl. S. 56 ff., lehnt dies aber schließlich unter Hinweis auf den einhergehenden Qualitätsverlust der zur Transplantation zur Verfügung stehenden Organe ab; angeregt wird dies ebenfalls von Robert D. Truog,

Zeitpunkt am Hirntodkriterium, welches auf ein aus dem aus dem Jahre 1968 stammenden Gutachten der Harvard Medical School zur „Definition des irreversiblen Komas" zurückgeht, festgehalten. Bereits im Vorfeld des Erlasses des TPG wurde dieses Kriterium auf das Heftigste diskutiert[44] und ist auch heute noch, fast sechzehn Jahre nach Erlass des TPG, anhaltender Kritik ausgesetzt[45]. Schließlich wurde mit dem Gesetzestext der Hirntod des Spenders als maßgeblich festgeschrieben. Demnach darf eine Organentnahme nicht erfolgen, wenn nicht zuvor der endgültige, nicht behebbare Ausfall der Gesamtfunktion des Großhirns, des Kleinhirns und des Hirnstamms nach Verfahrensregeln, die dem Stand der Erkenntnisse der medizinischen Wissenschaft entsprechen, festgestellt wurde (vgl. § 3 Abs. 2 Nr. 2 TPG).[46] Fürsprecher des Hirntodkriteriums argumentieren, dass mit dem Gesamtausfall der Hirnfunktion die körperlich-geistige Einheit des Menschen zerstört sei, die „Gesamtheit", die einen lebenden Menschen ausmache existiere nach

---

Harvardprofessor für Medizinethik und Anästhesie, und Franklin G. Miller, Bioethiker des National Institutes of Health (Bethesda), siehe The Dead Donor Rule and Organ Transplantation, in: N Engl J Med 2008, 359, S. 674 f.

44 Schreiber, Rechtliche Aspekte der Organtransplantation, in: Organstransplantation. Medizinische, rechtliche und ethische Aspekte, S. 68; Höfling, in: JZ 1995, 26 ff., Heun, in: JZ 1996, 213 ff.; Hunold, Organtransplantation in ethischer Sicht, S. 29 (33).

45 So veröffentlichte die F.A.Z. einen Leserbrief, welcher an einem Gespräch der F.A.Z. mit Prof. Kirste (ehem. medizinischer Vorstand der DSO) bemängelte, dass „der Kern des Problems der Organtransplantation jedoch fast immer umgangen [wird], so auch von Kirste: die Problematik des Hirntodes", siehe Spieker, in der F.A.Z. vom 24.04.2009, S. 9; als bewährtes Kriterium zur Todesfeststellung wird der Hirntod jedoch in BT-Drs. 16/12554, S. 5 bezeichnet; aus medizinischer Sicht siehe Lütz, Die Diskussion zum Transplantationsgesetz – eine ärztliche Stellungnahme, in: Hirntod als Todeskriterium, S. 27 ff.; aus philosophischer Sicht siehe Stoecker, Ein Plädoyer für die Reanimation der Hirntoddebatte in Deutschland, in: Preuß/Knoepffler/Kodalle (Hrsg.), Körperteile – Körper teilen?, S. 41 ff.; ebenso fordert Müller eine Wiederaufnahme der Debatte aufgrund neuer empirischer Erkenntnisse und plädiert für eine funktionelle Bildgebung zur Sicherung der Hirntod-Diagnose sowie Vollnarkose, um bei nicht messbarer Hirnaktivität oder im Fall von Messfehlern Angst und Schmerzen auszuschließen, siehe Müller, Revival der Hirntoddebatte: Funktionelle Bildgebung für die Hirntod-Diagnostik, in: Eth Med 2010, 5 ff.

46 Kirste, Thieme-Refresher Organtransplantation, S. R4; Hirsch/Schmidt-Didczuhn, Transplantation und Sektion. Die rechtliche und rechtspolitische Situation nach der Wiedervereinigung, S. 13; das TPG arbeitet in den §§ 3, 5 TPG unglücklicherweise mit 2 Todesbegriffen, hierzu siehe Deutsch/Spickhoff, Medizinrecht, Rn. 878.

dem Hirntod nicht mehr länger.[47] Hiergegen wird eingewandt, dass der Hirntod, anders als der Herztod, nur ein Zustand auf dem Weg zum Tod sei, und nicht einem umfassenden Tod, sondern dem erlöschenden Leben zugerechnet werden müsse.[48] Die Diskussion wird zusätzlich durch neueste Forschungsergebnisse neurologischer Studien befeuert, welche den sog. „chronischen Hirntod" zum Gegenstand haben. Diese zeigen, dass nach einer Hirntoddiagnose der Zeitraum zwischen Herztod und körperlichem Verfall teilweise Wochen oder noch länger betragen kann.[49] Die Diskussion macht deutlich, dass eine klare und eindeutige Grenzziehung zwischen Leben und Tod trotz oder gerade wegen modernster Medizintechnologie und Diagnostik nicht zweifelsfrei erfolgen kann. Der Bundestag hat sich jedoch erst kürzlich erneut auf eine kleine Anfrage hin deutlich zu der bisherigen Hirntodkonzeption positioniert, denn hiermit würde „der Tod des Menschen durch Nachweis eines der sicheren Todeszeichen zweifelsfrei festgestellt."[50]

b) Ordre-public

Die Vermittlung ausländisch entnommener Organe nach einem Herzstillstand, ohne dass zuvor der Gesamthirntod oder ein anderes sicheres Todeszeichen diagnostiziert wurde (sog. „Non heart-beating donor")[51], ist durch den sog. ordre-public-Vorbehalt

---

47 Statt vieler Schreiber, Wann ist der Mensch tot? Im Transplantationsgesetz muß die Frage nach dem Ende des Lebensschutzes beantwortet werden, in: Firnkorn (Hrsg.), Hirntod als Todeskriterium, S. 47.

48 Siehe statt vieler Lütz, Die Diskussion zum Transplantationsgesetz – eine ärztliche Stellungnahme, in: Firnkorn (Hrsg.), Hirntod als Todeskriterium, S. 27 ff.; aus ethischer Sicht Tambornino, Organtransplantation, abrufbar unter: www.drze.de/im-blickpunkt/pdfs/pdf-organtransplantation-de/view, S. 9 ff. (zuletzt abgerufen am 12.09.2013).

49 Siegmund-Schultze, Zweifel: Wie sicher ist die Diagnostik des Hirntodes?, in: Ärztezeitung für Onkologen und Hämatologen, Beilage der Ärzte Zeitung, Ausgabe 2010/8, 16 (17). In diesem Zusammenhang gehört auch der im genannten Aufsatz näher ausgeführte Hinweis auf die Möglichkeit der modernen Medizin, die Schwangerschaft von hirntoten Frauen erfolgreich zu Ende zu bringen. So wurden bis zum Jahre 2003 zehn Hirntote von lebenden Kindern entbunden, wovon eines jedoch Fehlbildungen aufwies; speziell zu dieser Thematik auch die Dissertation von Vogel, Organentnahme bei hirntoten Schwangeren. Oder: Sterbehilfe am Lebensanfang; die Forderung nach „eingehender und kritischer Prüfung" der dead donor rule stellte jüngst auch Höfling, in: MedR 2012, 407 ff.

50 BT-Drs. 17/14527.

51 Abgekürzt „NHBD".

34

des § 12 Abs. 1 S. 4 TPG ausgeschlossen, denn dies wäre mit wesentlichen Grundsätzen des deutschen Rechts (Art. 1, Art. 2 Abs. 2 S. 1 GG) unvereinbar. Dem trägt auch § 6 Abs. 2 des Vertrages mit der Stiftung Eurotransplant International Foundation (ET)[52] Rechnung, wonach ET ein Organ, von dem *„bekannt ist, dass es entweder nicht entsprechend den Vorschriften des jeweiligen Landes entnommen wurde, oder dass es zwar entsprechend den jeweiligen Vorschriften entnommen wurde, die Entnahmevorschriften jedoch mit wesentlichen Grundsätzen des deutschen Rechts (ordre public), insbesondere der Menschenwürde, dem Recht auf Leben und körperliche Unversehrtheit und der Abschaffung der Todesstrafe nicht vereinbar sind, nicht an Empfänger innerhalb des Geltungsbereiches des TPG"* vermittelt.

3. Arztvorbehalt

Die Todesfeststellung nach § 3 Abs. 1 S. 1 Nr. 2 und Abs. 2 Nr. 2 TPG muss gemäß § 5 Abs. 1 S. 1 TPG durch zwei voneinander unabhängige Ärzte erfolgen, die anschließend weder an der Entnahme noch an der Übertragung der Organe mitwirken. Handelt es sich um Feststellungen nach § 3 Abs. 1 Nr. 2 TPG in Bezug auf den nicht behebbaren und endgültigen Stillstand von Herz und Kreislauf und sind seitdem mehr als drei Stunden vergangen, genügt gemäß § 5 Abs. 1 S. 2 TPG ein feststellender Arzt.

II. Die Lebendspende

Der dritte Abschnitt des TPG regelt die Zulässigkeitsvoraussetzungen der Lebendorganspende. Trotz des gesundheitlichen Risikos für den Spender gilt die Lebendspende einer Niere, bzw. die Teilspende von Leber, Dünndarm, Lunge und Bauchspeicheldrüse[53] mittlerweile als zulässiger Routineeingriff[54], nicht zuletzt, weil durch sie ein besseres Transplantatüberleben, eine Vermeidung langer

---

52 Als Auftraggeber fungieren der AOK-Bundesverband, der Bundesverband der Betriebskrankenkassen, der IKK-Bundesverband, der Bundesverband der landwirtschaftlichen Krankenkassen, der Verband der Angestellten-Krankenkassen e.V., der AEV-Arbeiter-Ersatzkassen-Verband e.V., die Bundesknappschaft und die See-Krankenkasse gemeinsam mit der Bundesärztekammer und der Deutschen Krankenhausgesellschaft.

53 Siehe Teilbericht „Lebendspende" – Aktualisierung 2008 der GMK-Arbeitsgruppe Bioethik und Recht.

54 Ebd., S. 74.

Wartezeiten und eine effektive Planbarkeit und Vorbereitung des Eingriffs sichergestellt werden kann. Jedoch ist sie nur innerhalb eines engen rechtlichen Rahmens
erlaubt. Umrahmt wird sie zuförderst durch den Vorrang der Leichenspende gem.
§ 8 Abs. 1 S. 1 Nr. 3 TPG, die in § 8 Abs. 1 S. 2 TPG normierte Begrenzung des
Spenderkreises sowie der Sanktionsmöglichkeit des entnehmenden Arztes gem.
§ 19 Abs. 1 TPG. Weitere Bestimmungen füllen diesen Rahmen aus.

1. Subsidiarität

Die Subsidiarität ist einer der Stützpfeiler der Regelungen zur Lebendorganspende.

a) Bedeutung

Die Lebendorganspende darf gem. 8 Abs. 1 S. 1 Nr. 3 TPG nur in jenen Fällen
zur Anwendung kommen, in denen ein geeignetes Organ eines Verstorbenen nicht
verfügbar ist. Diese Subsidiarität korrespondiert mit dem Organhandelsverbot
des § 17 TPG und soll außerdem die Freiwilligkeit der Lebendspende sichern.[55]
Weiterhin bedeutet eine Lebendspende ein gesundheitliches Risiko für den Spender, weil sie gerade keinen Heileingriff darstellt: Deshalb ist sie zurückhaltend
anzuwenden.[56] Weiteres erklärtes Ziel ist es zudem zu verhindern, dass die Bemühungen um die Leichenspende nachlassen.[57]

b) Kritik

Der Subsidiaritätsgrundsatz wird in der Literatur stark kritisiert.[58] Ansatzpunkt
der Kritik sind die mittlerweile bei einer Nierenlebendspende nachweisbar
besseren Ergebnisse im Hinblick auf das Transplantatüberleben im Vergleich

---

55 Ebd., S. 75; sehr kritisch hierzu Besold und Rittner, welche sogar die Streichung der
    Subsidiaritätsklausel fordern, siehe Besold/Rittner, in: MedR 2005, 502 (503).
56 Lilie betont in einem mit dem Deutschen Ärzteblatt geführten Interview, dass
    Langzeiterfahrungen der Lebendspende gezeigt haben, dass Schädigungen von
    Organspendern die Ausnahme geblieben sind, siehe Interview mit Prof. Dr. Hans
    Lilie, Vorsitzender der ständigen Kommission Organtransplantation der Bundesärz-
    tekammer, in: Deutsches Ärzteblatt, Jg. 106, Heft 51–52, A 2537–A 2540.
57 BT-Drs. 16/12554, S. 7 u. 29; Gutmann, Für ein neues Transplantationsgesetz, S. 81.
58 Höfling/Esser, TPG, § 8 Rn. 54 ff.; Fornara, Lebendspende, insbesondere Cross-over –
    die ärztliche Perspektive, in: Middel/Pühler/Lilie/Vilmar (Hrsg.), Novellierungsbedarf

zur Transplantation einer Niere vom toten Spender.[59] So wird demzufolge dem Empfänger eines postmortal gespendeten Organs per Gesetz eine nach wissenschaftlichen Ergebnissen offenkundig schlechtere Therapie aufgezwungen.[60]

Zu Recht wird dies als nicht hinnehmbar angesehen. Dem potentiellen Organempfänger ist es nicht zumutbar, ein zur Verfügung stehendes Leichenorgan akzeptieren zu müssen, wenn die Transplantation einer Niere eines zur Verfügung stehenden Lebendspenders sehr viel erfolgversprechender ist. Vielmehr ist es vom Willen des Empfängers abhängig, ob er ein lebend gespendetes oder ein postmortal gespendetes Organ transplantiert bekommen möchte, was nach Sinn und Zweck der Subsidiaritätsklausel nach der hier vertretenen Ansicht mit dieser auch nicht in Konflikt steht.[61]

c) Möglichkeiten der Umgehung

Abgesehen von der bedingt durch den bestehenden Organmangel ohnehin nur marginalen Bedeutung des Vorrangs der Leichenspende lässt sich bereits rein praktisch die geforderte Subsidiarität dadurch umgehen, dass der Empfänger ein angebotenes Leichenorgan ablehnt, oder er, sofern ein Lebendspender existiert, von der Warteliste gestrichen wird. Darüber hinaus regelt § 5 Abs. 5 des Eurotransplant-Vertrages, dass nach erfolgtem Organangebot durch die Vermittlungsstelle[62]

---

des Transplantationsrechts, S. 135 ff.; Gutmann/Schroth, Organlebendspende in Europa, S. 25 ff. m.w.N.

59   Waiser, Determinanten des Transplantatüberlebens nach Nierentransplantation, S. 13 ff. (abrufbar unter: www.diss.fu-berlin.de, zuletzt abgerufen am 12.09.2013); Eine ausführliche Studie zu Langzeitergebnissen nach Nierentransplantation bei kommerzieller Lebendspende und Lebendspende von Verwandten oder Lebenspartnern von Ali Lahresh ist unter: http://docserv.uni-duesseldorf.de/servlets/DerivateServlet/Derivate-4609/Langzeitergebnisse%20nach%20Nierentransplantation%20bei%20kommerzieler%20Lebendspende%20und%20Lebendspende%20von%20Verwandten%20o.pdf abrufbar (zuletzt abgerufen am 12.09.2013).

60   So Gutmann, siehe: Für ein neues Transplantationsgesetz, S. 71; Gutmann/Schroth, Organlebendspende in Europa, S. 25 ff; Höfling/Esser, TPG, § 8 Rn. 55, Rixen, Die geltende Regelung zur Lebendspende: Vorverständnisse, Probleme, Änderungsbedarf, S. 77.

61   Ebenso Nickel/Schmidt-Preisigke/Sengler, Transplantationsgesetz, Kommentar mit einer umfassenden Einführung, § 8 Rn. 11, welcher auf das Selbstbestimmungsrecht der Empfängers verweist.

62   Zu den Aufgaben und der Eingliederung Eurotransplants im deutschen Organspendeprozess siehe unter B. III. 2.

an einen Wartelistenpatienten, dem behandelnden Arzt letztlich die Entscheidung obliegt, ob das angebotene Organ seinem Patienten implantiert wird. Insofern gesteht dieser Vorbehalt, dem jedes Organangebot durch Eurotransplant unterliegt, dem behandelnden Arzt einen Ermessensspielraum bei der Entscheidung zu, wann ein Organ „geeignet" ist und weshalb er ein zur Verfügung stehendes Leichenorgan wegen Ungeeignetheit ablehnen kann.[63] Die ablehnende Entscheidung hätte zur Folge, dass das betreffende Organ demjenigen Patienten verbindlich angeboten wird, der auf dem zweiten Platz der für dieses Organ durch Eurotransplant spezifisch geführten Liste geführt wird.[64] Ein Leichenorgan würde in den angeführten Fällen folglich im Zeitpunkt der Organentnahme nicht zur Verfügung stehen, die Lebendspende kann erfolgen.

Eine rechtsmissbräuchliche Handlungsweise der ein Leichenorgan zur Ermöglichung einer Lebendspende ablehnenden Ärzte ist, anders als bei der Meldung eines Patienten als vorübergehend nicht transplantabel, entgegen anderslautender Meinungen,[65] hierin nicht zu sehen. Die Ablehnung eines Leichenorgans, um so dem Patienten die wesentlich bessere Funktionsraten aufweisende Lebendspende zu ermöglichen, wird vor dem Hintergrund des Sinns und Zwecks der Subsidiaritätsregelung nicht ausgeschlossen. Die Mahnung, Bemühungen um die postmortale Organspende nicht zu vernachlässigen, schließt gleichsam eine Beachtung des Selbstbestimmungsrechtes des Empfängers, im Falle dieser wünscht eine Lebendspende zu erhalten, nicht aus. Sinn und Zweck des § 8 Abs. 1 S. 1 Nr. 3 TPG kann es nicht sein, den Empfänger unter Missachtung seines Rechtes auf Selbstbestimmung sowie unter Hinnahme des mit einer Leichenspende verbundenen schlechteren Outcomes auf die Leichenspende zu verweisen. Im Übrigen kann auch dem Arzt im Hinblick auf seine Berufspflichten nicht zugemutet werden, die nachweislich schlechtere Behandlungsform anzuwenden. Seine Entscheidung, ein Leichenorgan nicht anzunehmen, während ein Lebendspender zur Verfügung steht, ist mithin rechtskonform.

Eine andere Bewertung erfordert hingegen die wahrheitswidrige Meldung eines Patienten als vorübergehend nicht transplantabel. Hier wird durch den Arzt eine

---

63 Nach der Ansicht von Schroth macht die Möglichkeit eines solchen Vorgehens die Regel der Subsidiarität „erträglich", siehe Lebendspende, insbesondere Cross-over – die juristische Perspektive, in: Middel/Pühler/Lilie/Vilmar (Hrsg.), Novellierungsbedarf des Transplantationsrechts, S. 151.

64 Krüger, Die Organvermittlungstätigkeit Eurotransplants im Sinne des § 12 TPG, S. 84.

65 So Nickel/Preisigke/Sengler, TPG, § 8 Rn. 11.

bewusste Falschmeldung durchgeführt, die verhindert, dass dem Patienten überhaupt erst ein Leichenorgan angeboten werden kann. Hierin ist, wenngleich das TPG eine Strafbewährung für diesen Fall nicht vorsieht, dennoch die Beeinträchtigung des auf Objektivität und äußerste Sorgfalt angelegten Transplantationsprozesses zu sehen. Nicht zuletzt stellt dies im Gegensatz zur Nichtannahme eines Organs wegen Ungeeignetheit eine Verletzung der berufsrechtlichen Pflichten des Arztes dar. Ein solches Vorgehen ist daher in der Tat als rechtsmissbräuchlich anzusehen.

d) Plädoyer für eine Beibehaltung der Subsidiarität mit Änderungen

Vielmehr ist aufgrund der nahezu praktischen Bedeutungslosigkeit und der geschilderten Umgehungsmöglichkeiten, nach der hier vertretenen Auffassung davon abzusehen, die Subsidiaritätsklausel gänzlich aus dem TPG zu streichen.[66] Es steht zu befürchten, dass dies ein falsch verstandenes Signal für die Bevölkerung darstellen könnte. Diese könnte vermuten, die Leichenspende sei vernachlässigbar, kann sich doch der transplantatbedürftige Patient nach einem passenden Lebendspender umsehen. Die jahrelangen Bemühungen um eine Steigerung der Organspendezahlen, insbesondere hinsichtlich der Leichenspende, würden möglicherweise zunichte gemacht. Eine solche Wirkung gilt es im Interesse der Organspende in Deutschland zu vermeiden. Vielmehr sollte der Gesetzgeber entgegen anderslautender Forderungen[67] die Subsidiaritätsklausel beibehalten und eine Klarstellung vornehmen, nach welcher der potentielle Empfänger trotz bestehender Subsidiarität selbstbestimmt zwischen Lebendspende- und Leichenspendeorganen entscheiden kann. Damit würde weiterhin dem Bemühen um die Leichenspende Ausdruck verliehen und zugleich den neuesten wissenschaftlichen Erkenntnissen zum Transplantatüberleben bei einer Nierenspende Rechnung getragen. Eine unveränderte Beibehaltung der Klausel wäre jedoch nicht zuletzt im Hinblick auf Art. 2 Abs. 2 GG, dem Grundrecht auf Leben und körperliche Unversehrtheit, als zumindest verfassungsrechtlich bedenklich anzusehen.

---

66 Für eine Beibehaltung des Vorrangs der Leichenspende auch Schreiber, Die Notwendigkeit einer Ausweitung der Zulässigkeit von Lebendspenden, in: Rittner/Paul (Hrsg.), Ethik der Lebendorganspende, S. 62 ff; a.A. Radau, Die Biomedizinkonvention des Europarates, S. 146, weil Eingriffe, bei denen ein erhöhtes Gefährdungspotential bestehe, bereits nach § 8 Abs. 1 S. 1 Nr. 1 c TPG ausgeschlossen seien; die Subsidiaritätsklausel sei daher nicht erforderlich.

67 So Gutmann, Für ein neues Transplantationsgesetz, S. 78, dem sich auch Rixen, in: Die geltende Regelung zur Lebendspende: Vorverständnisse, Probleme, Änderungsbedarf, S. 78, anschließt.

2. Gutachten einer Lebendspendekommission

Des Weiteren bedarf es gemäß § 8 Abs. 3 S. 2 TPG für die zulässige Organentnahme vom lebenden Spender der gutachterlichen Stellungnahme einer nach Landesrecht zuständigen Kommission, welche Aussagen darüber treffen soll, ob begründete tatsächliche Anhaltspunkte dafür vorliegen, dass die Einwilligung des Spenders unfreiwillig erfolgte oder ein Fall des verbotenen Handeltreibens vorliegt (§ 8 Abs. 3 S. 3 TPG).[68]

Dieser müssen demgemäß „ein Arzt, der weder an der Entnahme noch an der Übertragung von Organen beteiligt ist, noch Weisungen eines Arztes untersteht, der an solchen Maßnahmen beteiligt ist, eine Person mit der Befähigung zum Richteramt und eine in psychologischen Fragen erfahrene Person angehören". Diese Gutachterkommission soll prüfen, ob tatsächliche Anhaltspunkte für eine nicht freiwillige Organspende oder für verbotenen Organhandel vorliegen[69], wobei die Verfahrensvoraussetzungen (u. a. Anhörung von Spender und Empfänger) in den Ländern teilweise unterschiedlich geregelt sind.[70] Allein das Vorliegen eines abschließenden Votums ist dem Wortlaut der Vorschrift nach Rechtmäßigkeitsvoraussetzung für die Lebendspende. Daraus ergibt sich, dass das Votum, sei es positiv oder negativ, für den transplantierenden Arzt nicht verbindlich ist. So kann sich der verantwortliche Arzt im Rahmen seiner Letztverantwortlichkeit über eine negative Stellungnahme der Kommission hinwegsetzen und die Transplantation durchführen. Die Gesetzesbegründung spricht bezüglich des Zweckes

---

68 Das Gutachten einer Landeskommission hat lediglich empfehlenden Charakter und löst für den transplantierenden Arzt keine Bindungswirkung aus, siehe BT-Drs. 16/12554, S. 8; Gutmann, Probleme einer gesetzlichen Regelung der Lebendspende von Organen, in: MedR 1997, 147 (151).

69 BT-Drs. 13/4355, S. 14; im Falle einer Lebendspende an eine besonders persönlich verbundene Person hat die Lebendspendekommission die besondere persönliche Verbundenheit insofern zu prüfen, ob diese einen Hinweis für eine bestehende Unfreiwilligkeit oder gar Organhandel darstellt. Die Feststellung der Verbundenheit selbst ist nach dem Wortlaut des § 8 Abs. 3 S. 2 TPG nicht Gegenstand der Prüfung, hierzu siehe Fateh-Moghadam/Schroth/Gross/Gutmann, Die Praxis der Lebendspendekommissionen, S. 173; die Möglichkeit durch eine Kommission von außen beurteilen zu können, inwiefern der Spendeentscheidung Freiwilligkeit zugrunde liegt, bezweifelt Breyer, in: ZfmE 48 (2002), 111 (120).

70 Einheitliche Verfahrensregelungen zum Zwecke der Vereinheitlichung und Transparenz fordert daher Neft, in: NZS 2010, 16 (23), m.w.N. Auch der Möglichkeit bzw. Effizienz von sog. „Kommissions-Hopping" wäre damit nach hier vertretener Auffassung Einhalt geboten.

des Votums der Kommission von einer zusätzlichen verfahrensrechtlichen Sicherheit für den Arzt.[71] Das Votum der Lebendspendekommission hat demnach einen rein empfehlenden Charakter[72], die Nichteinholung und die Nichtbeachtung des Votums sind nicht strafbewehrt. Auch ein „Vetorecht" der Kommission ist abzulehnen, da durch ein Veto die Realisierung wesentlicher Grundrechtspositionen von Spender und Empfänger von der Lebendspendekommission abhängen würden, hierfür jedoch nach der Rechtssprechung des Bundesverfassungsgerichts sehr viel höhere Anforderungen an die Zusammensetzung der Kommission und ihr Entscheidungsverfahren zu stellen wären.[73] Des Weiteren ist es bei einem abschlägigen Votum der Kommission den Betroffen möglich, sich bei einem anderen Transplantationszentrum und einer anderen Lebendspendekommission vorzustellen, um doch noch ein positives Votum zu erhalten.[74]

3. Weitere Voraussetzungen

Neben dem Vorliegen der medizinischen Voraussetzungen (§ 8 Abs. 1 S. 1 Nr. 1 lit. c, Nr. 2 TPG) für eine Spende, wie der Eignung des Spenders und dem voraussichtlichen gesundheitlichen Nutzen für den Empfänger, schreibt das Gesetz außerdem die Volljährigkeit und Einwilligungsfähigkeit des Spenders (§ 8 Abs. 1 Nr. 1 TPG) sowie die Vornahme des Eingriffs durch einen Arzt (§ 8 Abs. 1 S. 1 Nr. 4 TPG) vor. Die Notwendigkeit der Einwilligung des Spenders nach erfolgter umfangreicher Aufklärung ist ausführlich in § 8 Abs. 2 TPG beschrieben.

---

71 BT-Drs. 13/4355, S. 21; zu den haftungsrechtlichen Risiken des sich über eine negative Stellungnahme der Lebendspendekommission hinwegsetzenden Transplanteurs siehe Teubner, Aufgaben und Umfang der Tätigkeit der Lebendspendekommission nach § 8 Abs. 3 TPG, S. 116; Wagner/Fateh-Moghadam sprechen daher von einer „faktischen Bindungswirkung", in: Soziale Welt 56 (2005), 73 (88).

72 So auch Teubner, Aufgaben und Umfang der Tätigkeit der Lebendspendekommission nach § 8 Abs. 3 TPG, S. 115, der jedoch für den Fall einer Transplantation trotz negativer Stellungnahme der Kommission wegen Zweifeln und der Freiwilligkeit darauf hinweist, dass sich der Arzt dann in der Regel zumindest nicht mehr auf einen Verbotsirrtum wird berufen können; Gutmann/Schroth, Organlebendspende in Europa, S. 35.

73 BVerfGE 69, 315 (355); 83, 130 (152).

74 Zum sog. „Kommissions-Hopping" sowie einer zu erwägenden Etablierung eines regelmäßigen Informationsaustausches zwischen den Kommissionen siehe Teilbericht „Lebendspende" der GMK-Arbeitsgruppe „Bioethik und Recht", S. 19 (abrufbar unter: www.gmkonline.de, zuletzt abgerufen am 12.09.2013).

4. Begrenzter Empfängerkreis

Im Gegensatz zur anonymen Leichenspende erfolgt die Lebendspende eines Organs zur Übertragung auf eine bestimmte Person. In § 8 Abs. 1 S. 2 TPG ist daher die Restriktion des Empfängerkreises der Lebendspende enthalten, welcher die Entnahme nicht regenerierungsfähiger Organe nur für die Übertragung auf Verwandte ersten oder zweiten Grades, Ehegatten, Lebenspartner, Verlobte oder andere Personen vorsieht, die dem Spender in besonderer persönlicher Verbundenheit[75] offenkundig nahestehen. Die Zulässigkeit der Beschränkung wurde vom Bundesverfassungsgericht bestätigt[76], wenn auch in der Literatur teilweise erhebliche verfassungsrechtliche Bedenken[77] gegen diese Beschränkung geäußert werden.

III. Verfahren der Organgewinnung und Verteilung

Bezüglich des Verfahrens der Organentnahme, -vermittlung und -übertragung bestimmter Organe von verstorbenen Spendern fixiert das TPG im vierten Abschnitt (§§ 9–12 TPG) einige Grundsätze und Verfahrensweisen, welche die Regulierung des Transplantationsprozesses bestimmten Institutionen übertragen.[78]

1. Vermittlungspflichtige Organe

Herz, Niere, Leber, Lunge, Bauchspeicheldrüse und Dünndarm dürfen, dem toten Spender entnommen, nur durch dafür zugelassene Transplantationszentren übertragen werden (§ 9 Abs. 2 S. 1, § 10 TPG) und müssen zu diesem Zweck durch die Vermittlungsstelle vermittelt worden sein (§ 9 Abs. 2 S. 2 TPG). Es handelt sich um Organe, welche nicht regenerierbar sind.

---

75 Problematisch in diesem Zusammenhang sind die mit der Beschränkung einhergehenden Schwierigkeiten der sog. Überkreuz- bzw. Cross-over Spende, auf welche an dieser Stelle nicht näher eingegangen werden kann. Lesenswert hierzu das Urteil des Bundessozialgerichts, Urt. v. 10.12.2003 – BSGE 92, 19.

76 Beschluss vom 11.08.1999; BVerfG, NJW 1999, S. 3399 ff.; hierbei handelt es sich um einen Nichtannahmebeschluss, der keine Bindungswirkung i.S.d. § 31 Abs. 1 BVerfGG entfaltet; zustimmend statt vieler Enders, „Mein Körper gehört mir"!? – Das Menschenrecht der Bestimmung über sich selbst und die Phänomenologie seiner Grenzen, in: Götting/Sternberg-Lieben (Hrsg.), Der Mensch als Ware, S. 59 (69).

77 Statt vieler Deutsch/Spickhoff, Medizinrecht, Rn. 888; Schroth, TPG, § 8 Rn. 27 ff.

78 Rosenberg, Die postmortale Organtransplantation, S. 21.

2. Koordinierungs- und Vermittlungsstelle

Gemäß § 11 TPG ist die Organgewinnung eine gemeinschaftliche Aufgabe von Transplantationszentren und anderen Krankenhäusern in regionaler Zusammenarbeit, welche durch eine Koordinierungsstelle zentral organisiert wird. Den Transplantationszentren wurde daher ihre noch vor Erlass des TPG geltende Alleinzuständigkeit für die Koordination des Spendeprozesses zum Zwecke einer Zentralisierung entzogen.[79] Durch Verträge der in § 11 Abs. 2 und § 12 Abs. 4 TPG genannten Beteiligten wurden nun die Deutsche Stiftung Organtransplantation in Frankfurt am Main (DSO) als Koordinierungsstelle[80] und die Stiftung Eurotransplant International Foundation in Leyden/Niederlande (ET) als Vermittlungsstelle bestimmt.[81] Dass die privatrechtliche Stiftung niederländischen Rechts[82] als Vermittlungsstelle außerhalb des Geltungsbereiches des TPG liegen kann erlaubt § 12 Abs. 2 TPG, eine Regelung, welche unzweifelhaft zugunsten Eurotransplants getroffen wurde.[83] Derzeit ist ET für die Vermittlung aller Organe zuständig, welche in Deutschland, Österreich, Slowenien, Belgien, Luxemburg, Kroatien und den Niederlanden verstorbenen Menschen zum Zwecke der Transplantation entnommen werden.[84]

3. Organvermittlung i.S.d. § 12 Abs. 3 TPG

In § 12 Abs. 3 TPG ist geregelt, nach welchen Kriterien die Vermittlung von vermittlungspflichtigen Organen erfolgen soll. So hat die Vermittlungsstelle sie nach Regeln, die dem Stand der Erkenntnisse der medizinischen Wissenschaft entsprechen, insbesondere aber nach (den miteinander bereits in einem grundsätzlichen Konflikt

---

79 Mit dem Entzug der Kompetenzen war zugleich der gängigen Praxis der lokal unterschiedlichen Besetzungs- und Allokationskriterien ein Ende bereitet. So oblag es vor Erlass des TPG allein der Verantwortung der Transplantationszentren, wer auf die Warteliste für ein Organ gesetzt wurde und, mangels verbindlicher Vorschriften ebenso, wie die Organverteilung (unter Berücksichtigung eines damals existenten Selbstbehaltes) ausgestaltet wurde. Genauer zu den Gegebenheiten vor Erlass des TPG siehe Bader, Organmangel und Organverteilung, S. 85 ff.
80 Der Vertrag trat am 16. Juli 2000 in Kraft (BAnz Nr. 131a, S. 5 ff.).
81 BAnz Nr. 131a, S. 13 f.
82 Schmidt-Aßmann, Grundrechtspositionen und Legitimationsfragen im öffentlichen Gesundheitswesen, S. 106; Schroth/Gutmann, TPG, § 12 Rn. 5.
83 So auch Lilie, in: Kommentar 1 – Anforderungen an das künftige Recht, S. 47.
84 Siehe Internetauftritt von ET unter http://www.eurotransplant.org/.

stehenden Kriterien der)[85] Erfolgsaussicht und Dringlichkeit für geeignete Patienten zu vermitteln. Hierbei sind die Wartelisten der Transplantationszentren als einheitliche Warteliste zu behandeln. Dies verdeutlicht die zentrale und übergeordnete Steuerung der Organvermittlung.[86] Als Kontraindikationen für eine Aufnahme auf die Warteliste, weil sie den Transplantationserfolg kurz- oder langfristig gefährden, gelten nicht behandelbare Malignome, klinische manifeste Infektionserkrankungen ebenso wie HIV-Infektionen, schwerwiegende Erkrankungen anderer Organe, Nikotin-, Alkohol, oder sonstiger Drogen-Abusus.[87]

4. Die umstrittene Rolle der Bundesärztekammer

Neben ihrer Rolle als Vertragspartner bei der Beauftragung der Koordinierungs- und Vermittlungsstelle wird der Bundesärztekammer mit § 16 Abs. 1 S. 1 TPG die Befugnis übertragen, den Stand der Erkenntnisse der medizinischen Wissenschaft in Richtlinien festzustellen, unter anderem für die Feststellung des Todes, die Regeln zur Aufnahme in die Warteliste, oder die Eignung eines Hirntoten als Organspender. Außerdem wird gemäß § 16 Abs. 1 S. 2 TPG die Einhaltung des Standes der Erkenntnisse der medizinischen Wissenschaft vermutet, wenn die Richtlinien der Bundesärztekammer beachtet worden sind. Die Richtlinien entfalten mithin praktisch unmittelbare Bindungswirkung für die Vermittlungsstelle und haben damit tiefgreifenden Einfluss auf die Vermittlungsentscheidung,[88] was in der Literatur berechtigterweise äußerst kritisch hinterfragt wird.

Gegen die Betrauung eines nicht eingetragenen privatrechtlichen Vereins[89] mit solch weitreichenden Kompetenzen wurde eingewandt, dass es sich um einen

---

85 Die Kriterien der Erfolgsaussicht und Dringlichkeit miteinander zu verknüpfen stellt einen groben Widerspruch dar. Der gesundheitlich sehr angegriffene Patient bedarf zwar gegenüber einem gesundheitlich stabilen Patienten sehr viel dringlicher einer Transplantation, doch ist die Erfolgsaussicht bei ihm nachweisbar geringer. Dies kritisieren u. a. auch Kingreen, Gesundheit ohne Gesetzgeber, S. 166 f. und Gutmann, Allokationsfragen: Aporien und Zweifelsfragen des geltenden Rechts, S. 116.

86 Schreiber, Rechtliche Aspekte der Organtransplantation, S. 79.

87 Schreiber/Haverich, in: DÄBl. 2000; 97, Heft 7, A-385 (386).

88 Clement, Der Rechtsschutz der potentiellen Organempfänger nach dem Transplantationsgesetz, S. 178; Augsberg, Die Bundesärztekammer im System der Transplantationsmedizin, S. 51.

89 Krüger/Lautenschläger/Lilie, Transplantationsrecht, in: Hübner/Pühler/Middel (Hrsg.), Praxisleitfaden Gewebegesetz, S. 104; Laufs, in: Laufs/Uhlenbruck (Hrsg.), Handbuch des Arztrechts, § 13 Rn. 13; Deutsch/Spickhoff, Medizinrecht, Rn. 900;

Verstoß gegen den Parlamentsvorbehalt und die Wesentlichkeitstheorie des Bundesverfassungsgerichts handele.[90] Diese besagt, dass Regelungen, welche Grundrechte tangieren, im Wesentlichen durch den Gesetzgeber selbst zu treffen sind, soweit sie einer staatlichen Regelung zugänglich sind.[91] Die Verteilungsentscheidung bezüglich der Lebenschancen eines Menschen sei ein solcher grundrechtserheblicher Bereich.[92] So wird von der Literatur moniert, der Gesetzgeber hätte bezüglich der Verteilung von Lebenschancen mindestens über die Art der Auswahlkriterien und deren Rangverhältnis untereinander sowie über die wesentlichen Grundsätze zur weiteren Konkretisierung und Operationalisierung dieser Vorgaben selbst und abschließend entscheiden müssen.[93]

Dieser Ansicht ist entschieden entgegenzutreten, wurden doch nach hier vertretener Ansicht die Regelungen zur Organentnahme von toten Spendern vom Gesetzgeber ausreichend konkret[94] formuliert. So wird der Hirntod im TPG als maßgebliches Todeskriterium festgesetzt. Allein die Ausgestaltung der Todesfeststellung hat nach dem aktuellen Stand der Erkenntnisse der medizinischen Wissenschaft zu erfolgen und richtet sich mithin nach den Richtlinien der Bundesärztekammer. Durch die Richtlinienkompetenz der Bundesärztekammer, welche die Richtlinien auf der Grundlage von Vorschlägen einer speziellen Kommission mit interdisziplinärem Sachverstand erlässt[95], wird gewährleistet, dass stets die neuesten Erkenntnisse (auch der Hirntoddiagnostik) zur Anwendung kommen. Ein langwieriges Tätigwerden des Gesetzgebers muss somit nicht abgewartet werden. Die Praktikabilität[96] der Richtlinienkompetenz der Bundesärztekammer gewährleistet eine vom Gesetzgeber sonst kaum zu erreichende

---

Taupitz, Richtlinien in der Transplantationsmedizin, in: NJW 2003, 1145; Clement, Der Rechtsschutz der potentiellen Organempfänger nach dem Transplantationsgesetz, S. 181.

90 Höfling, TPG, § 16 Rn. 22 ff.; Deutsch/Spickhoff, Medizinrecht, Rn. 900.

91 BVerfGE 58, 257 (268); 47, 46 (78); 45, 400 (417); 34, 165 (192); Degenhart, Staatsrecht I, Staatsorganisationsrecht, Rn. 335 ff.

92 Deutsch, in: NJW 1998, 777 (780); Diettrich, Organentnahme und Rechtfertigung durch Notstand?, S. 48.

93 Schroth/Gutmann, TPG, § 12 Rn. 21.

94 Taupitz, in: NJW 2003, 1145–1150.

95 Die Ständige Kommission Organtransplantation gibt der BÄK Empfehlungen zu Organspende, -vermittlung und -verteilung sowie zur Organtransplantation.

96 Schreiber, Rechtliche Aspekte der Organtransplantation, S. 84; Diettrich, Organentnahme und Rechtfertigung durch Notstand, S. 49; Neft, NZS 2010, 16 (19); Mohammadi-Kangaran, Die Richtlinien der Organverteilung im Transplantationsgesetz – verfassungsgemäß?, S. 134 f.

schnellstmögliche Umsetzung neuester wissenschaftlicher Forschung und Erkenntnisse. Der interdisziplinäre Sachverstand der maßgeblichen Ständigen Kommission Organtransplantation garantiert sogleich fundierte und, gestützt auf den aktuellen Stand der Wissenschaft, sachgerechte Empfehlungen, deren juristische Tragweite gleichwohl erkannt und in die Entscheidung fachgerecht einbezogen wurde. Durch die Vorgabe abstrakter Kriterien orientiert an gesetzlichen Vorgaben fehlt der BÄK außerdem jeder konkrete Einfluss auf die Vermittlungsentscheidung bezüglich eines bestimmten Organs.[97] Die ohne Frage weitreichenden Befugnisse der Bundesärztekammer sind daher nach der hier vertretenen Ansicht zwingend erforderlich, um der Transplantationsmedizin einen praktikablen rechtlichen Rahmen zu geben.

Jedenfalls wurde im Zuge einer weiteren Novellierung des TPG mit dem 1.8.2013 eine Neuerung wirksam. § 16 Abs. 3 TPG sieht nunmehr ein Genehmigungserfordernis der Richtlinien sowie deren Änderungen vor. Neu erarbeitete Richtlinien und Änderungen sind ab sofort dem Bundesministerium für Gesundheit zur Genehmigung vorzulegen. Ganz offensichtlich soll dieser Genehmigungsvorbehalt der Kritik an der fehlenden Legitimität der Bundesärztekammer den Boden entziehen.

---

97 Robert Krüger weist zutreffend darauf hin, dass der wohl unmittelbarste Einfluss der BÄK auf den Organspendeprozess „die der Organvermittlung nachgehende Kontrolle in der Prüfungskommission der Auftraggeber im Sinne des § 10 Abs. 1 ET-Vertrages iVm § 12 Abs. 4 S. 1 Nr. 4 TPG" sei, wobei diese jedoch „mangels Gegenwärtigkeit keinen Einfluss mehr auf die Entscheidung zugunsten oder zulasten einer Transplantation eines Patienten" hätte; siehe: Die Organvermittlungstätigkeit Eurotransplants im Sinne des § 12 TPG, S. 81.

C. Problemaufriss

Das schwierigste und allgegenwärtige Problem in der Transplantationsmedizin stellt der, ganz abgesehen von der aktuell eingebrochenen Spendebereitschaft aufgrund des Allokationsskandals, über viele Jahre hinweg stetige Organmangel dar, der seine Ursache wohl nicht zuletzt auch darin hat, dass neuester wissenschaftlicher Fortschritt zu einer Ausweitung des Empfängerkreises und damit einhergehend, zu einem Zuwachs an Wartelistenpatienten führen konnte.[98] Obwohl das Organaufkommen zumindest bis zum Jahr 2007 kontinuierlich gesteigert werden konnte, haben die zur Verfügung stehenden Organe den Bedarf an Spenderorganen bei Weitem nicht decken können. Alarmierend waren in diesem Zusammenhang, die eingangs bereits angeführten schockierenden Zahlen für das Jahr 2008. Diese zeigten einen Rückgang der postmortalen Spendebereitschaft um 9 Prozent. Damit ergab sich mit 1.198 Organspendern im Jahr 2008 im Vergleich zum Jahr 2007 mit 1.313 Organspendern eine Diskrepanz von 115 Organspendern, womit sich die Anzahl der postmortal gespendeten und transplantierten Organe von 4.140 auf 3.945 reduziert hatte.[99] Der akute Rückwärtstrend konnte jedoch im Jahr 2009 zunächst gestoppt und ins Gegenteil verkehrt werden. Im Jahr 2010 standen so bereits wieder 1.296 Menschen nach ihrem Tod als Organspender zur Verfügung. Nach dem Bekanntwerden von Wartelistenmanipulationen in einigen deutschen Transplantationskliniken hat die hierdurch deutlich nachlassende Spendebereitschaft dazu geführt, dass im Jahr 2012 lediglich 1.046 Spender zur Verfügung standen. Dem andauernden Mangel an Organen steht die *grundsätzliche*[100] Bereitschaft von rund

---

98 Nagel, Alber und Bayerl sprechen insofern völlig zu Recht davon, dass die Transplantation von ihrem eigenen Erfolg eingeholt worden ist, in: APuZ 20–21/2011, S. 15 (21).

99 Siehe DSO-Jahresbericht 2008, S. 2 und S. 15, wobei auf einen möglichen Zusammenhang des Rückgangs der Organspende mit der Einführung des Gewebegesetzes vom 20. Juli 2007 (BGBl. I S. 1574) hingewiesen wird. Allerdings haben die Spenderzahlen bereits bis zum ersten Quartal des Jahres 2009 wieder zugenommen, so auch der Artikel „Bereitschaft zur Organspende wächst weiter", in der F.A.Z. vom 3. Juni 2009, S. 7; und auch 2010 war ein stetiger Anstieg zu verzeichnen, s.o.

100 Nach hier vertretener Ansicht ist die grundsätzliche Spendebereitschaft eines Großteils der Bevölkerung mit Vorsicht zu behandeln. Denn die Bereitschaft als Organspender

zwei Drittel der deutschen Bevölkerung ihre Organe nach dem Tod zu spenden entgegen, doch nur 17 Prozent haben ihren Willen mit einem Organspendeausweis schriftlich fixiert.[101] Diese enorme Diskrepanz zwischen grundsätzlicher Bereitschaft und tatsächlicher Dokumentation zeigt, welches Potential zur Steigerung der Spendezahlen vorhanden ist.

Diese Fakten belegen, dass die wohl größte Herausforderung im außermedizinischen Bereich des Transplantationswesens darin besteht, die Zahl der für eine Transplantation zur Verfügung stehenden Organe weiter konsequent zu steigern. Darüber, wie dieses Ziel, abgesehen von einer schonungslosen Aufklärung der Allokationsmissbrauchsfälle, am effektivsten umgesetzt werden kann, besteht jedoch Uneinigkeit.

---

zur Verfügung zu stehen kann zwar grundsätzlich bestehen, doch die Angst, es könne seitens der Ärzte nicht alles Notwendige unternommen werden, das eigene Leben zu retten, wenn man als Organspender in Betracht kommt, dem entgegenstehen. So sind dutzende weitere Einschränkungen denkbar, auch wenn grundsätzlich die Organspende befürwortet wird. Damit soll gezeigt werden, dass die Zahl von rund zwei Drittel der Bevölkerung, die der Organspende positiv gegenüberstehen, keinesfalls so auszulegen ist, dass all jene Menschen mit dem entsprechenden Anreiz zu potentiellen Spendern werden. Eine uneingeschränkte Bereitschaft, welche bei einer entsprechenden Motivation eine Erklärung abzugeben zutage tritt, ist sicherlich nur bei einem Bruchteil der angeführten Bevölkerungsteile vorhanden, was diesen vielfach verwendeten Einwand zumindest relativiert.

101 Umfrage von TNS Healthcare für die BZgA aus 2008, S. 4, abrufbar unter: www. organspende-info.de.

D. Lösungsansätze zur Erhöhung der Spendebereitschaft

Im internationalen Vergleich zeigt sich, dass die deutschen Spenderzahlen weitaus geringer sind als in anderen europäischen Ländern. So sind die Spanier beispielsweise mit 35, 3 Spendern pro einer Million Einwohner „Weltmeister im Organspenden"[102]. Auch in der Tschechischen Republik und Italien sind die Spenderzahlen mit 19,2 bzw. 21,8 Spendern pro einer Million Einwohner weit höher als in Deutschland mit einem bundesweiten Durchschnitt von nur 14,7 Spendern[103], wobei die Zahlen allerdings in den einzelnen Bundesländern stark variieren. In den genannten, im Hinblick auf die Organspendezahlen führenden, Ländern gilt die sogenannte Widerspruchslösung, weshalb von vielen Seiten, so auch vom Deutschen Ethikrat (ergänzt durch eine Erklärungsregelung[104]), deren Einführung auch in Deutschland gefordert wird, um so dem bestehenden Organmangel zu begegnen.[105] Ein jüngst gefundener Kompromiss ist in der sog. Entscheidungslösung zu sehen. Diese, die Widerspruchslösung sowie andere Modelle, von denen man sich eine Steigerung der Spenderzahlen erhofft, sollen im Folgenden kurz dargestellt werden. Daneben wird auch eine Streichung der Beschränkung des Spenderkreises bei der Lebendspende als effektiver Ansatz gesehen, die Zahl der Organspenden zu erhöhen. Hierauf wird im Folgenden ebenso wie auf den Ansatz der sog. Inhousekoordination einzugehen sein.

---

102 So die Überschrift eines Artikels in der F.A.Z. vom 18.01.2009: „Die Spanier sind Weltmeister im Organspenden. Und hoffen, dass andere europäische Länder ihr Modell übernehmen".

103 Siehe DSO-Jahresbericht 2012, S. 24.

104 So eine Stellungnahme des Nationalen Ethikrates, Die Zahl der Organspenden erhöhen – zu einem drängenden Problem der Transplantationsmedizin in Deutschland, S. 27.

105 Breyer u. a., Organmangel: Ist der Tod auf der Warteliste unvermeidbar?, S. 232; Gutmann, Für ein neues Transplantationsgesetz. Eine Bestandsaufnahme des Novellierungsbedarfs im Recht der Transplantationsmedizin, S. 158.

I. Die Widerspruchslösung

In Mittelpunkt der aktuellen Diskussion zur Steigerung des Spenderaufkommens steht, wie bereits deutlich gemacht, die Ablösung des Zustimmungserfordernisses zur Organspende durch ein Widerspruchserfordernis.

Die sogenannte strikte Widerspruchslösung, wie sie, wie bereits aufgezeigt wurde, beispielsweise in Italien, Österreich und Spanien[106] gilt, verbietet eine Organentnahme nach festgestelltem Tod nur, wenn der potentielle Spender zu Lebzeiten der Entnahme widersprochen hat. Aufgrund verfassungsrechtlicher Bedenken – es könne keine Pflicht geben über den eigenen Tod nachzudenken – und dem Widerspruch zum Grundsatz, dass ein Schweigen im Rechtsverkehr grundsätzlich nicht als Zustimmung gewertet werden könne[107], wurde die enge Form der Widerspruchslösung in Deutschland im Rahmen des langjährigen Gesetzgebungsprozesses abgelehnt.[108] Gegen eine zumindest aus verfassungsrechtlicher Sicht wohl zulässige Einführung der sogenannten erweiterten Widerspruchslösung[109], welche die Organentnahme nur zulässt, wenn kein Widerspruch des potentiellen Spenders zu Lebzeiten und kein Widerspruch der Angehörigen nach der Feststellung des Hirntodes erfolgt ist, werden Bedenken geäußert, welche ihr Potential zur Steigerung der Spenderzahlen betreffen. So wird darauf hingewiesen, dass in Mecklenburg-Vorpommern die Zahl der Organspenden pro einer Million Einwohner bereits bei 30 lag und mithin nur knapp hinter der spanischen Zahl

---

106 Trotz der geltenden Widerspruchslösung ist es in Spanien bemerkenswerterweise dennoch gängige Praxis, zur Entnahme von Organen eines Verstorbenen die ausdrückliche Zustimmung der Angehörigen einzuholen, auch wenn der Spender zu Lebzeiten keinen Widerspruch erklärt hat, so auch Romeo-Casabona, Das spanische Modell der Zustimmungslösung, in: Preuß/Knoepffler/Kodalle (Hrsg.), Körperteile – Körper teilen, S. 114.

107 Der Schweigende bringt grundsätzlich weder Zustimmung noch Ablehnung zum Ausdruck; es fehlt an einem Erklärungstatbestand, vgl. BGH NJW 02, 3629; Palandt/Heinrichs, BGB, Einf. v. § 116 Rn. 7.

108 Vgl. BT-Drs. 13/4355, S. 13; für zulässig hält diese Form der Widerspruchslösung hingegen wohl u. a. Wille, in: MedR 2007, 91 (93).

109 Das BVerfG hat in seiner Begründung zur Ablehnung einer Verfassungsbeschwerde gegen die erweiterte Zustimmungslösung vom 18.02.1999, in: NJW 1999, 3403 ausgeführt, dass es jedem freistehe, seinen Widerspruch gegen die Organentnahme zu erklären. Diese Argumentation ist ebenso zur Begründung der Zulässigkeit der Widerspruchslösung denkbar.

zurückbleibt.[110] In Hamburg, der DSO-Region Nord zugehörig, standen 2012 sogar 27,2 Organspender pro einer Million Einwohner zur Verfügung. Eine Zahl, welche mit dem spanischen Spendeaufkommen zwar nicht gleichauf steht, jedoch zumindest ansatzweise vergleichbar ist. Und dies, „obwohl" die erweiterte Zustimmungslösung gilt.

Der eigentliche entscheidende Unterschied der „Systeme" ist vielmehr an anderer Stelle auszumachen. So gibt es in Spanien eigens Transplantationskoordinatoren in allen Krankenhäusern, welche sich mit großem Engagement um die Organspende bemühen.[111] Die außerordentlich hohe grundsätzliche Spendebereitschaft der deutschen Bevölkerung[112] zeigt, dass mit einigen Veränderungen das vorhandene Potential zur Erhöhung der Spenderzahlen ausgeschöpft werden könnte. Zwar ist auch die Tatsache nicht von der Hand zu weisen, dass die Widerspruchslösung eine bessere Grundlage für das Gespräch mit den Angehörigen bietet, weil der Gesetzgeber bei einem nicht erfolgten Widerspruch die Entnahme von Organen grundsätzlich gestattet.[113] Dennoch ist vielmehr auf das Erfordernis verstärkter Aufklärung der Bevölkerung und personeller Umstrukturierung in den Krankenhäusern zu verweisen, als der umstrittenen Widerspruchslösung das Allheilmittel zu sehen.

Ein erster Schritt in diese Richtung wurde 2009 zwischen der DSO, dem Bundesgesundheitsministerium (BMG) und der Deutschen Krankenhausgesellschaft (DKG) vereinbart, indem auf der Grundlage des TPG neue Leitlinien für die Zusammenarbeit zwischen den Krankenhäusern und der DSO zur Steigerung der postmortalen Organspende verabschiedet worden sind.[114] So wurde ein auf zwei

---

110 Lilie, 10 Jahre Transplantationsgesetz – Verbesserung der Patientenversorgung oder Kommerzialisierung, S. 15.

111 Ebd., S. 16; außerdem bezeichnet Romeo-Casabona die stetige Steigerung der spanischen Organspendezahlen als „Ergebnis der Verknüpfung mehrer Faktoren", so u. a. die Verabschiedung des spanischen Transplantationsgesetzes 1979, ökonomische, strukturelle, organisatorische Faktoren sowie die Ausstattung mit qualifiziertem Personal, siehe: Romeo-Casabona, Das spanische Modell der Zustimmungslösung, in: Preuß/Knoepffler/Kodalle (Hrsg.), Körperteile – Körper teilen, S. 113.

112 Freilich mit Verweis darauf, dass „grundsätzlich" stets bedeutet, dass es Einschränkungen gibt, s.o.; Forsa Umfrage von 2003, Vgl. Breyer u. a., Organmangel: Ist der Tod auf der Warteliste unvermeidbar?, S. 143 u. 151 mit weiteren Nachweisen und Diskussionen zu den Umfrageergebnissen.

113 Schroth, Die postmortale Spende, in: Roxin/Schroth (Hrsg.), Handbuch des Medizinstrafrechts, S. 366.

114 Abrufbar unter: http://www.dso.de/fachinformationen/transplantationsbeauftragte/pdf/leitlinien_zusammenarbeit.pdf (zuletzt abgerufen am 12.09.2013).

Jahre angelegtes Pilotprojekt ins Leben gerufen, dessen Ziel es ist, dass der DSO alle in Frage kommenden Organspender gemeldet werden und quartalsweise Bericht über die Situation der Organspende in der betreffenden Einrichtung erstattet wird und so die Zusammenarbeit zwischen den Einrichtungen und der DSO verbessert werden kann. Durchgesetzt wird dies durch einen oder mehrere speziell zu diesem Zweck berufene Krankenhausmitarbeiter. Dieses Pilotprojekt, welches von der DSO finanziert wird, orientierte sich stark an dem in Spanien bereits sehr erfolgreich praktizierten Modell der sog. „Inhousekoordination". Die überwiegende Zahl der Universitätskliniken und Krankenhäuser mit intensivneurochirurgischer Intensivstation hatten sich zügig dem Modell angeschlossen und erste Erfolge waren bereits kurzfristig verifizierbar.[115] Diese Initiative steht exemplarisch für das erhebliche Potential, welches konkret der Aufklärung der Bevölkerung und der Umstrukturierung in den Krankenhäusern zur Steigerung der Spendezahlen innewohnt. Inzwischen ist mit der Änderung des TPG in § 9b die Bestellung eines Transplantationsbeauftragten für jedes Entnahmekrankenhaus verpflichtend eingeführt worden. Die Einführung der Widerspruchslösung ist daher nicht zuletzt wegen der hohen Wahrscheinlichkeit, dass die Bevölkerung hierdurch verunsichert wird und ein erheblicher Vertrauensverlust einhergeht, abzulehnen.

II. Entscheidungslösung

Mangels (politischer) Durchsetzbarkeit der Widerspruchslösung wurde jüngst ein Kompromiss gefunden – die Entscheidungslösung. Die Gesundheitsminister der Länder sprachen sich, initiiert durch entsprechende Vorhaben von entsprechenden Änderungsvorhaben von CDU und SPD, geschlossen für die mit gewissen Lebensabschnitten verbundene Konfrontation eines jeden Bürgers mit der Frage der eigenen Organspendebereitschaft aus. Demnach soll sich künftig jeder Bürger etwa beim Beantragen eines Führerscheins, dem Abholen eines Personalausweises oder ähnlichen Anlässen mit der Organspende konfrontiert sehen, ohne dass eine Pflicht zur Abgabe einer Erklärung besteht oder die Nichterklärung als Zustimmung gewertet würde.[116]

---

115 Vgl. Jahresbericht der DSO-Region Ost 2010, S. 13.
116 Anzumerken sei hier, dass auch in Großbritannien die Einführung einer Pflicht diskutiert wird, sich bei Beantragung eines Führerscheins zur Organspendebereitschaft zu äußern, vgl. „Briten entscheiden über Organspende mit Führerschein", in: F.A.Z. vom 03.01.2011, S. 9.

Diese Initiative korrespondiert mit dem bislang vom Bundesministerium für Gesundheit verfolgten Ziel, die Erklärung zur Organspende neben den Stammdaten des Versicherten als zusätzliche Anwendung auf die elektronische Gesundheitskarte[117] aufzunehmen.

Die Entscheidungslösung tritt so letztlich neben die erweiterte Zustimmungslösung, weil bei fehlender Erklärung des potentiellen Spenders unverändert die Angehörigen die Entscheidung über die Spende treffen müssen.

Die gezielte „hoheitliche" Konfrontation schafft mehr Aufmerksamkeit und Interesse, als es eine flächendeckende Aufklärung ohne direkte Ansprache zu erreichen vermag.[118] Insofern ist der gefundene Kompromiss in jeder Hinsicht begrüßenswert und durchaus geeignet, die Zahl der Spender zu erhöhen. Das Gesetz zur Regelung der Entscheidungslösung im Transplantationsgesetz ist zum 1.11.2012 in Kraft getreten.[119] Die Verpflichtung der nach Landesrecht zuständigen Stellen, der Bundesbehörden im Rahmen ihrer Zuständigkeit, der Bundeszentrale für gesundheitliche Aufklärung, sowie der Krankenkassen die Bevölkerung über die Organ- und Gewebespende aufzuklären und zu einer Erklärung zur Organ- und Gewebespende aufzufordern ist nunmehr in § 2 Abs. 1 und Abs. 1a TPG normiert.

III. Die Notstandslösung

Die Notstandslösung sieht eine Organentnahme ohne Einwilligung und sogar gegen den ausdrücklich erklärten Widerspruch des Verstorbenen bzw. dessen Angehörigen vor, wenn dies zur Rettung oder zur Heilung eines Menschen

---

117 Zur Regulierungsfunktion der elektronischen Gesundheitskarte siehe Pitschas, in: NZS 2009, 177 ff.

118 Kritisch sieht Schroth das Potential der Entscheidungslösung, zu einer Erhöhung der Spenderzahlen beizutragen, in: MedR 2012, 570 (576).

119 Gesetz v. 21.7.2012, BGBl. I S. 1601.
  Stiftung Organtransplantation ergreift Maßnahmen, um mehr Menschen zu retten; Meldung der DSO vom 19.01.2010, abrufbar unter: http://www.dso.de/ (zuletzt abgerufen am 12.09.2013); nach eigener Aussage von Prof. Kirste, dem ehem. medizinischen Vorstand der DSO, auf dem 2. Wissenschaftlichen Symposium der BÄK zur Lage der Transplantationsmedizin in Deutschland am 26. und 27. Januar 2010 in Berlin, sind beispielsweise in Heidelberg seit Praktizierung der „Inhousekoordination" die Spenderzahlen von 3–4 auf 19 Spender angestiegen.

geboten erscheint.[120] Hintergrund ist der Gedanke, dass jeder Bürger potentieller Organempfänger sein könnte und daher die Unversehrtheit der Leiche nachrangig sei. Es bestünde insofern ein „kollektives Zugriffsrecht"[121].

IV. Die Solidar-Modelle

Des Weiteren werden als Alternative zu den genannten Lösungsansätzen zur Steigerung der postmortalen Organgewinnung Modelle angeführt, welche an bestimmte Wechselseitigkeiten von Spender und Empfänger anknüpfen.

1. Konzept einer qualifizierten Wartezeit

So soll bei dem Konzept der qualifizierten Wartezeit jene Zeitspanne bei der Zuteilung der Position auf der Warteliste für eine Organtransplantation eine Rolle spielen, die verstrichen ist, bis der potentielle Empfänger nach Erreichen der Volljährigkeit seine Einwilligung in eine Organentnahme erklärt hat. Je später die Einwilligung erfolgt ist, umso negativer wirkt sich dies auf die Zuteilung eines Listenplatzes aus.

2. Club-Modell

Ein weiteres Konzept nimmt Bezug auf eine Möglichkeit, welche in Amerika bereits praktiziert wird, das sogenannte Club-Modell. Hierbei gründen mehrere Organspendewillige einen „Versicherungsverein auf Gegenseitigkeit"[122], wobei im Falle einer Organspende, diese vorrangig anderen Clubmitgliedern zugute kommen soll. Nur soweit das Organ von keinem anderen Clubmitglied benötigt wird, kann es einem Nicht-Mitglied transplantiert werden.[123] Voraussetzung hierfür ist jedoch eine gesetzliche Regelung, weil ein solches Vorgehen die bestehenden Allokationsregeln umgeht.

---

120 Rosenberg, Die postmortale Organtransplantation, S. 43; Opper, Die gerechte und rechtmäßige Verteilung knapper Organe, S. 77.
121 Breyer, u. a., Organmangel. Ist der Tod auf der Warteliste unvermeidbar?, S. 113; Rosenberg, Die postmortale Organtransplantation, S. 43.
122 Ebd., S. 116.
123 Breyer/Kliemt, Solidargemeinschaften der Organspender: Private oder öffentliche Organisation?, S. 136 f.

a) Modell privater Verfügung

Auch für eine Umsetzung des Modells privater Verfügung ist es erforderlich, dass es der Gesetzgeber potentiellen Organspendern ermöglicht, den Empfängerkreis einzuschränken. So könnte verfügt werden, ob die Organe nur Empfängern, welche sich selbst zur Organspende bereiterklärt haben, zugeteilt werden sollen oder ob alle potentiellen Empfänger ohne Einschränkung zum Empfängerkreis gehören. Die Gründung eines Versicherungsvereins auf Gegenseitigkeit wäre hinfällig, was eine höhere Verfügbarkeit von Organen potentiell für alle Spendebedürftigen bedeutet.[124]

b) Ringtausch

Bei dem sog. Ringtausch handelt es sich um eine Verbindung von anonymer Lebendspende und Cross-over Spende, also einer Überkreuzspende[125] in einen anonymisierten Pool. Hierbei spendet für jeden Empfänger eines Organs aus dem Pool ein Angehöriger bzw. eine i.S.d. § 8 Abs. 1 S. 2 TPG nahestehende Person eines Organempfängers ein Organ in den Pool.[126] Begründet wird die Erforderlichkeit der Einführung dieser Möglichkeit mit dem Wandel von Beziehungsstrukturen, wobei der Kreis der genetischen Verwandten immer weniger mit dem Kreis der Personen, von denen eine Lebendspende erwartet werden kann, übereinstimmt.[127]

---

124 Kliemt, Wem gehören die Organe?, in: Ach/Quante (Hrsg.), Hirntod und Organverpflanzung. Ethische, medizinische, psychologische und rechtliche Aspekte der Transplantationsmedizin, S. 271–287; darüber hinaus generell das Reziprozitätsmodell befürwortend Breyer, Möglichkeiten und Grenzen des Marktes im Gesundheitswesen. Das Transplantationsgesetz aus ökonomischer Sicht, in: Wiesing (Hrsg.), Ethik in der Medizin, S. 319–321.

125 Die Überkreuzlebendspende von zwei Paaren, bei der jeweils ein Partner des Paares Spender und der andere Partner Empfänger des anderen Paares ist, ist bei Vorliegen einer gefestigten und intensiven Beziehung zwischen den Paaren im Rahmen einer Einzelfallentscheidung möglich, so das BSG, siehe Urteil vom 10.12.2003, in: MedR 2004, 330–334.

126 BT-Drs. 16/12554, S. 33 f., mit weiteren Ausführungen zu dieser diskussionswürdigen Alternative.

127 GMK-Arbeitsgruppe Bioethik und Recht, Teilbericht Lebendspende 2008, S. 14.

V. Streichung der Beschränkung des Spenderkreises bei der Lebendspende

Als weitere Möglichkeit, dem Organmangel zu begegnen und die Spendebereitschaft zu erhöhen, wird in der Literatur in Bezug auf die Lebendspende eine Abschaffung der Regelung des § 8 Abs. 1 S. 2 TPG gefordert. Die Begrenzung des Spenderkreises bei der Lebendspende auf Verwandte ersten oder zweiten Grades, Ehegatten, eingetragene Lebenspartner, Verlobte oder andere Personen, die dem Spender in besonderer persönlicher Verbundenheit offenkundig nahestehen, wird als verfassungsrechtlich bedenklich angesehen.[128] Es wird moniert, dass hierdurch das Recht auf Leben und körperliche Unversehrtheit gem. Art. 2 Abs. 2 S. 1 GG verletzt sei. Die Freiwilligkeit der Lebendspende und der Ausschluss von Organhandel könnten bereits durch die Prüfung durch eine nach Landesrecht zuständige Kommission i.S.d. § 8 Abs. 3 S. 2 bis 4 TPG sichergestellt werden.[129] Durch eine Freigabe der Lebendspende auch an andere als den durch den Empfängerkreis vorgesehenen Personen erhofft man sich eine Steigerung der Lebendspendezahlen, weil nun tatsächlich aus einer Vielzahl potentieller Spender eine Person mit den entsprechenden Merkmalen gewählt werden kann. Eine langjährige Wartezeit für eine Transplantation benötigende Patienten könnte so vermieden werden.

Die Begründung des Gesetzgebers, dass durch die Beschränkung der Vorrang der postmortalen Organspende zum Ausdruck gebracht werden soll, da die Organentnahme vom lebenden Spender kein Heileingriff sei, sondern ihm grundsätzlich körperlich schade und Gesundheitsgefahren mit sich bringen könne,[130] wurde jedoch vom Bundesverfassungsgericht in einem Kammerbeschluss bestätigt und ein Grundrechtseingriff als auf vernünftigen Gründen des Allgemeinwohls beruhend für verfassungsrechtlich gerechtfertigt angesehen.[131]

VI. Finanzielle Anreize zur Postmortalspende

Als die wohl praktikabelste Möglichkeit, die Spendebereitschaft der Menschen anzuregen bzw. diese zur Abgabe einer positiven Spendeentscheidung zu animieren, wird derzeit in Ergänzung der erweiterten Zustimmungslösung die Einführung

---

128 Besold/Rittner, in: MedR 2005, 502 (505).
129 Ebd.
130 BT-Drs. 13/4355, S. 20.
131 BVerfG, NJW 1999, 3399, 3400 ff.

finanzieller Anreize diskutiert. Gemeint ist hierbei nicht die Belohnung einer Organentnahme durch Geldzuwendungen nach erfolgreichem Abschluss oder die Vergütung einer Lebendspende. Vielmehr sollen die Organisationsformen, die das TPG für die Entnahme und Übertragung von Organen vorsieht, bestehen bleiben. Lediglich indirekt soll auf die Spendebereitschaft durch die Schaffung finanzieller Anreize eingewirkt werden. Diskutiert werden hierbei sowohl lebzeitige steuerliche oder versicherungsrechtliche Vergünstigungen wie auch eine Erstattung von Beerdigungskosten für erklärte Organspender. Die geringsten Umsetzungsschwierigkeiten dürfte es jedoch machen, denjenigen, der sich in einem Organspendeausweis als Spender bereiterklärt, für seine Entscheidung geringfügig zu belohnen. Gedacht wird hierbei an Konzert-, Restaurant- oder Buchgutscheine ebenso wie eine Geldspende an eine gemeinnützige Einrichtung im Namen des erklärten Spenders.[132]

VII. Stellungnahme

Fraglich ist zunächst, ob einem der genannten Modelle gegenüber der geltenden erweiterten Zustimmungslösung nebst der im Gesetzgebungsprozess befindlichen Aufforderung zur Erklärungsabgabe der Vorzug zu geben ist. Gegen die Einführung der Notstandslösung spricht der damit verbundene unverhältnismäßige Eingriff in das postmortale Persönlichkeitsrecht des Spenders.[133] Ein derart schwerwiegender Eingriff in das Selbstbestimmungsrecht kann nicht gerechtfertigt werden, da mit weniger eingriffsintensiven Maßnahmen ein wohl ähnliches Organaufkommen zu erreichen ist. So ist die Organspendebereitschaft in Ländern, in denen die Widerspruchslösung gilt (wie z. B. Spanien, Schweden, Österreich, Italien und Belgien), doppelt oder sogar dreimal so hoch wie in der Bundesrepublik Deutschland.[134] Dennoch lässt sich anzweifeln, ob diese Spendezahlen allein auf die Geltung der Widerspruchslösung zurückzuführen sind. Belastbare Zahlen hierzu liegen nicht vor. Auch das Beispiel Schweden zeigt, dass allein die Einführung eines neuen

---

132 Buyx, in: Eth Med 2009, 7 (10).
133 So auch Opper, Die gerechte und rechtmäßige Verteilung knapper Organe, S. 77; a.A. Rosenau, Die Widerspruchlösung in der Transplantation als rechtliche Möglichkeit, in: Lilie/Rosenau/Hakeri (Hrsg.), Die Organtransplantation – Rechtsfragen bei knappen medizinischen Ressourcen, S. 61 (67 ff.).
134 Postmortale Organspender pro eine Million Einwohner im Jahr 2007 in Italien 21, in Österreich 22, in Portugal 24 und in Spanien 34, siehe Jahresbericht der DSO 2008, S. 22.

Modells noch nicht automatisch zur Erhöhung der Spendezahlen führt. Nachdem in Schweden seit 1958 die Widerspruchslösung galt, wurde 1986 die Zustimmungslösung eingeführt und 1996 wieder zur Widerspruchslösung zurückgekehrt. Deutliche Auswirkungen in Bezug auf die Spendezahlen blieben jedoch aus.

Die Etablierung der strikten Widerspruchslösung in Deutschland, die einen Widerspruch allein des potentiellen Spenders vorsieht, vermag sich auch nach hier vertretener Ansicht aufgrund begründeter schwerwiegender verfassungsrechtlicher Bedenken nicht durchzusetzen.[135]

Daher kann nur die erweiterte Widerspruchslösung Gegenstand einer erfolgsorientierten Diskussion sein. Diese Variante lässt nicht nur den Widerspruch des potentiellen Spenders zu Lebzeiten zu, vielmehr ist auch ein Widerspruch der Angehörigen nach festgestelltem Hirntod möglich. Da nun also selbst bei geltender erweiterter Widerspruchslösung im Zweifel die Angehörigen die Entscheidungskompetenz haben, ist nicht ersichtlich, inwiefern sich in der Praxis allein durch Einführung dieses Modells ein deutlicher Anstieg der Spenderzahlen vollziehen sollte. Im Übrigen kann auch an dieser Stelle auf die an spanische Zahlen bereits heranreichende Organspendebereitschaft nicht nur in Mecklenburg-Vorpommern und Thüringen[136], sondern auch in den Ländern Bremen im Jahr 2008[137] und Hamburg im Jahr 2010[138] trotz (bzw. aufgrund) der geltenden erweiterten Zustimmungslösung verwiesen werden.

Vielmehr ist daher bei einer Verbesserung der Organisation der Spende beispielsweise durch Steigerung der Bereitschaft zur Meldung potentieller Organspender durch die Krankenhäuser[139] oder durch die nun verpflichtend eingeführte

---

135 Ausführlich zu den verfassungsrechtlichen Aspekten einer Organspendepflicht siehe Kluth/Sander, in: DVBl. 1996, 1285 ff.

136 Im Jahr 2010 standen in Mecklenburg-Vorpommern 23,1, in Thüringen 25 Organspender pro eine Million Einwohner zur Verfügung, vgl. DSO Jahresbericht 2010, S. 21.

137 Im Jahr 2008 gab es im Bundesland Bremen 28,7 Spender pro eine Million Einwohner, siehe Jahresbericht des DSO 2008, S. 20; aktuell plant der derzeitige bayerische Gesundheitsminister Dr. Markus Söder dennoch eine Bundesratsinitiative mit dem Ziel der Einführung der erweiterten Widerspruchslösung in der Hoffnung, hierdurch eine Steigerung der Spendezahlen herbeizuführen.

138 Im Bundesland Hamburg standen 2010 sogar 34,3 Spender pro eine Million Einwohner zur Organspende zur Verfügung, siehe Jahresbericht der DSO 2010, S. 21.

139 Müller hat in umfangreichen Befragungen herausgefunden, dass ein erheblicher Teil der Ärzte aus personellen, medizinischen und organisatorischen Gründen zögern würde, einen Hirntoten zu melden, in: Ärzte und Pflegende, die keine Organe spenden wollen, S. 90 ff.; auch Lilie geht in „Zur Zukunft der Organ- und Gewebespende"

Einsetzung von unabhängigen Transplantationsbeauftragten[140] als professionell und weisungsfreie Verantwortliche im Entnahmekrankenhaus anzusetzen. Eine Änderung der Organisationsstruktur des Organspendeprozesses insbesondere eine Änderung der Personalstruktur in den Krankenhäusern[141] birgt ein ebenso großes Potential zur Steigerung der Organspendezahlen, wie eine gesteigerte Popularität der Organspende in der Bevölkerung nicht nur durch regelmäßige und deutschlandweite Aufklärungskampagnen, sondern vor allem durch die gezielte Konfrontation verbunden mit der Bitte um eine Entscheidung. Die Implementierung der Entscheidungslösung in das TPG darf jedenfalls nicht dazu führen, die Aufklärungsarbeit zu vernachlässigen, so das Bewusstsein der Bevölkerung für die Organspende zu schärfen und dazu anzuregen, sich mit der eigenen Bereitschaft ein Organ zu spenden auseinanderzusetzen. Finanzielle Anreize, sofern sie indirekt wirken und derart geringfügig sind, dass eine Spendeentscheidung allein

---

S. 963 sogar davon aus, dass die Meldepflicht der Krankenhäuser in der Praxis fast immer unterlaufen wird; auch aus Sicht eines Transplantationsmediziners müssen die Krankenhäuser vermehrt an der Organspende beteiligt werden, siehe: Viebahn, 10 Jahre Transplantationsgesetz – eine kritische Zwischenbilanz, S. 17 u. S. 19; auch Kirste sieht die Gründe des Organmangels weniger in der geltenden erweiterten Zustimmungslösung, sondern vielmehr in der Tatsache begründet, dass die organisatorischen Voraussetzungen für die Meldung potentieller Spender in den Krankenhäusern nicht vorhanden sind, vgl. Organspende: Partielles Weiterleben in einem fremden Körper, in: Groß/Tag/Schweikardt (Hrsg.), Who wants to live forever?, S. 191 f.

140 So forderte bereits die Ärzteschaft auf dem 110. Deutschen Ärztetag die Einsetzung von Transplantationsbeauftragten nach spanischem Vorbild, siehe: Beschlussprotokoll des 110. Deutschen Ärztetages, S. 11; die Forderung nach Einstellung, Aus- und Fortbildung von Transplantationsbeauftragten war auch jüngst Gegenstand eines Beschlusses des Petitionsausschusses, mit dem er sich für eine Verbesserung der Organspendesituation in Deutschland einsetzt, abrufbar unter: http://www.bundestag.de/presse/hib/2010_11/2010_362/01.html (zuletzt abgerufen am 12.09.2013). Die neu eingeführte Vorschrift des § 9b TPG sieht nun die Bestellung eines Transplantationsbedürftigen für jedes Entnahmekrankenhaus vor.

141 Die Abgeordnete Elisabeth Scharfenberg schlägt beispielsweise vor, Transplantationsbeauftragte planmäßig im Stellenschlüssel einer Klinik zu berücksichtigen, siehe gpk Nr. 7/08, 55 (57); Houssin betont außerdem den Wert, der Ausbildung und Erfahrung des ärztlichen und pflegerischen Personals zukommt, siehe: Historischer Hintergrund und ethische Überlegungen, in: Blickpunkt Ethik, Bd. 5: Organtransplantationen – ethisch betrachtet, S. 17 (28).

aufgrund des geldwerten Vorteils sicher nicht getroffen wird, können diesen Prozess wirkungsvoll unterstützen[142], nicht jedoch ersetzen.

Einer Erweiterung des Spenderkreises durch die Zulässigkeit bestimmter Solidar-Modelle ist ebenfalls kritisch zu begegnen, weil gleichsam mit der Erweiterung Missbrauchsmöglichkeiten zunehmen. So müsste dem durch Schaffung geeigneter Kriterien zur Überprüfung der Freiwilligkeit und Unentgeltlichkeit abgeholfen werden.[143]

Insofern ist das bestehende Konzept der erweiterten Zustimmung im Zusammenspiel mit einer Aufforderung zur Erklärungsabgabe beizubehalten, aber dessen konsequentere Umsetzung zu fordern. Auch eine Kombination beispielsweise mit dem Modell privater Verfügung ist denkbar, doch bleibt fraglich, inwieweit die Bestimmung des Empfängerkreises vom Verfügungsrecht über die eigenen Organe gedeckt ist. Diese Frage gilt es im weiteren Verlauf zu beantworten.

In Bezug auf die Forderung nach einer Abschaffung der Beschränkung des Spenderkreises bei der Lebendspende lässt sich sagen, dass die bestehende Regelung durchaus vom gesetzgeberischen Einschätzungs- und Beurteilungsspielraum gedeckt ist, das mit der Spenderkreisbeschränkung einhergehende Verbot der altruistischen Organspende an einen dem Spender unbekannten Empfänger jedoch kritisch betrachtet werden muss.[144]

---

142 Buyx schlägt eine Finanzierung aus einem Fond der Krankenkassen vor, weil die auf einem erhöhten Organaufkommen fußende finanzielle Ersparnis diesen zugute kommt, in: Eth Med, 7 (10).

143 Dennoch bezweifelt die Enquete-Kommission „Ethik und Recht der modernen Medizin" eine Zunahme von transplantierbaren Organen durch eine Ausweitung des Spenderkreises. Siehe hierzu die zusammenfassende Auswertung des Teilberichts des IGES-Instituts zur Situation der Transplantationsmedizin zehn Jahre nach Inkrafttreten des Transplantationsgesetzes, S. 77, abrufbar unter: http://www.bundes aerztekammer.de/downloads/Teilbericht_Transplantationsmedizin1.pdf (zuletzt abgerufen am 12.09.2013).

144 Hierzu siehe unter E. I. 3.

E. Die gerichtete Organspende

Mit Einführung des TPG, der Begrenzung des Kreises derjenigen Personen, welche Empfänger einer Organlebendspende sein können und der Festlegung von objektiven Verteilungskriterien für die Transplantation von Organen Verstorbener, konnte weitestgehend Rechtssicherheit geschaffen werden. Doch insbesondere die Problematik der gerichteten Organspende, also der Spende von Organen an einen bestimmten Empfänger, wirft sowohl bei der Lebend- wie auch bei der Leichenspende Fragen auf, welchen nachfolgend nachgegangen werden soll. So werden sich die folgenden Ausführungen auf den Schwerpunkt dieser Arbeit, die bedingte Organspendeerklärung, speziell die gerichtete Organspende, konzentrieren.

I. Die gerichtete Lebendspende

Hierbei soll am Anfang zunächst die auf einer gesetzlichen Regelung beruhende gerichtete Lebendspende im Fokus stehen, um sodann nach einer umfassenden Bearbeitung der derzeit nicht geregelten bedingten Leichenspende mögliche Parallelen und Unterschiede zwischen gerichteter Lebend- und Leichenspende aufzeigen zu können.

1. Einführung

Eine Lebendspende ist die Übertragung von Zellen, Geweben oder Organen eines lebenden Organspenders auf einen Empfänger zu Heil- oder auch Heilversuchszwecken.[145] Die Organlebendspende eignet sich ausschließlich bei regenerierungsfähigen Organen wie Leber, Lunge und Bauchspeicheldrüse, oder paarigen Organen wie den Nieren und dient der Lebenserhaltung[146] bzw.

---

145 Pschyrembel, Klinisches Wörterbuch, „Transplantation".
146 Lebensrettend ist die Organspende vor allem in Fällen von Herz-, Lungen- und Lebererkrankungen im Endstadium.

der Steigerung der Lebensqualität[147] des Transplantatempfängers. Sie kann und soll bei den Bemühungen der Medizin um das Leben und die Lebensqualität von Empfängern das Verfahren der postmortalen Organspende nur individuell ergänzen, nicht generell ersetzen.[148] Auch wenn die Organtransplantation vom lebenden Spender für den Empfänger oftmals die letzte Therapiemöglichkeit darstellt, so wurde sie von der Ärzteschaft doch lange Zeit eher zurückhaltend angewandt. Schließlich sind die Ärzte gemäß hippokratischer Tradition dazu gehalten „ärztliche Verordnungen [zu] treffen zum Nutzen der Kranken"[149] und das Prinzip des *primum nil nocere*[150] zu beachten. Bei der Lebendspende hingegen handelt es sich um einen chirurgischen Eingriff an einem gesunden Menschen ausschließlich zum Wohle eines anderen Menschen.[151] Doch mittlerweile hat sie sich fest als Behandlungsalternative durchgesetzt. Dies konnte nicht zuletzt deshalb geschehen, weil die Lebendspende aus medizinischer Sicht mehrere Vorteile in sich vereint. Hierzu gehört, dass der Eingriff geplant und so in den Transplantationsplan der Transplantationszentren eingegliedert werden kann. Eine gezielte Vorbereitung des Spenders und eine minimale Ischämiezeit[152] sorgen für optimale Organqualität, immunologische Risiken können besser abgeschätzt werden und die Wartezeiten für ein Transplantat verkürzen sich. Doch trotz der großen Bedeutung der

---

147 Zur Verbesserung der Lebensqualität des Organempfängers dient die Nierentransplantation, da allein zur Lebenserhaltung eine künstliche Niere (Hämodialyse) ausreichend wäre.

148 Siehe Empfehlungen zur Lebendorganspende der Bundesärztekammer, abrufbar unter: http://www.bundesaerztekammer.de/downloads/Lebendorg.pdf (zuletzt abgerufen am 12.09.2013).

149 Riha, Kodifizierung ärztlicher Ethik, S. 12 (der Hippokratische Eid) und 24 (Interpretation); zum Schädigungsverbot und weiteren ethischen Prinzipien der Ärzteschaft siehe Vossenkuhl, Ethische Grundlagen ärztlichen Handelns. Prinzipienkonflikte und deren Lösungen, in: Roxin/Schroth (Hrsg.), Handbuch des Medizinstrafrechts, S. 3 ff.

150 Lat.: zuersteinmal nicht schaden, siehe Riha, Kodifizierung ärztlicher Ethik, S. 24; zur moralischen Natur ärztlichen Handelns siehe Lachmann/Meuter, Medizinische Gerechtigkeit. Patientenauswahl in der Transplantationsmedizin, S. 89 ff.

151 Auch der Transplantationschirurg Felix Largiadèr sieht in der Entnahmeoperation vom Lebendspender einen Verstoß gegen das hippokratische Gebot der Schadensvermeidung, sieht aber in der Autonomie des Spenders die Verantwortlichkeit desselben begründet, in: Transplantation von Organen. Von der Mythologie bis zur erlebten Gegenwart, S. 310.

152 Damit ist die Zeitspanne gemeint, in der das zu transplantierende Organ oder Gewebe von der Blutzufuhr abgeschnitten ist und nicht mehr mit Sauerstoff versorgt wird.

Lebendspende für das gesamte Transplantationswesen gibt es Vorbehalte gegen die gesetzliche Regelung in § 8 TPG.

2. Empfängerkreis

Diese Vorbehalte richten sich überwiegend gegen die Empfängerkreisbeschränkung bei der Lebendspende. Wie oben unter den Zulässigkeitsvoraussetzungen für die Lebendspende bereits angeführt, begrenzt der Gesetzgeber in § 8 Abs. 1 S. 2 TPG den zulässigen Empfängerkreis bei der Entnahme eines nicht regenerierungsfähigen Organs vom lebenden Spender auf „Verwandte ersten oder zweiten Grades, Ehegatten, eingetragene Lebenspartner, Verlobte oder andere Personen, die dem Spender in besonderer persönlicher Verbundenheit offenkundig nahestehen".

a) Verwandte ersten oder zweiten Grades

Gemäß § 1589 S. 3 BGB richtet sich der Grad der Verwandtschaft nach der Zahl der sie vermittelnden Geburten. So sind unter Verwandten ersten Grades die Eltern und die Kinder des Spenders zu verstehen. Verwandte zweiten Grades sind neben den Großeltern sowie den ehelichen und nichtehelichen Geschwistern auch die Enkel des Spenders.

b) Ehegatten

Wer infolge einer Eheschließung als Ehegatte i.S.d. TPG angesehen wird, bestimmt sich nicht allein nach deutschem Recht (§§ 1303 ff. BGB). Gemäß Art. 13 Abs. 1 EGBGB richtet sich der Status „Ehegatte" für jeden Verlobten nach dem jeweiligen Recht des Staates, dem er angehört. Ist die Ehe rechtskräftig aufgelöst, gilt der ehemalige Ehegatte nicht mehr als „Ehegatte" i.S.d. § 8 Abs. 1 S. 2 TPG.[153]

c) Eingetragener Lebenspartner

Das TPG spricht vom eingetragenen Lebenspartner, womit es sich um den eingetragenen Lebenspartner i.S.d. Lebenspartnerschaftsgesetzes (LPartG[154]) handelt. Gemäß § 1 Abs. 1 S. 1 LPartG sind Lebenspartner demnach zwei Personen gleichen Geschlechts, die gegenüber einem Standesbeamten persönlich und bei

---

153 Nickel/Schmidt-Preisigke/Senger, TPG, Erl. § 4, Rn. 12.
154 BGBl. I, S. 266 sowie BGBl. I, S. 1696.

gleichzeitiger Anwesenheit erklären, miteinander eine Partnerschaft auf Lebenszeit führen zu wollen.

d) Verlobte

Wer Verlobter i.S.d. § 8 Abs. 1 S. 2 TPG ist, ergibt sich aus § 1298 BGB. Demnach ist ein Verlöbnis das wechselseitige Eheversprechen zweier Personen.[155]

e) Andere Personen, die dem Spender in besonderer persönlicher Verbundenheit offenkundig nahestehen

Mit der Regelung, dass Empfänger einer Lebendspende auch solche Personen sein können, die dem Spender in besonderer persönlicher Verbundenheit nahestehen, wollte der Gesetzgeber das grundrechtlich geschützte Selbstbestimmungsrecht aus Art. 2 Abs. 1 GG respektieren[156] sowie der Tatsache Rechnung tragen, dass die Ehe heutzutage nicht mehr die Hauptform menschlichen Zusammenlebens zweier sich nahestehender Personen ist.[157] So geht bereits der o.g. interfraktionelle Gesetzesentwurf davon aus, dass eine besondere und sittliche Verbundenheit auch zwischen Partnern einer auf Dauer angelegten, nicht nur befristeten oder zufälligen, häuslichen Lebensgemeinschaft bestehen kann.[158] Voraussetzung hierfür ist eine besondere persönliche Bindung und eine gemeinsame Lebensplanung, wobei allein vermögenswerte Vorteile, wie beispielsweise die Anmietung einer gemeinsamen Wohnung durch Studenten, nicht ausreichen.[159] Es bedarf vielmehr eines Zusammengehörigkeitsgefühls zwischen Spender und Empfänger, welches aus einer Verbundenheit eine persönliche Verbundenheit macht.[160]

Offenkundig ist diese besondere persönliche Verbundenheit, wenn sie in nach außen ersichtlicher Weise hervorgetreten ist und dies für den behandelnden Arzt im Behandlungs- bzw. Transplantationsprozess im beruflichen Kontakt bei näherer Betrachtung zweifelsfrei ist.[161]

---

155 Palandt/Brudermüller, BGB, § 1297 Rn. 1; MK/Wacke, BGB, § 1297 Rn. 3.
156 BT-Drs. 13/4355, S. 14.
157 Nickel/Schmidt-Preisigke/Senger, TPG, Erl. § 8 Rn. 14.
158 BT-Drs. 13/4355, S. 20.
159 Ebd., S. 21.
160 Schroth, in: MedR 1999, 67; Höfling/Esser, TPG, § 8 Rn. 76.
161 So das BSG, MedR 2004, 330 (334); anderer Meinung jedoch Seidenath, MedR 1998, 253 und Schroth, MedR 1999, 67, welche von einer Ersichtlichkeit oder Erkennbarkeit für jedermann sprechen.

3. Die anonyme altruistische Lebendspende

Mit der dargestellten Begrenzung des Empfängerkreises für eine Lebendspende auf Personen, zu denen eine bestimmte verwandtschaftliche oder emotionale Nähebeziehung besteht, hat der Gesetzgeber die Möglichkeit einer anonymen altruistischen Lebendspende ausgeschlossen. Die Entscheidung des Gesetzgebers, die Spende an einen gänzlich unbekannten Empfänger nicht zuzulassen, ist von vielen Seiten kritisiert worden.[162] Zum einen kollidiert hier der Schutz des Spenders mit seinem Selbstbestimmungsrecht. Zum anderen überzeugen die Bedenken, eine Freigabe könnte die Kommerzialisierung der Spende begünstigen, nicht, wäre doch eine entsprechende Spende in einen Organpool der Vermittlungsstelle und die Anonymisierung des Spendeprozesses in Anlehnung an die objektiven Verteilungskriterien der Leichenspende, ein im Vergleich zum Verbot milderes Mittel dem vorzubeugen.[163]

Weiterhin spricht für die Zulässigkeit der anonymen altruistischen Lebendspende, bei der der Empfänger ein Organ in einen anonymen Pool spenden will, ohne dass ihm der spätere Empfänger bekannt ist, dass diesbezüglich die geringsten Zweifel an der Freiwilligkeit der Spendeentscheidung bestehen dürften.[164] Mit dem Verbot der anonymen altruistischen Lebendspende und ihrer Strafbewehrung gemäß § 19 Abs. 1 Nr. 2 TPG hat der Gesetzgeber das Organspendewesen insofern

---

162 Vor Erlass des TPG war die altruistische Lebendspende nicht verboten. Kritik erfolgt daher von Gutmann/Schroth, Organlebendspende in Europa, S. 16; Teubner, Aufgaben und Umfang der Tätigkeit der Lebendspendekommission nach § 8 Abs. 3 TPG; Birnbacher, in: Zusätzliche Stellungnahme zum Fragenkatalog der öffentlichen Anhörung „Organlebendspende" der Enquete-Kommission „Ethik und Recht der modernen Medizin" des Deutschen Bundestages am 1. März 2004, abrufbar unter: http://webarchiv.bundestag.de/archive/2005/0113/parlament/kommissionen/ethik_med/anhoerungen1/04_03_01_organlebendspende/zu_stellg_birnbacher.pdf, S. 1 (zuletzt abgerufen am 12.09.2013); Dufková, in: MedR 2000, 408 (411); Rittner/Besold/Wandel, in: MedR 2001, 118 (122).

163 Für eine entsprechende prozessuale Lösung als milderes Mittel zum Verbot spricht sich auch Rixen, in: Die geltende Regelung zur Lebendspende: Vorverständnisse, Probleme, Änderungsbedarf, S. 75, aus.

164 So u. a. auch Nickel/Preisigke, in: MedR 2004, 307 (309); Esser, Verfassungsrechtliche Aspekte der Lebendspende von Organen zu Transplantationszwecken, S. 187; Schreiber, Die Notwendigkeit einer gesetzlichen Neuordnung des Rechts der Lebendorganspende, in: FS Maiwald, S. 785 (790); nach Ansicht des BVerfG spricht diese Argumentation allerdings eher dafür, die Lebendspende also solche generell zu untersagen, siehe BVerfG, NJW 1999, 3399 (3402).

einer reellen Möglichkeit beraubt, die Spenderzahlen, wenn auch nur in geringem Maße, zu erhöhen. Dies lässt zumindest ein Rückschluss aus einem Blick in andere Länder, wie Großbritannien und die Vereinigten Staaten, zu, wo sich die Zulässigkeit der anonymen altruistischen Lebendspende äußerst positiv auf die Organspendezahlen auswirkt.[165]

4. Die Überkreuz-Lebendspende

Im Zusammenhang mit der Begrenzung des Empfängerkreises der Lebendspende hat sich in den vergangenen Jahren eine besondere Konstellation in der Spender-Empfänger Beziehung herauskristallisiert. Die Rede ist von der Überkreuz-Lebendspende, welche auch als cross-over Spende oder cross-donation bezeichnet wird. Hierbei existiert jeweils ein zur Organspende bereiter Lebendspender, dessen Eignung als Spender gem. § 8 Abs. 1 S. 1 Nr. 2 TPG jedoch beispielsweise wegen Blutgruppeninkompatibilität nicht hinsichtlich der transplantationsbedürftigen Person i. S. d. § 8 Abs. 1 S. 2 TPG besteht. Es bestünde insofern die Möglichkeit diese Personen mit einem geeigneten zweiten Spender-Empfänger Paar zusammenzubringen, bei welchem die gleiche Problemlage vorliegt. Dann könnten die Lebendspenden überkreuz durchgeführt werden, wobei jeweils der transplantationsbedürftige Empfänger die Lebendspende vom Spender des anderen Paares erhält. Die Überkreuz-Lebendspende ist jedoch nur dann als zulässig zu erachten, wenn sie unter den Tatbestand des „in besonderer persönlicher Verbundenheit offenkundig nahestehen" gem. § 8 Abs. 1 S. 2 TPG subsumiert werden kann.

So wird vertreten, dass sich bei Paaren einer Überkreuz-Lebendspende bereits durch das gleiche Schicksal eine besondere Verbundenheit in diesem Sinne ergebe, dies also vom eingeschränkten Spenderkreis gedeckt sei.[166]

Einer weiteren Ansicht nach, sei die zwischen den ursprünglichen Partnern eines Paares bestehende Nähebeziehung ausreichend, da es sich um nichts anderes

---

165   Die Zulässigkeit der altruistischen Lebendspende ergibt sich aus „The Human Tissue Act 2004 (Persons who Lack Capacity to Consent and Transplants) Regulations 2006; zur Diskussion um die altruistische Lebendspende in den USA siehe Gohh u. a., in: Nephrol Dial Transplant (2001) 16, S. 619–621; das Potential zur Steigerung der Spendezahlen wird im Teilbericht „Lebendspende" der GMK Arbeitsgruppe „Bioethik und Recht" S. 14 jedoch bezweifelt (abrufbar unter www.gmkonline.de, zuletzt abgerufen am 12.09.2013).
166   Seidenath, in: MedR 1998, 253 (256).

als eine indirekte Spende an den eigenen Partner handele.[167] Diese Ansichten wurden jedoch als über den Wortlaut der Norm hinausgehend kritisiert, sei doch vom Gesetz eine über einen längeren Zeitraum hinweg biographisch gewachsene Verbundenheit gefordert, welche bei einem schicksalsbedingten Zusammenfinden nicht ohne Weiteres gegeben sei.[168] Ohnehin sei § 8 Abs. 1 TPG eher restriktiv auszulegen.[169]

Letztendlich schloss sich das BSG im Jahr 2003 dieser restriktiven Auslegung an und fordert für die Zulässigkeit der Überkreuz-Lebendspende eine im Einzelfall zu betrachtende besondere persönliche Verbundenheit, also eine Beziehung zwischen Spender und Empfänger, die hinreichend intensiv und gefestigt ist, da die Überkreuz-Situation allein die verlangte persönliche Verbundenheit noch nicht begründe.[170] Hierfür verweist das BSG auf den vom Gesetzgeber intendierten Vorrang der Leichenspende und die Sicherstellung von Freiwilligkeit sowie die Verhinderung von Organhandel.[171] Das Vorliegen äußerer Merkmale, wie das nach außen sichtbare Zusammenleben, sei hingegen kein verlässliches Kriterium, um eine persönliche Verbindung annehmen zu können. Außerdem schließe der Umstand, dass sich die Paare erst im Zusammenhang mit einer möglichen Überkreuzspende kennengelernt haben die Vereinbarkeit mit § 8 Abs. 1 S. 2 TPG ebenso wenig aus, wie eine vorangegangene Beziehung von lediglich kurzer Dauer, wenn sie insgesamt auf unbefristete Dauer angelegt ist.[172] Offenkundig ist das Näheverhältnis, wenn es äußerlich, insbesondere dem Arzt und gegebenenfalls beteiligten Psychologen, im Rahmen des Transplantationsprozesses erkennbar ist.[173]

Insofern sind Überkreuz-Lebendspenden durchaus nicht von vornherein als mit dem TPG unvereinbar anzusehen. Unter Vorliegen der oben genannten

---

167 Kühn, in: MedR 1998, 455 (458); Schreiber, Die gesetzliche Regelung der Lebendspende von Organen in der Bundesrepublik Deutschland, S. 132 ff.
168 Schroth, in: MedR 1999, 67 (68); ders., Das strafbewehrte Organhandelsverbot, in: Transplantation, Organgewinnung und -allokation, S. 180 ff.
169 Höfling/Esser, TPG, § 8 Rn. 85.
170 BSG, Urt. v. 10.12.2003, in: MedR 2004, 330 ff; einen völlig anderen Ansatz wählen Bachmann/Bachmann, in: MedR 2007, 94 (96 f.), welche in § 8 Abs. 1 S. 2 TPG das Merkmal der Sachidentität transplantierter Organe nicht künstlich hineingelesen wissen wollen. Das Gesetz schreibe lediglich vor, dass die Organentnahme zum Zweck der Übertragung auf den Ehepartner erfolge und nicht, dass das entnommene Organ und das dem Ehegatten implantierte Organ identisch sein müssten.
171 BSG, Urt. v. 10.12.2003, in: MedR 2004, 330 (331).
172 Ebd., 330 (333).
173 Ebd., 330 (333 f.).

Voraussetzungen ist eine solche wechselseitige Organspende mithin im Einzelfall vielmehr realisierbar. Aufgrund des bestehenden Organmangels und des der Überkreuz-Spende innewohnenden Potentials zur Steigerung der Organspendezahlen ist darüber hinaus empfehlenswert, diese im Rahmen einer Novellierung des TPG positiv gesetzlich zu fixieren.

5. Beurteilung der Beschränkung des Empfängerkreises aus verfassungsrechtlicher Sicht

Über die Verfassungsmäßigkeit der Beschränkung des § 8 Abs. 1 S. 2 TPG ist eine Diskussion entbrannt, welche auch nach einer Stellungnahme des Bundesverfassungsgerichts nicht versiegt ist. So hatten drei Beschwerdeführer, ein potentieller Empfänger einer Lebendspende, ein potentieller altruistischer Lebendspender und ein Transplantationschirurg im Jahr 1999 drei Verfassungsbeschwerden gegen die Regelungen des § 8 Abs. 1 S. 2, § 8 Abs. 1 Nr. 3 und des § 19 Abs. 2 TPG erhoben. Das Bundesverfassungsgericht hat diese zwar nicht zur Entscheidung angenommen, jedoch in einer umfangreichen Begründung die Verfassungsmäßigkeit der angegriffenen Normen bestätigt.

Bereits die formelle Verfassungsmäßigkeit des § 8 Abs. 1 S. 2 TPG wurde angezweifelt, weil das Zitiergebot verletzt worden sei.[174] Dies hat das Bundesverfassungsgericht jedoch mit Verweis darauf verneint, dass ein das Zitiererfordernis (Art. 19 Abs. 1 S. 2 GG) auslösender erforderlicher finaler Grundrechtseingriff beim potentiellen Organempfänger nicht gegeben sei, da Adressat der Vorschrift vielmehr der potentielle Spender des Organs ist.[175]

Auch materiell begegnet die Regelung des § 8 Abs. 1 S. 2 TPG aus Sicht des Bundesverfassungsgerichts keinen verfassungsrechtlichen Bedenken. Zwar sei der Schutzbereich des Grundrechts auf Leben und körperliche Unversehrtheit aus Art. 2 Abs. 2 S. 1 GG eröffnet, doch beruhten die Ziele des Gesetzgebers für die Schaffung der Regelung auf vernünftigen Gründen des Allgemeinwohls (Sicherung der Freiwilligkeit, Verhinderung von Organhandel und bedarfsgerechte Verteilung von Spenderorganen), weshalb der Eingriff gerechtfertigt sei.[176] Auch

---

174 Gutmann/Schroth, TPG, § 8 Rn. 27.

175 BVerfG, NJW 1999, 3399 (3400).

176 Ebd., 3399 (3400 ff.); zustimmend Heun, Kommentar 2 – Anforderungen an das künftige Recht, S. 68; kritisch Gutmann, Gesetzgeberischer Paternalismus ohne Grenzen? Zum Beschluss des Bundesverfassungsgerichts zur Lebendspende von Organen, in: NJW 1999, 3387 ff.

Eingriffe in die allgemeine Handlungsfreiheit des potentiellen Spenders aus Art. 2 Abs. 1 GG und die Berufsfreiheit des Transplantationschirurgen aus Art. 12 Abs. 1 GG seien aufgrund der Zielsetzung verhältnismäßige Einschränkungen. Die Regelung des § 8 Abs. 1 S. 2 GG sei mithin zur Erreichung der o.g. Ziele geeignet, erforderlich und angemessen. Darüber hinaus sei auch in der Regelung des § 19 Abs. 2 TPG kein Verstoß gegen das Gebot schuldangemessenen Strafens zu sehen, denn die Strafandrohung beruhe auf der sachgerechten Entscheidung des Gesetzgebers solche Verstöße als strafwürdig und –bedürftig anzusehen.[177] § 8 Abs. 1 S. 2 TPG ist insofern aus Sicht des Bundesverfassungsgerichts verfassungsgemäß.

6. Sinn und Zweck der Beschränkung des Empfängerkreises

Mit der Begrenzung des Empfängerkreises in § 8 Abs. 1 S. 2 TPG hat der Gesetzgeber verschiedene Zwecke verfolgt. Zum einen wollte er der Kommerzialisierung der Organspende über § 17 TPG hinaus entgegenwirken, um einen (verdeckten) Organhandel zu verhindern und zum anderen sollte somit die tatsächliche Entschlussfreiheit des Spenders gesichert werden, indem der Entschluss zur Spende an einen der genannten Spender vom Element der Freiwilligkeit geprägt sein sollte. Diese Intention ergibt sich aus der folgenden Formulierung: „[Die Einschränkung des Empfängerkreises erfolgt], um die Freiwilligkeit" der Organspende zu sichern und der Gefahr des Organhandels zu begegnen".[178] Nicht in der Gesetzesbegründung zu finden, aber dennoch sicher ein weiterer Gesichtspunkt, der in die Entscheidung für eine Begrenzung der Lebendspende eingeflossen ist, ist die Vermutung einer besseren immunologischen Kompatibilität der Spende an einen nahen Verwandten, welche zu besseren Langzeitergebnissen führen soll.[179]

Die Begrenzung der freien Entscheidungsmöglichkeiten des Spenders durch den Gesetzgeber erfolgt mithin nicht nur, um den Organspendeprozess vor einer möglicherweise „unkontrollierbaren" Kommerzialisierung zu schützen. Auch ein gewissermaßen paternalistischer Schutz des Spenders vor sich selbst wird bezweckt. Paternalismus meint Maßnahmen, welche einem anderen Schutz zu

---

177 Ebd., 3399 (3403).
178 BT-Drs. 13/4355, S. 20.
179 Gutmann, in: ZRP 1994, 111 (112 f.), m.w.N.

seinem eigenen Wohl aufzwingen, wobei es unerheblich ist, ob dieser Schutz gewollt ist oder nicht.[180]

Schutzzweck ist es vorliegend daher neben der Verhinderung von Organhandel sowohl den Spender vor einer Verletzung seiner körperlichen Unversehrtheit und der Ausnutzung einer finanziellen Notlage, in der einzig eine Transplantation eine Lebensrettung ermöglicht, zu bewahren, als auch den Empfänger in einer gesundheitlichen Notlage vor Ausbeutung zu schützen.[181]

7. Kritik am Paternalismusargument

Die intendierte Verringerung äußeren Drucks auf den potentiellen Spender durch die Möglichkeit, allein nahestehenden Personen als möglicher Spender zur Verfügung zu stehen, überzeugt jedoch nicht, ist es doch sehr viel schwieriger einer besonders verbundenen Person die vermeintlich lebensrettende Spende zu versagen als einem entfernt Bekannten oder einem gar gänzlich Unbekannten.[182] Vielmehr ist der auf dem Familienmitglied bzw. der besonders nahestehenden Person lastende psychische Druck ungleich höher, weil mit dem Unverständnis des potentiellen Empfängers und weiterer naher Angehöriger zu rechnen ist, wenn es an einer Spendebereitschaft fehlt. Der Vorwurf des Egoismus, der mangelnden Solidarität und Verbundenheit kann in der Folge eine soziale Ausgrenzung bis hin zum familiären Bruch für den unwilligen potentiellen Spender bedeuten.[183] Sehr viel überzeugender und realitätsnäher ist es daher, dass die Spende außerhalb des vom Gesetzgeber bestimmten Empfängerkreises mangels ethischer Verpflichtungen sehr viel leichter und selbstbestimmter fällt.

Ein gewisser Widerspruch wohnt auch Organhandelsverbot und Paternalismusargument inne, nämlich dass einerseits der beschränkte Empfängerkreis eine

---

180 Schulte, Die Rechtsgüter des strafbewehrten Organhandelsverbotes, S. 26; als Beispiele werden hier die Gurt- und Helmpflicht genannt und auch auf die „Peep-Show"-Entscheidung des Bundesverwaltungsgerichts (BVerwG v. 15.12.1981, in: NJW 1982, S. 664 ff.) wird hingewiesen.

181 Ebd., S. 27.

182 Neft, in: NZS 2010, S. 16 (22); so auch Breyer, in: ZfmE 48 (2002), 111 (120), welcher sogar die Freiwilligkeit einer jeglichen Spendeentscheidung zugunsten eines Familienmitglieds ohne Gegenleistung in Frage stellt. Seiner Ansicht nach ist die Freiwilligkeit ohnehin überall dort in Frage zu stellen, wo es keine Gegenleistung gibt.

183 Sass, Lassen sich Reziprozitätsmodelle bei der Gewebe- und Organtransplantation ethisch rechtfertigen und praktisch realisieren?, in: Medizinethische Materialien, Heft 174, S. 12.

Regelung zum Schutze der körperlichen Integrität des Spenders darstellen soll, andererseits die Spende von Organen unter Lebenden jedoch vom Gesetzgeber legalisiert wird. Der Schutzzweck, die körperliche Integrität des Spenders zu bewahren, steht mithin nicht im Einklang mit der Lebendspende gem. § 8 TPG.[184] Dennoch würde eine Freigabe des Empfängerkreises den Organhandel ohne Zweifel begünstigen, weil finanzielle Zuwendungen des Organempfängers an den Spender unkontrolliert möglich wären.[185] Ob Organhandel hierzulande überhaupt verbotswürdig ist und sein muss, ist daher im weiteren Verlauf[186] Gegenstand der Untersuchungen.

Im Ergebnis kann daher konstatiert werden, dass es vorzugswürdig ist, den unbestimmten Rechtsbegriff des „in besonderer persönlicher Verbundenheit offenkundig Nahestehens" durch Fallgruppen, bei welchen das Vorliegen eben dieser Verbundenheit vermutet wird, im Interesse der Schaffung von Rechtsklarheit zu konkretisieren. Dies würde allen am Transplantationsprozess Beteiligten ein rechtskonformes Handeln aufgrund der mit einer eindeutigen Regelung einhergehenden Rechtssicherheit erleichtern und insbesondere den Transplantationschirurgen im Falle einer Überkreuzspende das Risiko einer Bestrafung gem. § 19 Abs. 1 Nr. 2 TPG ersparen.

Schroth geht sogar noch einen Schritt weiter. Er möchte den Anwendungsbereich der Spenderkreisbeschränkung des § 8 Abs. 1 S. 2 TPG i.V.m. § 19 Abs. 1 TPG über den Wortlaut des § 8 Abs. 1 S. 2 TPG hinausgehend im Wege der Rechtsfortbildung ausweiten.[187] So würde zwar der Wortlaut überschritten, der Sinn der Regelung, die Organspende nur in engen persönlichen Beziehungen zuzulassen und Organhandel zu verhindern, nach Meinung *Schroths* bei der Überkreuzspende,

---

184 Zu diesem Ergebnis kommt auch Schulte, Die Rechtsgüter des strafbewehrten Organhandelsverbotes, S. 145; weiter geht die Kritik von Paeffgen, welcher darauf hinweist, „[…], daß man, ohne jegliches rechtliche Verbot, mit einem, wie bekannt, Aids-Kranken ungeschützt geschlechtlich verkehren darf – mit einem beträchtlichen Risiko, sich mit einer tödlichen Krankheit zu infizieren. Gleichzeitig aber verbietet unser Gesetzgeber fremdnützige Selbstschädigungen, die anderen Menschen helfen sollen!?", in: FS für Friedrich-Christian Schroeder zum 70. Geburtstag, 579 (596).

185 Ebenso Enders, „Mein Körper gehört mir!?" – Das Menschenrecht der Bestimmung über sich selbst und die Phänomenologie seiner Grenzen, in: Götting/Sternberg-Lieben (Hrsg.), Der Mensch als Ware, S. 69.

186 Siehe unter F. II. 2.

187 Schroth, Lebendspende, insbesondere Cross-over – die juristische Perspektive, in: Middel/Pühler/Lilie/Vilmar (Hrsg.), Novellierungsbedarf des Transplantationsrechts, S. 141 (152 f.).

zwar in einem weiteren Sinn, jedoch grundsätzlich beibehalten. Außerdem erhalte der durch die Regelung zugelassene Empfänger lediglich auf einem „Umweg" das entsprechend benötigte Organ.[188] Weiterhin bekräftigt er seine Forderung mit dem Argument, ein Verbot der Überkreuzspende bedeute, dass dem Organempfänger eine angemessene Therapie bereits normativ verwehrt werde; der mit diesem Verbot einhergehende Eingriff in das Grundrecht auf Leben und Unversehrtheit aus Art. 2 Abs. 2 S. 1 GG allerdings unverhältnismäßig sei.

8. Zusammenfassung und Stellungnahme

Die vorangegangenen Ausführungen haben gezeigt, dass der Gesetzgeber bei der Lebendspende festgelegt hat, wer möglicher Empfänger derselben sein kann. Sie kann also gerade nur erfolgen, wenn die Übertragung auf einen der in § 8 Abs. 1 S. 2 TPG genannten und vom Spender in den vorgegebenen Grenzen bestimmten Empfänger erfolgt. Die Lebendspende ist folglich eine gerichtete, also auf einen bestimmten Empfänger bezogene, Spende. Damit hat der Gesetzgeber zugleich die altruistische Lebendspende ausgeschlossen, obwohl die Spende in einen anonymen Organpool nach der hier vertretenen Ansicht ein probates Mittel wäre, den Befürchtungen um das einhergehende Potential zur unkontrollierbaren Kommerzialisierung der Organspende Rechnung zu tragen. Die, wie die Ausführungen zeigen konnten, im Einzelfall durchaus zulässige Überkreuzspende gilt es positiv gesetzlich zu fixieren, um der mit ihr verbunden Rechtsunsicherheit angemessen Rechnung zu tragen. Für Rechtsklarheit würde auch die Ersetzung des unbestimmten Rechtsbegriffes des „in besonderer persönlicher Verbundenheit offenkundig nahestehen" durch anerkannte Fallgruppen sorgen.

Der Ansatz *Schroths*, der zur Zulässigkeit der Überkreuzspende mithilfe einer wortlautüberschreitenden teleologischen Reduktion kommt, vermag im Ansatz zu überzeugen, denn Sinn und Zweck der Regelung des § 8 Abs. 1 S. 2 TPG werden durch die Zulässigkeit einer Transplantation, die zwischen zwei Paaren bei einer lediglich mittelbaren statt der vorgesehen unmittelbaren Spender-Empfänger Beziehung stattfindet, nicht beeinträchtigt. Dennoch verlangt der Gesetzgeber in Fällen fehlender familiärer Verbundenheit gem. § 8 Abs. 1 S. 2 TPG ausdrücklich zumindest das Vorliegen einer besonderen persönlichen Verbundenheit unmittelbar zwischen Spender und Empfänger. Eine ausschließliche Herleitung der Zulässigkeit im Rahmen einer reinen Rechtsfortbildung scheint insofern nicht geeignet,

---

188   Ebd., S. 153.

die *in praxi* vorherrschende Rechtsunsicherheit in diesem Zusammenhang zu beseitigen.

Daher ist nach hier vertretener Auffassung ein Klarheit schaffendes Tätigwerden des Gesetzgebers im Bereich der Lebendspende unerlässlich. Die Zulässigkeit der Überkreuz-Lebendspende muss ausdrücklich gesetzlich festgeschrieben werden. Ein geeigneter Rahmen wäre die Etablierung verschiedener Fallgruppen, bei deren Vorliegen die persönliche Verbundenheit grundsätzlich vermutet wird. Die Schaffung solcher Fallgruppen soll jedoch nicht die Möglichkeit ausschließen, dass Konstellationen, welche unter eine solche Fallgruppe nicht fallen, ausgeschlossen sind. Insofern empfiehlt sich eine gesetzestechnische Formulierung wie „Das Vorliegen eines offenkundigen Nahestehens in besonderer persönlicher Verbundenheit wird insbesondere vermutet, wenn …". Zudem empfiehlt sich ein Ausschluss der gesetzlichen Vermutung, wenn es an der Verbundenheit trotz des Vorliegens der entsprechenden Voraussetzungen ganz offenkundig fehlt.

II. Die bedingte Leichenspende – eine rechtliche Betrachtung

Im Gegensatz zur Lebendspende, bei der vom Gesetzgeber selbst i.R.d. begrenzten Empfängerkreises vorbestimmt wurde, wer Empfänger des Organs sein soll, finden sich derartige Bestimmungen bei der Leichenspende hingegen nicht. Nachfolgend soll daher untersucht werden, inwiefern eine Einwilligungserklärung an Bedingungen geknüpft werden bzw. Beschränkungen unterliegen kann und welche Konsequenzen sich aus einer ungültigen Bedingung ergeben. Wie eine bedingte Einwilligung in die postmortale Organspende rechtlich zu bewerten ist und wie weit das Selbstbestimmungsrecht des Spenders insbesondere im Hinblick auf eine Empfängerbestimmung bzw. eine Empfängerkreisbeschränkung bei der Leichenspende reicht, sollen die folgenden Ausführungen verdeutlichen.

1. Einführung

Anfang des Jahres 2006 ereignete sich der folgende Sachverhalt: Auf der intensivmedizinischen Station einer Klinik in Berlin wurde bei einem Mann der Hirntod diagnostiziert, womit dieser grundsätzlich als Organspender in Betracht kam. Ein Organspendeausweis existierte jedoch nicht. Somit lag es an den Angehörigen des Mannes, einer Organentnahme zuzustimmen oder diese abzulehnen. Die Angehörigen waren grundsätzlich zur Freigabe der Organe bereit, doch nur unter einer Bedingung: Der Ehefrau des Verstorbenen, selbst seit Jahren dialysepflichtig, sollte eine der Nieren ihres Mannes transplantiert werden, alle weiteren für eine Explantation in Betracht kommenden Organe könnten dann entsprechend den Verteilungsregeln an Patienten auf der Warteliste vergeben werden. Nach Angaben der Angehörigen entspräche dies auch dem Willen des potentiellen Spenders. Schließlich sei der Mann schon zu Lebzeiten bereit gewesen, seiner Frau mit der Lebendspende einer Niere zu helfen, doch lehnte diese, aus Sorge um mögliche gesundheitliche Schäden für ihren Mann und eventuelle Konsequenzen für die Betreuung ihrer Kinder, eine Spende ab.[189]

Der Vorsitzende der Ständigen Kommission Organtransplantation der Bundesärztekammer, der medizinische Vorstand der Deutschen Stiftung Organtransplantation sowie der Ärztliche Direktor von Eurotransplant mussten innerhalb kürzester Zeit eine Entscheidung treffen. Würde der Frau nicht unter Umgehung der laut TPG geltenden Verteilungskriterien die Niere transplantiert, dann wären auch die anderen Organe des Mannes für potentielle Empfänger auf der Warteliste verloren. Die Entscheidung der beteiligten Experten entsprach schließlich dem Wunsch der Angehörigen (im Folgenden als „Berliner Fall" bezeichnet).

Diese Vorgehensweise wurde nach Bekanntwerden öffentlich diskutiert und überwiegend stark kritisiert.[190] Gleichwohl wurde mit diesem öffentlich gewordenen Fall die Problematik der gerichteten Leichenspende wohl erstmals bewusst in den Fokus der Öffentlichkeit gerückt, nachdem der Gesetzgebungsbedarf diesbezüglich zunächst mit der Begründung abgelehnt worden ist, dass eine solche Beschränkung auf bestimmte Personen aufgrund der entgegenstehenden Vorschriften des TPG unzulässig sei.[191]

Neben der Beschränkung, ein Organ solle einer bestimmten Person zukommen, sind außerdem unzählige weitere mögliche Einschränkungen in Betracht zu ziehen. So könnte beispielsweise die Spendebereitschaft an jene des potentiellen Empfängers geknüpft werden, so dass auch dieser zwingend seine eigene bedingte

---

189 Schilderung des Falles durch Lilie, Überwachung und Prüfung der Transplantationsmedizin, S. 331 und Lang, Probleme der rechtsstaatlichen Einbindung der Transplantationsmedizin, S. 64 f.

190 Vgl. Süddeutsche Zeitung vom 09.02.2006; Tagesspiegel vom 08.02.2006, Titel: „Ehefrau bei Organspende bevorzugt. Bewegender Fall in Berlin widerspricht den Regeln"; Berliner Morgenpost vom 09.02.2006, Titel: Gezielte Organspende. Erstmals ist ein in Deutschland nach dem Tod gespendetes Organ gezielt vergeben worden; Technology Review vom 17.02.2006, Titel: „Diskussion um staatlich überwachten Organhandel".

191 So, laut VII. Tätigkeitsbericht der Bundesärztekammer des 109. Deutschen Ärztetages, S. 2, der Diskussionsstand der StäKo vom 06.12.2005.

oder unbedingte Spendebereitschaft dokumentiert haben muss. Auch Beschränkungen der Einwilligung zur Organspende hinsichtlich Nationalität, Religion, Geschlecht oder Alter des Empfängers sind denkbar, ebenso wie eine Verknüpfung mit der Voraussetzung, dass der Empfänger nicht selbst zur Entstehung oder Verschlechterung seiner Krankheit, beispielsweise durch übermäßigen Alkohol- oder Nikotingenuss, beigetragen haben soll. Auch Bestimmungen zu Örtlichkeiten und Personal bis hin zur gewünschten Operationsmethode für die Transplantation und die anschließende Aufbahrung der Leiche könnten vom Spender festgelegt werden. Selbst die Festlegung einer gewissen Region, in welcher das Organ einem Empfänger nur zugeteilt werden darf, könnte Gegenstand einer Erklärung sein[192]. Im Zusammenhang mit der öffentlichen Diskussion, dass Privatpatienten einen deutlich besseren Zugang zu Organtransplantationen hätten als gesetzliche Versicherte, könnte auch die Anmerkung eines Kassenpatienten „Spende nur an Kassenpatienten" auf seiner Organspendeerklärung zu finden sein. Sogar eine Einwilligung in die Leichenspende verbunden mit der Forderung nach einer finanziellen Zuwendung des Empfängers in Form der Bezahlung des Begräbnisses des Spenders, oder gar einer Zuwendung an die Hinterbliebenen, beispielsweise durch eine einmalige Geldzahlung oder die Absicherung der Ausbildung der Kinder, ist vorstellbar.

Die sich aus der jeweiligen Konstellation ergebende Gemengelage zwischen Selbstbestimmungsrecht des Spenders, nachteiligen oder sogar diskriminierenden Wirkungen für Wartelistepatienten, medizinischen Erfolgsaussichten, staatlichen Schutzpflichten und ethischen Gerechtigkeitserwägungen, zeigt, dass gleich welcher Lösung man diese Problematik zuführt, das Ergebnis einer Interessenabwägung niemals allen Interessen zugleich gerecht werden kann. Im Rahmen einer Einzelfallbetrachtung sind vielmehr die betroffenen Güter gegeneinander abzuwägen.

Bei einer Sichtung der zu diesem Thema vorhandenen Literatur wird deutlich, dass ein uneinheitliches Meinungsbild vorherrscht. Neben Befürwortern der gerichteten Leichenspende[193] und Meinungen, welche die Zulässigkeit

---

192 So beispielsweise die Bedingung, das Organ nur im Osten oder Süden Deutschlands an einen Empfänger zu transplantieren.

193 Forkel, in: Jura 2001, 73 (76); Sasse, in: Miserok/Sasse/Krüger, TPG, § 2 Rn. 29 bezüglich nicht vermittlungspflichtiger Organe; auch der Weltärztebund hat sich in einem „Handbuch der Deklarationen, Erklärungen und Entschließungen" von 2008 zur gerichteten postmortalen Organspende geäußert und steht einer solchen Spende zumindest in der Familie positiv gegenüber. Allein die gerichtete Spende über die „direkte Familie" hinaus wird abgelehnt, siehe S. 300 (abrufbar unter:

ablehnen[194], wird in einigen Kommentaren die Fragwürdigkeit der fehlenden gesetzlichen Regelung mit keinem Wort problematisiert. Gerade so, als würde diese Problematik nicht existieren, oder aufgrund der fehlenden gesetzlichen Regelung eindeutig unzulässig sein. Auch mit der erfolgten Novellierung des TPG hat der Gesetzgeber leider die Möglichkeit ungenutzt gelassen, dieses Problemfeld klar zu regeln.[195] Im Folgenden soll daher die Wirksamkeit einer Erklärung zur Organspende unter Einschränkungen des Empfängerkreises einer eingehenden Untersuchung unterzogen werden.

2. Ausgestaltungsmöglichkeit der Erklärung zur postmortalen Organspende nach dem TPG

Wie die Erklärung zur postmortalen Organspende aussehen kann bestimmt § 2 TPG. In Absatz 2 Satz 1 heißt es, dass eine Erklärung zur Organ- und Gewebespende eine Einwilligung oder einen Widerspruch des Erklärenden zur Organspende enthalten kann, oder die Entscheidung darüber auf eine Vertrauensperson übertragen werden kann. Außerdem sieht Satz 2 der Regelung vor, dass es die Möglichkeit gibt, die Erklärung auf bestimmte Organe oder Gewebe zu beschränken. Die Entnahme anderer, von der Einwilligung nicht umfasster, Organe ist mithin unzulässig. Aufgrund von Unwegsamkeiten wie dem Zeitpunkt des Todeseintritts und der Erfüllung der für eine Explantation erforderlichen medizinischen Kriterien seitens des Spenders, besteht im Gegenzug ein Anspruch auf Explantation eines zur Entnahme freigegebenen Organs nicht.

---

    http://www.bundesaerztekammer.de/downloads/handbuchwma.pdf, zuletzt abgerufen am 12.09.2013).

194 Schroth/Schroth, TPG, § 3 Rn. 11; Höfling/Rixen, in TPG, § 2 Rn. 27; Satzger/ Schmitt/Widmaier-Rosenau, StGB, § 34 Rn. 34; ebenso Nickel, Die Entnahme von Organen und Geweben bei verstorbenen zum Zwecke der Transplantation, S. 151; Krüger, Die Organvermittlungstätigkeit Eurotransplants im Sinne des § 12 TPG, S. 90; nur bezüglich vermittlungspflichtiger Organe ablehnend Sasse, in: Miserok/ Sasse/Krüger, TPG, § 2 Rn. 28; und Herrig, Die Gewebetransplantation nach dem Gewebegesetz, S. 126; Norba, Rechtsfragen der Transplantationsmedizin aus deutscher und medizinischer Sicht, S. 161; Borowy, Die postmortale Organentnahme und ihre zivilrechtliche Folgen, S. 154 f; Krüger, Die Organvermittlungstätigkeit von Eurotransplant im Sinne des § 12 TPG, S. 89 f., welcher zumindest die Rechtmäßigkeit der Entscheidung der beteiligten Institutionen im o.g. „Berliner Fall" bezweifelt.

195 Dies bedauert ausdrücklich auch Neft, in: MedR 2013, S. 82 (89).

Die Möglichkeit, einen bestimmten Empfänger für die Spende vorzusehen, einen Empfänger bzw. Empfängerkreis von der Spende auszuschließen, oder bestimmte Vorgaben bezüglich des Ablaufs der Entnahmeoperation zu treffen eröffnet die Vorschrift nicht. Über die Zulässigkeit bzw. Unzulässigkeit eines solchen Vorgehens sagt allein das Fehlen einer solchen Regelung jedoch nichts aus. Diese muss anhand der Organisation des Transplantationswesens und des diesem zugrundeliegenden Wertesystems differenziert betrachtet und beurteilt werden.

3. Rechtsnatur der Erklärung zur postmortalen Organspende

Um untersuchen zu können, welche Ausgestaltungsmöglichkeiten es für eine zu Lebzeiten des potentiellen Spenders abgegebene Erklärung zur postmortalen Spendebereitschaft gibt, muss zunächst die Rechtsnatur der Erklärung zur Leichenspende untersucht werden, denn das TPG trifft hierüber keine Aussage. In Betracht kommt hier die Klassifizierung als rechtsgeschäftliche Erklärung, Realakt oder geschäftsähnliche Handlung.

a) Rechtsgeschäftliche Willenserklärung

Es könnte sich bei der Willensbekundung zu Lebzeiten also um eine rechtsgeschäftliche Willenserklärung handeln, auf welche die §§ 104 ff. BGB anwendbar sind. Dann dürften nur diejenigen Personen, welche gemäß §§ 104 ff. BGB geschäftsfähig sind, eine Erklärung zur postmortalen Organspende abgeben.

Dies würde allerdings einen Widerspruch zu § 2 Abs. 2 S. 3 TPG darstellen, welcher die Einwilligung zur Organentnahme und die Übertragung der Entscheidung auf eine andere Person ab dem vollendeten sechzehnten Lebensjahr zulässt[196] und die Erklärung eines Widerspruchs bereits mit Vollendung des vierzehnten Lebensjahres erlaubt. Mit der Festlegung von Altersgrenzen, die unter der Grenze der Geschäftsfähigkeit liegen, hat der Gesetzgeber deutlich gemacht, dass es für eine Entscheidung über die Organspende gerade nicht auf Volljährigkeit ankommen, sondern die Einsichtsfähigkeit als entscheidendes Kriterium gelten soll. Eine Volljährigkeit voraussetzende rechtsgeschäftliche Willenserklärung ist in der

---

196 Angeknüpft wird hierbei an die Testierfähigkeit gem. § 2229 Abs. 1 BGB, welche mit Vollendung des 16. Lebensjahres vorliegt, siehe BT-Drs. 13/4355, Begründung zu § 3 Abs. 1 S. 3, S. 18.

Erklärung folglich nicht zu sehen. Eine rechtsgeschäftliche Willenserklärung liegt mithin in der Erklärung zur postmortalen Organentnahme nicht vor, weshalb die §§ 104 ff. BGB direkt nicht anwendbar sind.

b) Realakt

Entgegen der Möglichkeit der Einordnung der Erklärung zur postmortalen Organspende als eine rechtsgeschäftliche Willenserklärung, könnte es sich ebenso um einen Realakt handeln. Realakte sind auf einen tatsächlichen Erfolg gerichtete Willensbetätigungen, die kraft Gesetzes und unabhängig vom Willen des Handelnden eine Rechtsfolge hervorbringen.[197] Sie stellen mithin gerade keine Erklärungen dar.[198]

Für eine Klassifizierung als Realakt spricht, dass es allein auf die natürliche Erkenntnisfähigkeit des Handelnden in Bezug auf die vorgenommene Handlung, nicht jedoch auf die Geschäftsfähigkeit des Handelnden, ankommt.[199]

Doch dagegen ist einzuwenden, dass der Gesetzgeber eindeutig von einer „Erklärung zur Organspende" spricht, Einwilligung oder Widerspruch folglich nicht bloße Handlungen, sondern Erklärungen darstellen. Zudem knüpft der Gesetzgeber durch die Festlegung der o.g. Altersgrenzen bewusst an die vorausgesetzte Fähigkeit der erklärenden Person an, eine selbstbestimmte Entscheidung zu treffen. Aufgrund dessen ist auch die Klassifizierung der Erklärung zur postmortalen Organspende als Realakt als verfehlt einzustufen.

c) Geschäftsähnliche Handlung

Vieles spricht dafür die Erklärung zur Organspende als geschäftsähnliche Handlung, also als eine auf einen tatsächlichen Erfolg gerichtete Erklärung, deren Rechtsfolgen kraft Gesetzes eintreten[200], zu klassifizieren.

Hat die geschäftsähnliche Handlung einen höchstpersönlichen Charakter, wie die Erklärung über die postmortale Organentnahme, kommt es nicht auf die Geschäftsfähigkeit an, sondern vielmehr darauf, ob der Handelnde ein entsprechendes Maß an Verstandesreife hat.[201] Diese Intention hat wohl auch der

---

197 Palandt/Heinrichs, BGB, Überbl. v. § 104, Rn. 9.
198 Ebd.; Koch, Persönlichkeitsrechtsschutz bei der postmortalen Organentnahme zu Transplantationszwecken in Deutschland und Frankreich, S. 148.
199 Palandt/Heinrichs, BGB, Überbl. v. § 104, Rn. 9.
200 Ebd., Rn. 6.
201 Ebd.

Gesetzgeber mit der Festlegung der Altersgrenzen in § 2 Abs. 2 S. 3 TPG verfolgt.[202] So geht er davon aus, dass ein Minderjähriger, der die festgesetzten Altersgrenzen erreicht hat, über die nötige Einsichts- und Urteilsfähigkeit verfügt, um die Tragweite dieser höchstpersönlichen Entscheidung zu überschauen[203] (bei einem einwilligungsunfähigen Minderjährigen ergibt sich eine Entscheidungsbefugnis der Eltern aus der elterlichen Sorge gem. §§ 1626, 1627, 1629 BGB). Mit Erreichen der Altersgrenzen wird eine gewisse Einsichtsfähigkeit vorausgesetzt, so dass eine eigenständige Entscheidung möglich sein soll.

Nicht zuletzt die Vergleichbarkeit mit einer geschäftsähnlichen Handlung wie der Einwilligung in einen ärztlichen Heileingriff[204] spricht für die Qualifizierung als geschäftsähnliche Handlung. Hier ist die zumindest tatbestandliche Verwirklichung des Körperverletzungstatbestandes durch den ärztlichen Heileingriff nicht rechtswidrig, sofern vom Patienten wirksam in den Eingriff eingewilligt worden ist und der Eingriff *lege artis* durchgeführt wurde.[205] Im Unterschied hierzu handelt es sich bei der postmortalen Organentnahme nicht um einen Eingriff, welcher zur Heilung des Spenders beiträgt, sondern um einen Eingriff, der vielmehr dem Heilungsprozess des Organempfängers zuträglich ist. Weiterhin bedarf es für die Wirksamkeit einer Einwilligung in einen ärztlichen Heileingriff einer vorherigen umfassenden Aufklärung[206] des Patienten, damit dieser die Tragweite seiner Erklärung verstehen kann. Fehlt es hier an einer ausreichenden Aufklärung und hätte der Patient die Einwilligung nachweisbar nicht erteilt, wenn er umfassend

---

202 Koch, Persönlichkeitsrechtsschutz bei der postmortalen Organentnahme zu Transplantationszwecken in Deutschland und Frankreich, S. 149.

203 Höfling/Rixen, TPG, § 2 Rn. 30.

204 BGHZ 29, 36; 105, 48; Palandt/Heinrichs, BGB, Überbl. v. § 104, Rn. 6.

205 Grundlegend für die Wertung des ärztlichen Heileingriffs als zumindest tatbestandliche Körperverletzung ungeachtet von Behandlungserfolg und Intention RGSt 25, 375 (378); daran anknüpfend RGSt 74, 91 (95 f.); 74, 350 (355); BGHSt 11, 111 (116); 12, 379 (386); hingegen bereits den objektiven Tatbestand der Körperverletzung nicht erfüllt sehen Lilie, in LK-Lilie, StGB, 11. Auflage, Vor § 223, Rn. 3; Odenwald, Die Einwilligungsfähigkeit im Strafrecht unter besonderer Hervorhebung ärztlichen Handelns, S. 94 ff.; Tag, Der Körperverletzungstatbestand im Spannungsfeld zwischen Patientenautonomie und Lex artis, S. 286 m.w.N.

206 Unter einer umfassenden Aufklärung sind Diagnose-, Verlaufs-, Risiko- und Therapieaufklärung zu verstehen; zur Aufklärungspflicht ausführlich siehe Schöch, Die Aufklärungspflicht des Arztes und ihre Grenzen, in: Roxin/Schroth (Hrsg.), Handbuch des Medizinstrafrechts, S. 47 ff.; unter Hinweis auf die strafrechtlichen Konsequenzen siehe Orben, Rechtliche Verantwortung für Behandlungsfehler, S. 9 ff.

aufgeklärt worden wäre, dann ist das Handeln des Arztes nicht gerechtfertigt und mithin strafbar gem. §§ 223 ff. StGB.[207]

Für eine wirksame Einwilligung in die postmortale Organentnahme hingegen bedarf es keiner vorherigen Aufklärung des Erklärenden. Das TPG sieht in § 2 Abs. 1 zwar die Aufklärung der Bevölkerung über die Möglichkeiten der Organ- und Gewebespende und deren Voraussetzungen und Bedeutung vor, doch ist es für die Wirksamkeit der Erklärung nicht erforderlich, dass den Erklärenden diese Aufklärungskampagnen erreicht haben und er tatsächlich in Kenntnis der Tragweite seiner Entscheidung seine Erklärung abgegeben hat. Dennoch sind die Einwilligung in einen ärztlichen Heileingriff sowie die Erklärung zur postmortalen Organspende trotz bestehender Unterschiede[208] gleichermaßen dadurch gekennzeichnet, dass der Erklärende sein Recht ausübt selbst zu bestimmen, was mit seinem Körper geschehen soll. Die Einwilligung in Heileingriff und Organentnahme ist Ausfluss der köperbezogenen Selbstbestimmung eines jeden Einzelnen, sodass diese nur im Sinne des Patienten bzw. Spenders erfolgen darf.[209]

Im Ergebnis sprechen insofern die erforderliche Verstandesreife, unabhängig von der Geschäftsfähigkeit, sowie die aufgezeigten Parallelen zur Einwilligung in einen ärztlichen Heileingriff für eine Klassifizierung als geschäftsähnliche Handlung. Somit sind auf die Erklärung zur postmortalen Organspende als geschäftsähnliche Handlung die Vorschriften der §§ 104 ff. BGB analog anwendbar.[210]

4. Die unbeschränkte Erklärung zur Organspende

Der Widerspruch zur Organspende wie auch die Einwilligung in die Organspende kann unbeschränkt erfolgen. Bei einem unbeschränkten Widerspruch darf eine Organ- oder Gewebeentnahme überhaupt nicht erfolgen. Der Spender mit einer

---

207 Fischer, StGB, § 223 Rn. 13a m.w.N.

208 Hierzu ausführlich Herrig, Die Gewebetransplantation nach dem Transplantationsgesetz, S. 114 ff.

209 Für die Lebendorganspende geht Lilie mangels eines Heileingriffes für den Spender von einer Körperverletzung aus, deren Rechtswidrigkeit aber durch eine Einwilligung gem. § 8 TPG ausgeschlossen werden kann, vgl. LK-Lilie, StGB, 11. Auflage, § 223 Rn. 18.

210 Koch, Persönlichkeitsrechtsschutz bei der postmortalen Organentnahme zu Transplantationszwecken in Deutschland und Frankreich, S. 149; Herrig, Die Gewebetransplantation nach dem Transplantationsgesetz, S. 128; zur analogen Anwendbarkeit der Vorschriften über die Willenserklärungen kommt im Ergebnis auch Lautenschläger, Der Status ausländischer Personen im deutschen Transplantationssystem, S. 100.

unbeschränkten Einwilligung hingegen ist ein sog. Multiorganspender, welcher seinen gesamten Körper zu Transplantationszwecken zur Verfügung stellt. Eine solche unbeschränkte Erklärung kann auf dem amtlichen Organspendeausweis durch ankreuzen der Optionen „Nein, ich widerspreche einer Entnahme von Organen und Geweben." für einen generellen Widerspruch, bzw. „Ja, ich gestatte, dass nach der ärztlichen Feststellung meines Todes meinem Körper Organe und Gewebe entnommen werden." für die vollumfängliche Einwilligung abgegeben werden.[211] Auch aus anderweitigen schriftlichen oder mündlichen Erklärungen zur Organspende, die den unbeschränkten Willen des Verstorbenen enthalten Organspender sein zu wollen („Ich bin Organspender") oder kein Organspender sein zu wollen („Ich möchte keine Organe spenden"), kann sich infolge des fehlendes Formerfordernisses eine wirksame Einwilligung ebenso ergeben.

Allerdings ist selbst bei Vorliegen einer unbeschränkten Einwilligung die Informations- und Aufklärungspflicht des Arztes gem. § 3 Abs. 3 S. 1 TPG zu beachten, wonach dieser die nächsten Angehörigen über die beabsichtigte Organ- oder Gewebeentnahme zu unterrichten hat. Bei dieser möglichst genauen Aufklärung über Ablauf und Umfang der Transplantation ist es möglich, dass sich eine Diskrepanz zwischen dem sehr weiten Organbegriff des TPG und dem Laienverständnis des Verstorbenen ergibt. Den Angehörigen wird so die Möglichkeit gegeben, den Willen des potentiellen Spenders gegebenenfalls zu präzisieren.[212]

Auch die Angehörigen können nach Maßgabe der Voraussetzungen des § 4 TPG der Organentnahme unbeschränkt widersprechen oder zustimmen, wobei auch hier eine Aufklärungspflicht des Arztes gem. § 4 Abs. 1 S. 2 TPG bzgl. der in Frage kommenden Organ- oder Gewebeentnahme besteht.[213]

Die Einwilligung in die Organ- und Gewebeentnahme bezieht sich zugleich auf sämtliche für die Entnahme und Transplantation erforderlichen medizinischen Maßnahmen. Hierzu gehören Vorbereitungshandlungen, wie die Durchführung einer organprotektiven Therapie, wie auch die maschinelle Beatmung, die Entnahme

---

211 Siehe Vordruck eines Organspendeausweises der DSO, abrufbar unter http://www. dso.de/organspende/zustimmung/ausweis_idx.html.

212 Sasse, in Miserok/Sasse/Krüger, TPG, § 2 Rn. 23.

213 Für Inhalt und Umfang der Aufklärung des Angehörigen gelten nicht dieselben strengen Anforderungen wie für die Selbstbestimmungsaufklärung, weil hier lediglich die Wahrung des fortwirkenden Persönlichkeitsrechts des Verstorbenen im Mittelpunkt steht, so Lilie, Zur Zukunft der Organ- und Gewebespende, in: FS Laufs, S. 959 (970). Zur Beachtung von § 181 BGB analog hinsichtlich einer Entscheidung der Angehörigen siehe unter Punkt F. VI.

von Blut oder ggf. eines Teils der Milz, um HLA-Typ oder Antikörper-Sensibilisierung zu ermitteln.[214]

Grundsätzlich darf der Arzt also bei einer unbeschränkten Einwilligung alle für eine Transplantation geeigneten Organe entnehmen und im Falle eines Widerspruchs kein Organ des Verstorbenen zum Zwecke der Transplantation explantieren.

5. Die beschränkte Erklärung zur Organspende

Fraglich ist, ob, und wenn ja inwieweit, Beschränkungen des Umfangs der Organentnahme möglich sind. Die §§ 3, 4 TPG regeln die Voraussetzungen, bei deren Vorliegen eine Organentnahme bei einem toten Spender zulässig ist. Darüber, welche inhaltliche Ausgestaltung dieser Erklärung möglich ist und wo die Grenzen der Beschränkbarkeit der Erklärung liegen, trifft das TPG jedoch keine Aussage. Zwar regelt § 2 Abs. 2 S. 2 TPG, dass die Erklärung zur Organspende auf bestimmte Organe oder Gewebe beschränkt werden kann, woraus sich gleichsam ergibt, dass der Gesetzgeber wohl grundsätzlich von einer inhaltlich unbeschränkten Spendeerklärung ausgeht.[215] Der Sinngehalt dieser Regelung wäre schließlich fragwürdig, wenn die Beschränkung der Einwilligung zur postmortalen Entnahme von Organen auf bestimmte Organe der Regelfall wäre.[216]

Doch bleibt fraglich, welcher Rechtsnatur solche Beschränkungen sind und inwiefern der Inhalt einer Erklärung zur Organspende Grenzen unterliegt, mithin, ob eine Beschränkung auf bestimmte Organe tatsächlich die einzige zulässige Form der Beschränkung der Erklärung zur postmortalen Organentnahme ist.

a) Rechtsnatur der Beschränkung

Mit jeder inhaltlichen Beschränkung der Spendeerklärung zur postmortalen Organspende hinsichtlich Religion, Alter, Geschlecht, Nationalität oder Identität des Empfängers[217] knüpft der potentielle Spender seine Einwilligung an ein

---

214 Nickel/Schmidt-Preisigke/Sengler, TPG, § 2 Rn. 8; Schroth, in: Schroth/König/Gutmann/Oduncu, TPG, § 3 Rn. 13; Sasse, in Miserok/Sasse/Krüger, TPG, § 2 Rn. 23; Norba, Rechtsfragen der Transplantationsmedizin aus deutscher und europäischer Sicht, S. 158; Breyer u. a., Ist der Tod auf der Warteliste unvermeidbar?, S. 55.

215 Walter, in: FamRZ 1998, 201 (205).

216 Ebd.

217 Dies gilt jedoch nicht für die Beschränkung der Multiorganspende, denn hiermit wird die Einwilligung nicht an ein in der Zukunft liegendes Ereignis geknüpft, so dass es

zukünftiges Ereignis[218], die Erfüllung bestimmter Kriterien durch den Empfänger im Zeitpunkt der möglichen Organentnahme. Es handelt sich insofern um eine aufschiebende Bedingung i.S.d. § 158 Abs. 1 BGB.[219] Diese aufschiebende Bedingung ist Ausfluss des Autonomieprinzips und erst als erfüllt anzusehen, wenn der Empfänger die vom Spender zu Lebzeiten gesetzten Kriterien ausfüllt. Die Zulässigkeit einer bedingten Einwilligung im Rahmen des Selbstbestimmungsrechts des Einzelnen ist jedoch durch die guten Sitten und die verfassungsrechtlichen Schranken begrenzt. Hierauf soll im Folgenden das Augenmerk gerichtet werden.

b) Beschränkung auf bestimmte Organe

Aus den vorangegangenen Ausführungen ergibt sich zunächst, dass bei einer uneingeschränkten Einwilligung in die postmortale Organspende der Arzt alle für eine Transplantation geeigneten Organe des Verstorbenen entnehmen, im Falle eines Widerspruchs jedoch kein Organ explantieren darf.

Doch wie bereits angesprochen, erlaubt § 2 Abs. 2 S. 2 TPG als Ausfluss des verfassungsrechtlich garantierten Selbstbestimmungsrechts[220] eine Einschränkung der Multiorganspende auf bestimmte Organe. Voraussetzung hierfür ist eine eindeutig abgefasste Spendeerklärung, welche beispielsweise bei der Formulierung „es dürfen nur lebenswichtige Organe entnommen werden" nicht vorliegt. Vielmehr muss

---

sich lediglich um eine Spezifizierung der Einwilligung handelt. Die Bedingung wirkt sich vielmehr erst im ohnehin bereits im Vollzug befindlichen Transplantationsverlauf aus. Es handelt sich folglich um eine „innerprozessuale" Bedingung.

218 Palandt/Heinrichs, BGB, Einf. v. § 158 Rn. 1.
219 Koch, Persönlichkeitsrechtsschutz bei der postmortalen Organentnahme zu Transplantationszwecken in Deutschland und Frankreich, S. 168; Lautenschläger, Der Status ausländischer Personen im deutschen Transplantationssystem, S. 101; anders Schott, welcher zwischen Widmung (im Falle der Nennung eines bestimmten Empfängers durch den Spender) und Auflagen (gemeint sind generelle Einschränkungen des Spenders für die Allokation an einen ihm unbekannten Empfänger) unterscheidet. So sind nach Schott Widmungen aufgrund einer sich ansonsten ungerechtfertigten Diskrepanz zur gerichteten Lebendspende und einer besonderen Beziehung zwischen Spender und Empfänger, hinter welche Ansprüche der Allgemeinheit zurücktreten müssen, grundsätzlich zu beachten, während Auflagen des Spenders demgegenüber grundsätzlich unbeachtlich seien. Siehe Schott, Patientenauswahl und Organallokation, S. 302 ff.
220 Forkel, in: Jura 2001, 73 (76); Koch, Persönlichkeitsrechtsschutz bei der postmortalen Organentnahme zu Transplantationszwecken in Deutschland und Frankreich, S. 168.

die Erklärung explizit diejenigen Organe benennen, welche postmortal explantiert werden dürfen, womit gleichzeitig ein Widerspruch bezüglich der Entnahme anderer als der genannten verbunden ist, und sich somit zugleich die Entnahme der Nichtgenannten verbietet. Ebenso ist ein Widerspruch bezüglich der Explantation bestimmter Organe möglich, womit zugleich eine Einwilligung in die Entnahme aller transplantierfähigen Organe einhergeht.

Wird hingegen ausdrücklich der Entnahme bestimmter Organe widersprochen, so dürfen alle Organe mit Ausnahme der genannten entnommen werden. Folglich ist eine Beschränkung der Einwilligung aufgrund der gesetzlichen Regelung in § 2 Abs. 2 S. 2 TPG grundsätzlich zulässig.[221]

c) Transplantation von Organteilen

Fraglich ist, wie mit Organen verfahren werden kann, die als Ganzes zwar nicht transplantierbar sind, wohl aber Teile von ihnen. Der Einwilligung des Verstorbenen, bzw. der Zustimmung der Hinterblieben (erweiterte Zustimmungslösung) liegt meist die Vorstellung zugrunde, dass die zur Spende freigegebenen Organe vollständig einem anderen Menschen transplantiert werden. Häufig scheitert jedoch eine solche Transplantation aus medizinischen oder anderen Gründen. So geschieht es häufig, dass eine Transplantation des gesamten Herzens verworfen werden muss, sodass zumindest jedoch die Transplantation der entsprechend bearbeiteten Herzklappen möglich ist. Auch die Möglichkeit der sog. Split-Leber, also die Aufteilung einer Spenderleber auf zwei Empfänger, ist möglich, der Bevölkerung jedoch vielfach schlichtweg unbekannt.[222]

(aa) Tatsächliches Moment bzw. „Vorstellungsbild"

Die Transplantation von Organteilen weicht folglich von dem bei der Erteilung der Einwilligung oder Zustimmung möglicherweise in groben Zügen vorgestellten Verlauf erheblich ab, indem gerade nicht das vollständige Organ, sondern herausgelöste bzw. abgetrennte Teile desselben transplantiert werden sollen. Ein Hinweis auf eine nur teilweise Verwendung findet sich auch im

---

221 Krüger/Lautenschläger/Lilie, Transplantationsrecht, in: Hübner/Pühler/Middel (Hrsg.), Praxisleitfaden Gewebegesetz, S. 71.
222 Abgesehen von Herzklappen sind für alle Teile von vermittlungspflichtigen Organen die Regelungen des TPG für vermittlungspflichtige Organe zu beachten, siehe BT-Drs. 13/4355, S. 21.

Organspendeausweis nach § 2 TPG nicht. Dies könnte zur Unzulässigkeit der Teiltransplantation führen, wenn ein solches Vorgehen nicht von der Einwilligung bzw. Zustimmung gedeckt ist.

(bb) Rechtliches Moment bzw. Auslegung der Erklärung

Gegen die Unzulässigkeit spricht, dass davon ausgegangen werden kann, dass der Spender bzw. dessen Angehörige konkrete Überlegung zu Verlauf und Umfang der Transplantation nicht angestellt haben werden. Vielmehr steht hinter der Erklärung der Gedanke, und so ist die Erklärung folglich auszulegen, das Leben eines anderen hilfebedürftigen Menschen retten zu wollen, oder zumindest zu dessen Heilung beizutragen.[223] Ob dies durch die Übertragung eines vollständigen Organs oder bestimmter Teile des Organs geschieht, ist dabei nicht von Bedeutung. Davon kann in besonderem Maße bei einem sog. Multiorganspender ausgegangen werden, der seinen gesamten Körper ohne Einschränkungen zu Transplantationszwecken zur Verfügung stellt. Selbiges gilt jedoch auch bei einem Spender, welcher nur bestimmte Organe zur Entnahme freigegeben hat. Auf andere, nicht zur Spende freigegebene Organe, kann hier bei Nichttransplantierbarkeit freilich nicht zurückgegriffen werden, weil die Einwilligung in die Entnahme bestimmter Organe gleichsam mit einem Widerspruch im Hinblick auf die anderen Organe verbunden ist.

Weiterhin lässt sich die Zulässigkeit der Verwendung von Teilen eines Organs zu Transplantationszwecken in den Fällen des Vorliegens eines Organspendeausweises mit einer unbeschränkten oder beschränkten Einwilligung in die Organ- und Gewebeentnahme bereits unmittelbar aus dieser Erklärung herleiten. Gemäß § 1 a Nr. 4 TPG[224] sind Gewebe „alle aus Zellen bestehenden Bestandteile des menschlichen Körpers, die keine Organe [...] sind". Hierunter fallen abgesehen von Leberlappen und Teilen der Lunge (diese gelten als Teile von Organen, weil sie eigenständig die Organfunktion aufrecht erhalten können) sämtliche Gewebe wie Hornhaut, Gehörknöchelchen und Herzklappen.[225] Stimmt der Erklärende also der Entnahme von (bestimmten) Organen und Geweben zu, so muss die

---

223 Sasse, in: Miserok/Sasse/Krüger, TPG, § 2 Rn. 24.
224 In § 4 Abs. 30 AMG werden Gewebezubereitungen als Arzneimittel definiert, die Gewebe i.S.d. § 1a Nr. 4 TPG sind oder aus solchen hergestellt sind. Denn Gewebe i.S.d. § 1a Nr. 4 TPG sind keine Gewebezubereitungen in diesem Sinne, vgl. Hübner/Pannenbecker/Pühler, in: Pühler/Middel/Hübner (Hrsg.), Praxisleitfaden Gewebegesetz, S. 49.
225 Sasse, in: Miserok/Sasse/Krüger, TPG, § 1 Rn. 4 und 5.

Einwilligung so ausgelegt werden, dass damit zugleich die Verwendung einzelner Teile des zur Entnahme zugelassenen Organs, also die Verwendung von Gewebe, im Falle der Unmöglichkeit der vollständigen Übertragung verbunden ist.

(cc) Stellungnahme und Ergebnis

Ob dem Erklärenden tatsächlich die Feinheiten und das Ausmaß seiner Erklärung im Hinblick auf eine Verwendungsmöglichkeit von einzelnen Teilen gewisser Organe vollumfänglich bewusst sind, darf hingegen in der Tat bezweifelt werden. Das Fehlen einer, zugegebenermaßen erhöhten Bürokratieaufwand nach sich ziehenden, Aufklärungspflicht als Voraussetzung für eine wirksame Einwilligung in die Organentnahme dürfte sich *in praxi* wohl eher positiv auf die Zahl der zur Verfügung stehenden Organteile und Gewebe auswirken.

Solange die Organteile beim Empfänger also in spezifischer Organfunktion eingesetzt werden und keine entgegenstehenden Anhaltspunkte vorliegen, ist die Transplantation von Teilen des gespendeten Organs mithin als zulässig anzusehen.[226]

d) Nutzung zu Forschungszwecken

Kommt weder die vollständige Transplantation noch die Transplantation von Teilen eines Organs in Betracht, so ist jedoch zumindest an einen nutzbringenden Einsatz der durch die Operation verworfenen Organe oder Zellen in der Forschung zu denken. So wird beispielsweise derzeit an einer alternativen Therapie zur Organtransplantation bei Leberversagen gearbeitet, wobei aus nicht transplantierbaren Lebern eine Zellsuspension gewonnen wird, die Erkrankten in die Pfortader gespritzt werden soll. Die Transplantation einer Spenderleber könnte so umgangen werden.[227] Auch hier muss trotz des Aufklärungsauftrages der nach Landesrecht zuständigen Stellen, der Bundesbehörden insbesondere der Bundeszentrale für

---

226 So auch Herrig, Die Gewebetransplantation nach dem Transplantationsgesetz, S. 19 f.; Norba, Rechtsfragen der Transplantationsmedizin aus deutscher und europäischer Sicht, S. 158 f.; Sasse, in: Miserok/Sasse/Krüger, TPG, § 2 Rn. 24; anders ist die Situation zu beurteilen, wenn die Gewebe einer kommerziellen Verwendung zugeführt werden sollen. Hierfür ist eine gesonderte Einwilligung erforderlich, vgl. Spickhoff/ Walter, § 3 TPG, Rn. 4.

227 Ein großer Vorteil einer solchen Leberersatztherapie ist, dass so aus einer Spenderleber gleich mehrere Empfänger die Therapie erhalten können. Außerdem entfällt die Notwendigkeit einer lebenslangen Immunsuppression, wie sie die Lebertransplantation notwendig macht, vgl. Forschungen der Medizinischen Hochschule Hannover, von Andrea Schneider auf dem 8. Innovationsgipfel am 06.11.2008 vorgestellt.

gesundheitliche Aufklärung sowie der Krankenkassen aus § 2 Abs. 1 TPG davon ausgegangen werden, dass der Großteil der Bevölkerung über eine mögliche medizinische Anwendung von aus Geweben hergestellten Arzneimitteln nicht informiert ist.

Fraglich ist also, ob eine solche Nutzung zu Forschungszwecken als von der Einwilligung bzw. Zustimmung zur Organ –und Gewebespende des Spenders bzw. dessen Angehörigen gedeckt anzusehen ist.

(aa) Anwendbarkeit des TPG

Bereits nicht ohne weiteres kann hier die Anwendbarkeit des TPG bejaht werden, denn gem. § 1 Abs. 1 S. 1 TPG findet das Gesetz nur bei der Entnahme zum Zwecke der Übertragung Anwendung. Erfolgt eine Entnahme zunächst mit dem Ziel der Übertragung auf einen anderen Menschen und wird erst nach der Entnahmeoperation die Untauglichkeit des Organs oder des Gewebes für eine Verwendung zu Transplantationszwecken festgestellt, ist das TPG anwendbar. Anders ist die Situation jedoch zu beurteilen, wenn Organe oder Gewebe zu einem anderen Zweck als dem der Transplantation, also beispielsweise allein zu wissenschaftlichen Zwecken oder als Ausgangsmaterial zur Herstellung von Arzneimitteln entnommen werden, denn dies fällt keinesfalls in den Anwendungsbereich des TPG. Dient die Organ- und Gewebeentnahme allerdings zur Vorbereitung eines in unmittelbarer zeitlicher Nähe durchzuführenden Transplantationsprogramms, dann ist auch dies wohl durchaus als vom Anwendungsbereich umfasst anzusehen.[228] Organe und Gewebe, welche als Operationsmaterial im Zusammenhang mit einer Transplantation entnommen worden sind, bei denen eine Analyse jedoch ergibt, dass sich diese Körpermaterialien für eine Transplantation nicht eignen, werden als sogenanntes „Überschussmaterial" bezeichnet.

(bb) Mittelbare Vorteile für Erkrankte

Für die Zulässigkeit der Verwendung von solchem übriggebliebenen Körpermaterial zu Forschungszwecken spricht, dass die Aufklärung von Krankheitsursachen sowie medizinisch-wissenschaftliche Forschung schließlich zuletzt ebenfalls erkrankten Menschen zugute kommt, wenn mit ihr neue Behandlungsmethoden oder die Behandlung fördernde Erkenntnisse auf dem Gebiet der Transplantationsmedizin entwickelt bzw. gewonnen werden können. Unterstellt man der Erklärung zur Organspende also zumindest den Grundgehalt anderen Menschen helfen zu

---

228 Sasse, in: Miserok/Sasse/Krüger, TPG, § 1 Rn. 18 TPG.

wollen, so spricht der mittelbare Ertrag, den die Verwendung für Erkrankte mit sich bringt, zunächst für die Zulässigkeit einer solchen Nutzung. Ob die Anknüpfung an den Sinngehalt der Erklärung zur Organspende jedoch als ausreichend anzusehen ist, um die Verwendung zu Forschungszwecken zu rechtfertigen, ist jedoch in Frage zu stellen.

Da eine ausdrückliche Aussage zur Weiterverwendbarkeit benannter Substanzen seitens des Dispositionsbefugten zumeist fehlen wird und eine Befragung des Betroffenen ausscheidet, kommt schließlich eine solche Anknüpfung an den Grundgehalt der Erklärung, nämlich des „anderen Menschen helfen Wollens", überhaupt erst in Betracht. Hierbei muss eine umfassende Würdigung aller Umstände ergeben, dass der Betroffene, würde er befragt werden, seine Zustimmung erteilen würde. Aus der Achtung des postmortalen Persönlichkeitsrechts des Verstorbenen ergibt sich, dass sich diese Würdigung in allererster Linie an dem persönlichen Profil unter Einbeziehung individueller Interessen und Wertevorstellungen ergeben muss. Die bloße Heranziehung objektiver Kriterien (wie z. B. „gemeinhin ist mit der Bereitschaft zur Organspende der Wille verbunden, anderen Menschen zu helfen") verbietet sich daher und führt zur Unzulässigkeit des Handelns, wenngleich sie zur Maßstabsbildung durchaus von Bedeutung sein können.[229]

(cc) Andersartigkeit des Zweckes

Es lassen sich daher durchaus gewichtige Argumente finden, welche gegen eine Verwendungsmöglichkeit zu Forschungszwecken sprechen. Ist doch die Verwendung zu transplantationsbezogener Forschung eine völlig andere, als sie der Einwilligung bzw. Zustimmung zur Organ- und Gewebespende zugrunde lag, nämlich der Entnahme zum Zwecke der Übertragung auf einen anderen Menschen i.S.d. § 1 Abs. 1 S. 1 TPG. So werden die übriggebliebenen Körpermaterialien vielmehr nie, und damit gänzlich konträr zu ihrer eigentlichen Zweckbestimmung, unmittelbar auf eine andere Person übertragen. Es fehlt also im Falle der Nutzung der Explantate in der Forschung gerade an dem erforderlichen direkten Kontakt von Explantat und einem Empfänger, mithin am Vorhandensein zweier menschlicher Organismen[230], Spender und Empfänger. Die Etablierung neuer Behandlungsmethoden gereicht den Wartelistepatienten, wie bereits angeführt wurde, höchstens mittelbar zum Vorteil, indem Erkrankte von den am Ende der Forschungsreihen im Erfolgsfall gewonnenen Erkenntnissen und den einhergehenden Fortschritten in der

---

229 So auch im Allgemeinen zur Verwendung menschlichen Körpermaterials zu Forschungszwecken Freund/Weiss, in: MedR 2004, 315 (317).
230 Rixen, in Höfling (Hrsg.), TPG, § 1 Rn. 28.

Transplantationsmedizin profitieren. Dass das Ergebnis der mithilfe von Organen und Geweben durchgeführten Forschung ein solches ist, welches Fortschritte in der Therapierbarkeit von Organerkrankungen bedeutet, ist jedoch wohl nur in den seltensten Fällen garantiert. Können mithilfe der verwendeten Körpersubstanzen entsprechende Erfolge nicht erzielt werden, so fehlt es *ex post* letztlich an dem die Verwendung legitimierenden positiven Effekt für die Erkrankten. Der mit denjenigen Forschungsvorhaben, welche nicht den gewünschten wissenschaftlichen Fortschritt erzielen konnten, zusammenhängende grundsätzliche Wissenszuwachs lässt es schließlich gänzlich an einem positiven Effekt für die Patienten fehlen, weshalb auch dieser nicht zur Legitimierung taugt.

Die Verwendung zu Forschungszwecken ist mithin aufgrund ihrer Andersartigkeit von der mit einer Einwilligung bzw. Zustimmung zur Organ- und Gewebespende getragenen Zweckrichtung und -bestimmung, welche die Entnahme von Organen und Geweben bei toten Spendern gestattet, und der Unsicherheit hinsichtlich ihrer finalen Legitimierbarkeit durch erwartete Forschungsergebnisse, nicht von der Erklärung umfasst anzusehen.

(dd) Einwilligungs- bzw. Zustimmungserfordernis

Vielmehr muss die Verwendung von überschüssigem menschlichen Körpermaterial explizit erlaubt werden, beispielsweise durch einen Vermerk auf dem Spendeausweis: „Meine Einwilligung in die Organspende schließt die Verwendung meiner Organe und Gewebe zu Forschungszwecken ein,[231] sofern eine Übertragung auf eine andere Person nicht möglich ist" (wenngleich Schriftform freilich keine Wirksamkeitsvoraussetzung der Erklärung darstellt), oder durch ausdrückliche Zustimmung der Angehörigen nachdem diese explizit über die angedachte Verwendung aufgeklärt[232] worden sind.[233]

---

231 Insofern sollte eine Änderung des Spendeausweises unter Einfügung der entsprechenden Option in Betracht gezogen werden.

232 Auch Dufková sieht in Bezug auf die kollidierenden Interessen hinsichtlich des Sektionsrechts eines Klinikums, namentlich dem Interesse der Allgemeinheit an wissenschaftlich-medizinischer Forschung und der Erforschung von Krankheitsursachen einerseits und dem entgegenstehenden postmortalen Persönlichkeitsrecht des Verstorbenen bzw. dem Totensorgerecht der Angehörigen andererseits, ein Informations- und Aufklärungsrecht sowie ein sich (anders als die gesetzliche Regelung der postmortalen Organentnahme vorsieht) anschließendes Widerspruchsrecht der Angehörigen als gegeben an, in: MedR 1998, 304 (306).

233 Eine im Falle der Lebendspende zu empfehlende entsprechende Klausel als Bestandteil des Klinikaufnahmevertrages bzw. ein aufgrund einer möglichen Klassifizierung einer

Als Problematisch stellt sich bei der Aufklärung jedoch die Information über die angedachte Verwendung dar. Oftmals wird der genaue Forschungszweck zum Zeitpunkt der Aufklärung noch nicht bekannt sein, sich vielmehr erst später ergeben, sodass eine spezifische Aufklärung *in praxi* schlicht nicht umsetzbar ist.[234] Hier wäre an die Etablierung einer Informationspflicht der jeweiligen Forschungsstelle zu denken, wobei die Information sämtlicher Angehöriger bei großangelegten Studien mit einer Vielzahl an Körpermaterialien unter Umständen als unzumutbar anzusehen sein könnte. Für einen Ausgleich der Interessen könnte die Einsetzung eines interessenwahrenden Dritten sorgen, auf welchen die Hinterbliebenen die Zustimmungsbefugnis übertragen. In Betracht kommt hier u.U. die Sachwalterschaft[235] einer Ethikkommission, welche nicht zuletzt wegen ihrer hohen Sachkunde geradezu dazu prädestiniert ist, im Namen der Angehörigen zu handeln und deren Interessen zu vertreten. Auch im Rahmen der klinischen Prüfung von Arzneimitteln am Menschen wird der Ethikkommission die Kompetenz der Prüfung des Vorliegens der ethischen Voraussetzungen zugestanden. Hierzu gehört neben einer Kontrolle des Prüfverfahrens nicht zuletzt auch die Überprüfung des Vorliegens der erforderlichen Einwilligungen nach entsprechender Aufklärung.[236] Im Vordergrund der Arbeit der Ethikkommission steht hierbei insbesondere der Schutz der Prüfungsteilnehmer.[237] Dieser Schutzauftrag prädestiniert nach hier vertretener Ansicht daher geradezu auch im Rahmen der Verwendung überschüssigen Körpermaterials zu Forschungszwecken eine Ethikkommission die Aufgabe des „Hüters der Interessen" des Verstorbenen bzw. der Hinterbliebenen wahrzunehmen zu lassen.[238] Die so gewährleistete Praktikabilität der Umsetzung eines

---

solchen Klausel als „überraschend" zu bevorzugendes gesondertes Formular [hierzu siehe Freund/Weiss, in: MedR 2004, 315 (319)], welches im Zusammenhang mit der Krankenhausaufnahme um die Zustimmung zur eventuellen Weiterverwendung zu Forschungszwecken bittet, kommt aufgrund der Natur der Leichenspende nicht in Betracht.

234 Dieses Problem sieht auch Eberbach, „Meine Probe gehört mir" – Biobanken und Spendereinwilligung, in: Preuß/Knoepffler/Kodalle (Hrsg.), Körperteile – Körper teilen, 165 (179 f.), der zutreffend auf die Schwierigkeit der Vereinbarung der Patienteninteressen mit denen der Forschungseinrichtungen hinweist.

235 Unter einem Sachwalter versteht man allgemein denjenigen, den eine Sache angeht. Häufig erscheint der Sachwalter als derjenige, der als Anwalt, Fürsprecher oder Prokurator die Sache einer Partei vertritt; siehe Sellert, Sachwalter, in: Erler/Kaufmann (Hrsg.), HRG, S. 1254.

236 Dieners/Reese/Heil/Lützeler, Handbuch des Pharmarechts, § 4 Rn. 40 ff.

237 Ebd. Rn. 46.

238 Dies wurde auch vom Deutschen Ethikrat erkannt, hierzu siehe unter E. II. 5. d) (ff).

Einwilligungserfordernisses dürfte im Übrigen auch im Interesse der betreffenden Forschungsstellen sein.

(ee) Stellungnahme der Zentralen Ethikkommission[239]

Auch die Zentrale Ethikkommission (ZEK) hat das Potential der Verwendung von menschlichen Körpermaterialien für Forschungszwecke unter ständig weiterreichenden technologischen und technischen Möglichkeiten und die sich im Zusammenhang ergebenden Fragen zur Zulässigkeit unter Zugrundelegung ethischer Gesichtspunkte erkannt, wozu auch Gewebe aus Operationsmaterial, speziell Organe im Zusammenhang mit Transplantationen, gehören. So heißt es in einer Stellungnahme:

„Mit der Einführung neuer biotechnologischer und molekulargenetischer Untersuchungsmöglichkeiten erweitern sich Potential und Umfang der aus menschlichen Körpermaterialien zu gewinnenden Informationen für Forschungszwecke ständig. Dies gilt für die Krankheitsursachenforschung einschließlich der Epidemiologie ebenso wie für die damit einhergehende Forschung zur Fortentwicklung von Therapie- und Präventionsmöglichkeiten. "[240]

Die „legitimen Forschungsinteressen" an der Aufbewahrung und Verwendung des entnommenen Körpermaterials gilt es nach Meinung der ZEK mit den Persönlichkeitsrechten der betroffen Substanzlieferanten[241] abzuwägen. Daher sollten aufgrund des hohen Ranges des Allgemeinen Persönlichkeitsrechts die Aufbewahrung und Verwendung von entnommenen Körpermaterialien grundsätzlich ohne eine Einwilligung des Betroffenen nicht möglich sein. Die vorzunehmende Abwägung könne jedoch ausnahmsweise dann zu einer Entbehrlichkeit der Einwilligung in die Weiterverwendung führen, wenn das Interesse des Substanzgebers oder Interessen Dritter nicht entgegenstehen.[242] Dafür, wann dies insbesondere der Fall

---

239 Es handelt sich hierbei um eine von der Bundesärztekammer 1995 ins Leben gerufene und aus 16 Mitgliedern bestehende Kommission zur Wahrung ethischer Grundsätze in der Medizin und ihren Grenzgebieten.

240 Stellungnahme der Zentralen Ethikkommission zur (Weiter-) Verwendung von menschlichen Körpermaterialien für Zwecke medizinischer Forschung (2003), siehe unter: http://www.zentrale-ethikkommission.de/page.asp?his=0.1.21, S.2 (zuletzt abgerufen am 12.09. 2013).

241 An dieser Stelle wird bewusst von „Lieferanten" gesprochen, weil von „Spendern" mangels wissentlicher und willentlicher Weitergabe für die in Rede stehende Nutzung zu Forschungszwecken nicht die Rede sein kann.

242 Stellungnahme der Zentralen Ethikkommission zur (Weiter-) Verwendung von menschlichen Körpermaterialien für Zwecke medizinischer Forschung (2003), siehe

sein soll, werden sieben kumulativ zu erfüllende Kriterien genannt. So kann nach Meinung der ZEK auf die Einholung einer Einwilligung verzichtet werden, wenn das entnommene Material nicht mehr vom Substanzgeber benötigt wird, anonymisiert vorgegangen wird, keine individualisierenden Genuntersuchungen vorgenommen werden, voraussichtlich keine Forschungsergebnisse erarbeitet werden, die für den Betroffenen oder Angehörige von individuellem Belang sein werden, keine ethisch umstrittenen Forschungsziele verfolgt werden, keine Anhaltspunkte dafür bestehen, dass der Betroffene die Forschung ablehnt und die Einwilligung nicht oder nur mit unverhältnismäßig hohem Aufwand eingeholt werden kann.[243]

(ff) Stellungnahme des Deutschen Ethikrates[244]

Auch der Deutsche Ethikrat hat die enorme Aktualität der Etablierung und Nutzung von Biobanken erkannt und verweist hierzu auf die steigende Zahl (nationaler) Biobanken und den stetig steigenden nutzbaren Informationsgehalt von menschlichem biologischem Material.[245] Angeführt wird unter anderem insbesondere auch ein zunehmendes Interesse von Dritten an den in Biobanken gelagerten Proben und gespeicherten Daten. Die Rede ist sowohl von staatlichen Interessenten, die Nutzbarkeit der Ressourcen zur Gefahrenabwehr oder Strafverfolgung ist unbestritten, wie auch von privaten Interessenten, beispielsweise Arbeitgebern oder Versicherungen.[246] Der Nationale Ethikrat sieht durch diese Entwicklung die Grundrechte der Substanzgeber in erhöhtem Maße als schützenswert an, gerade auch, weil die individuelle Einwilligung aufgrund der teilweise unsicheren Verwendung der Substanzen auf eine vorausgehende Information mit sehr geringem Gehalt hin erteilt werden muss. So besteht aus Sicht des Nationalen Ethikrates Bedarf an institutionellen und prozeduralen Neuregelungen, die der Forschung

---

unter: http://www.zentrale-ethikkommission.de/page.asp?his=0.1.21, S. 9 (zuletzt abgerufen am 11.09.2013).

243 Ebd., S. 9 f.

244 Gem. § 2 Abs. 1 S. 1 EthRG verfolgt der Deutsche Ethikrat „die ethischen, gesellschaftlichen, naturwissenschaftlichen, medizinischen und rechtlichen Fragen sowie die voraussichtlichen Folgen für Individuum und Gesellschaft, die sich im Zusammenhang mit der Forschung und den Entwicklungen insbesondere auf dem Gebiet der Lebenswissenschaften und ihrer Anwendung auf den Menschen ergeben."

245 Siehe hierzu die Stellungnahme „Humanbiobanken für die Forschung" des Nationalen Ethikrates aus dem Jahr 2010, S. 10; abrufbar unter: www.ethikrat.org/dateien/pdf/stellungnahme-humanbiobanken-fuer-die-forschung.pdf (zuletzt abgerufen am 11.09.2013).

246 Ebd., S. 15.

mit Biobanken einerseits sowohl Freiräume schaffen, andererseits aber auch dort Grenzen setzen, wo die schutzwürdigen Interessen Dritter betroffen sind. Zu diesem Zwecke wurde ein sog. Fünf-Säulen-Konzept zur Regelung von Biobanken entwickelt, welches die Etablierung eines Biobankgeheimnisses, die Festlegung der zulässigen Nutzung bspw. für ein bestimmtes Forschungsprojekt, die Einbeziehung der Ethikkommissionen, die Qualitätssicherung beim Datenschutz und die Transparenz der Ziele und Verfahrensweisen einer Biobank vorsieht.[247]

(gg) Eigene Stellungnahme

Aufgrund der permanent steigenden Nachfrage nach menschlichem Körpermaterial für die Forschung[248] besteht das zwingende Erfordernis, die Notwendigkeit einer Einwilligung durch die Lieferanten der nicht nur zu Forschungszwecken[249] begehrten Substanzen äußerst restriktiv zu regeln. Die hiermit unausweichlich zusammenhängende Kollision mit den grundrechtlich verbrieften Forschungsinteressen der entsprechenden Einrichtungen wie Universitätskliniken und privaten Forschungseinrichtungen kann nach der hier vertretener Auffassung nicht dazu führen, dass in gewissen Fällen, wie beispielsweise den durch die Zentrale Ethikkommission genannten, von diesem Erfordernis abgerückt werden kann. Die Möglichkeit der Einholung einer Genehmigung des Patienten bzw. der Zustimmung seiner Angehörigen darf nicht unter Zugrundelegung eines vermuteten Einverständnisses in den vom Zentralen Ethikrat genannten Fällen umgangen werden. Die Beurteilung, wann eine Einwilligung einen unverhältnismäßig hohen Aufwand bedeuten würde, obliegt im Zweifel den Forschungseinrichtungen. Diese Situation ist aufgrund der naturgemäß interessengeleiteten Beurteilung durch diese nicht hinnehmbar. Auch hier ist grundsätzlich für die Einbeziehung einer Ethikkommission zu plädieren. Außerdem verhindert die anonymisierte Verwendung, dass die Möglichkeit bzw. Unmöglichkeit der Einwilligungseinholung einer nachträglichen Kontrolle von außen unterliegt. Auch diese Situation gilt es im Interesse der Substanzgeber zu vermeiden.

Zudem ist aufgrund der gehäuften Fälle, in denen der entnehmende Arzt zugleich als Wissenschaftler und als Unternehmer gehandelt hat, dafür zu plädieren, dass die Entnahme und die Weiterverarbeitung entnommener Körpersubstanzen

---

247 Ebd., S. 29 ff.

248 Möglich ist es aus Geweben, beispielsweise den Blutgefäßen oder dem Herzen eines Leichenspenders, unterschiedlichste Zellkulturen zu gewinnen, welche wiederum der Forschung zur Verfügung gestellt werden können.

249 Siehe hierzu unter E. II. 5. e).

personell und institutionell getrennt werden. Nur so lassen sich etwaige Interessenkollisionen ausschließen und die nötige Transparenz gewährleisten.

Organe und Gewebe stehen folglich bei Transplantationsunfähigkeit grundsätzlich nicht zu Forschungszwecken zur Verfügung, es sei denn, diese Verwendungsmöglichkeit ist ausdrücklich durch den Verstorbenen selbst oder seine Angehörigen zugelassen bzw. die Entscheidung ist einem Sachwalter übertragen und durch diesen zugelassen worden.

e) Aufbereitung und Weiterveräußerung von Gewebe

Bereits im Rahmen der Ausführungen zur Verwendbarkeit von nicht zur Transplantation geeigneten Körpermaterialien zur Forschung ist die ökonomisch äußerst reizvolle Verwertbarkeit dieses Materials angedeutet und für eine Restriktion in der Gesetzgebung plädiert worden.[250]

Die Aufbereitung und Weiterverarbeitung von Gewebe ohne Beteiligung des Substanzgebers würde eine ethisch aufs Höchste zweifelhafte Situation herbeiführen. Nach einem speziellen Aufbereitungsverfahren erzielen diverse Körpermaterialien auf dem Markt enorme Preise, welche Einrichtungen wie Biobanken erhebliche Gewinne erzielen lassen, der unverzichtbare Substanzgeber jedoch profitiert als einziger Beteiligter mitnichten hiervon.

Daher ist es erforderlich, den Substanzlieferanten, in Fällen der Nichteinholbarkeit der Einwilligung die Angehörigen, über die weitergehenden Nutzungsmöglichkeiten „überschüssigen" Körpermaterials (unter Umständen vorsorglich) zu informieren und um eine Nutzungserlaubnis zu ersuchen. Nur so kann eine selbstbestimmte Entscheidung erfolgen. Denkbar ist freilich außerdem eine gewisse vorweggenommene „Gewinnbeteiligung"[251] in Form von pauschalisierten Einmalzahlungen durch diejenigen Einrichtungen, welche ansonsten unnutzbares Körpermaterial unter dem Aspekt einer späteren Gewinnerzielung aufbereiten. Ein Verstoß gegen das Organhandelsverbot wird aufgrund der Ausnahmeregelung des § 17 Abs. 1 S. 2 Nr. 1

---

250 An dieser Stelle ist auf die im Frühjahr 2010 öffentlich gewordene Weitergabe von zu Diagnosezwecken entnommenen Proben von Krebspatienten durch das Universitätsklinikum Hamburg-Eppendorf an ausländische Privatfirmen hinzuweisen. Eine Einwilligung hierzu ist von den betroffenen Patienten nicht eingeholt worden, vgl. NDR info, Weltweiter Handel mit Krebsgewebeproben aus UKE, 29.03.2010. Die Weitergabe ist jedoch gem. § 12 des Hamburgischen Krankenhausgesetzes unter bestimmten Voraussetzungen auch ohne Einwilligung der Substanzgeber möglich, wenn die Proben vorher entsprechend anonymisiert worden sind.

251 Auch als benefit sharing bezeichnet.

TPG, unter der Prämisse, dass es sich um ein angemessenes lediglich entschädigendes Entgelt für die zur Erreichung des Ziels der Heilbehandlung weitere Aufbereitung handelt, nicht gesehen. Es bleibt bei dieser Variante mit dem Widerwillen der entsprechenden Forschungs- und Industriezweige zu rechnen. In diesem Zusammenhang vermag auch die Argumentation des Nationalen Ethikrates[252] nicht zu überzeugen, welcher in seiner Stellungnahme „Biobanken für die Forschung" ausführt, dass die meisten Biobanken zunächst einmal nur der Grundlagenforschung dienten und möglicherweise erst später, nach Nutzbarmachung durch die pharmazeutische Industrie, Gewinn abwürfen.[253] Es ist inakzeptabel, eine finanzielle Beteiligung der Substanzgeber an einen Forschungserfolg zu knüpfen, führt doch selbst ein misslungener Forschungsversuch letztlich durch Ausschluss dazu, die Forschung zwar zu einem späteren Zeitpunkt, aber schließlich doch zu einem (zumeist auch ökonomisch verwertbaren) Erfolg zu führen.

Nach der hier vertretenen Auffassung hat das allgemeine Persönlichkeitsrecht des Körpermateriallieferanten in jedem Falle Vorrang vor den Interessen betroffener (Forschungs-) Einrichtungen. Um die zukünftig zu erwartenden weiter steigenden Gewinnmargen der mit Körpermaterialien arbeitenden Einrichtungen nicht auf Kosten derjenigen Patienten oder Verstorbenen zu stützen, welche über die Weiterverwendbarkeit und Weiterverwendung entsorgt geglaubten „Überschussmaterials" nicht unterrichtet gewesen sind, ist bereits an dieser Stelle eine restriktive, grenzziehende und ethischen Grundsätzen genügende Beschränkung durch den Gesetzgeber zu fordern.

f) Enumerativer Charakter des § 2 Abs. 2 S. 2 TPG?

In Anbetracht der durch den Gesetzgeber zu vollziehenden Stärkung der Patienteninteressen und des Selbstbestimmungsrechts dieser schützenswerten Klientel, ist es in Bezug auf die zugrundeliegende Problematik fraglich, ob die Regelung des § 2 Abs. 2 S. 2 TPG abschließend ist, oder ob Beschränkungen der Einwilligung über bestimmte Organe oder Gewebe hinaus möglich sind.

Zunächst wollte der Gesetzgeber mit der Schaffung dieser Vorschrift Vorbehalten gegenüber der Organspende begegnen, indem er verdeutlichte, dass die Organentnahme entsprechend den individuellen Wünschen des Spenders durchgeführt wird. Anstelle eines umfassenden Widerspruchs sollte es dem potentiellen Spender

---

252 So der Name des dem Deutschen Ethikrates vorgehenden Expertengremiums.
253 Siehe S. 88 der Stellungnahme von 2004, abrufbar unter: http://www.ethikrat.org/dateien/pdf/NER_Stellungnahme_Biobanken.pdf (zuletzt abgerufen am 11.09.2013).

ermöglicht werden, dass er zumindest bestimmte Organe zur Entnahme freigibt.[254] Ziel dieser Regelung war es mithin, zuvörderst dem Organmangel durch Anregung der Spendebereitschaft zu begegnen und ein positives Signal für die Ausübung und Beachtung des Selbstbestimmungsrechts des Spenders zu setzen. Zwar könnte sich der Gesetzgeber, indem er im Bereich der Lebendspende ausdrücklich die gerichtete Spende an einen bestimmten Empfänger i.S.d. § 8 Abs. 1 S. 2 TPG zulässt, im Gegenzug bewusst gegen eine weitere Einschränkbarkeit der Einwilligung in die Leichenspende entschieden haben, sodass weitergehende Beschränkungen der Erklärung, welche sich nicht auf die zur Entnahme freigegebenen Organe beziehen, gleichsam gänzlich unbeachtlich wären.[255]

Doch standen in Bezug auf die Lebendspende gewichtigere Interessen, wie der Schutz des potentiellen Lebendorganspenders vor den Risiken des Eingriffs und die Verhinderung von Organhandel[256] im Vordergrund. Bei der Leichenspende hingegen besteht kraft Natur der Sache zumindest keine gleichartige Schutzbedürftigkeit hinsichtlich des Spenders.[257] Dem Gesetzgeber dürfte vielmehr die Einschränkungsmöglichkeit auch der postmortalen Organspende über die Beschränkungsmöglichkeit auf bestimmte Organe hinaus nicht gegenwärtig gewesen sein.

Insofern ist entgegen dessen von einer abschließenden Aufzählung der Einschränkungsmöglichkeiten mit § 2 Abs. 2 S. 2 TPG nicht auszugehen, sodass auch über den Wortlaut dieser Vorschrift hinaus Beschränkungen der Einwilligung in die Leichenspende zulässig und daher, wie noch zu untersuchen sein wird, im Einzelfall möglicherweise zu beachten sind.

---

254 BT-Drs. 13/4355, S. 12.
255 Von der abschließenden Wirkung des § 2 Abs. 2 S. 2 TPG überzeugt sind: Borowy, Die postmortale Organentnahme und ihre zivilrechtlichen Folgen, S. 153; Höfling/Rixen, TPG, § 2 Rn. 27; Koch, Persönlichkeitsrechtsschutz bei der postmortalen Organentnahme zu Transplantationszwecken in Deutschland und Frankreich, S. 169.
256 BT-Drs. 16/12554, S. 6.
257 Die Argumentation von Conrads, Rechtliche Grundsätze der Organallokation, S. 169 und Koch, Persönlichkeitsrechtsschutz bei der postmortalen Organentnahme zu Transplantationszwecken in Deutschland und Frankreich, S.169, der Rechtsgedanke des § 8 Abs. 1 S. 2 TPG könne auf die Leichenspende nicht übertragen werden, weil es hier an der persönlichen Verbundenheit fehle, kann nicht überzeugen. Schließlich erfolgt die Einwilligung in die postmortale Organspende durch den potentiellen Spender zu Lebzeiten, sodass es auch auf das Vorliegen einer persönlichen Verbundenheit in diesem Zeitpunkt ankommt.

g) Widerspruch weiterer Beschränkungen zu Regelungen des TPG

Vor allem die speziellen Regelungen des TPG dürfen der weiteren Beschränkung in der Organspendeerklärung nicht entgegenstehen. Die Vorschrift des § 134 BGB (gesetzliches Verbot) findet hierbei entsprechend Anwendung[258], wonach ein Rechtsgeschäft bei Verstoß gegen ein gesetzliches Verbot nichtig ist, sofern sich aus dem Gesetz nichts Gegenteiliges ergibt.

---

258 Schroth, TPG, § 3 Rn. 11.

F. Die gerichtete Leichenspende – Beschränkung auf einen bestimmten Empfängerkreis bzw. Empfänger

Zunächst soll an dieser Stelle untersucht werden, ob bzw. inwiefern Beschränkungen der Einwilligung in eine Leichenspende, welche sich auf den Empfängerkreis beziehen, zulässig sind. Wie bereits geschildert ist es denkbar, dass eine bestimmte Person vom Spender als Organempfänger in der Einwilligung zur postmortalen Organspende festgesetzt wird, also eine gerichtete Organspende stattfinden soll. Aber auch Beschränkungen hinsichtlich Geschlecht, Alter, Nationalität, Religion und vielen der Person des Empfängers innewohnenden Charakteristika mehr sind durchaus vorstellbar.

Um mögliche Verstöße gegen das TPG durch eine solche Beschränkung prüfen zu können, muss zuerst geklärt werden, welche Regelungen des TPG Anwendung finden. Hierfür muss zwischen sogenannten vermittlungspflichtigen und nicht vermittlungspflichtigen Organen unterschieden werden. Außerdem soll anhand eines Exkurses untersucht werden, ob, und wenn ja, inwiefern die Allokationskriterien des TPG für Gerechtigkeitserwägungen und ethische Erwägungen zugänglich sind. Für diese Untersuchung werden die Richtlinien der Bundesärztekammer zur Organtransplantation herangezogen, welche u. a. die Allokation von Organen in Deutschland regeln.[259]

I. Vermittlungspflichtige Organe

Als vermittlungspflichtige Organe werden, wie bereits angeführt wurde, gemäß § 1a Nr. 2 TPG Herz, Lunge, Leber, Niere, Bauchspeicheldrüse und Darm bezeichnet, die nach § 3 oder § 4 TPG entnommen worden sind. Diese Organe dürfen gemäß § 9 Abs. 2 S. 1 i. V. m. § 10 TPG nur in dafür vorgesehenen Krankenhäusern transplantiert werden und müssen zuvor gemäß § 9 Abs. 2 S. 3 TPG durch die Vermittlungsstelle (Eurotransplant) unter Beachtung der Regeln des § 12 Abs. 3 S. 1 TPG vermittelt worden sein. Für die Vermittlung der Organe schreibt § 12 Abs. 3 TPG vor, dass diese nach Regeln, die dem Stand der Erkenntnisse der

---

259 Zur umstrittenen Legitimation der BÄK als privatrechtlicher Verein zur Festlegung der Richtlinien wurde bereits unter B. III. 4. näher eingegangen.

medizinischen Wissenschaft entsprechen, insbesondere aber nach Erfolgsaussicht und Dringlichkeit für geeignete Patienten zu erfolgen hat. Durch § 16 Abs. 1 Nr. 2 und Nr. 5 TPG kommt der Bundesärztekammer die Aufgabe zu, für die Regeln der Organvermittlung und die Aufnahme in die Warteliste den Stand der Kenntnisse der medizinischen Wissenschaft in Richtlinien festzustellen.

Wird nun ein vermittlungspflichtiges Organ dem mit der Einwilligungserklärung individuell bestimmten Empfänger, also beispielsweise nach dem Kriterium der Verwandtschaft übertragen, wobei denkbar auch der Wunsch der Übertragung an einen lediglich entfernten Bekannten ist, so bedeutet dies zugleich eine Missachtung und Umgehung der im TPG normierten Allokationskriterien sowie eine Umgehung der Warteliste. Denn nicht der auf der Warteliste registrierte Patient, welcher bei größter Erfolgsaussicht und höchster Dringlichkeit das Organ von der Vermittlungsstelle zugeteilt bekäme, sondern (höchstwahrscheinlich) ein losgelöst von diesen Kriterien vom Spender gewählter Empfänger würde das lebensrettende Organ erhalten.[260]

Der Spender würde *de facto* ein gänzlich neues Verteilungskriterium der Verwandtschaft, losgelöst von den Verteilungskriterien des TPG, etablieren.[261] Die Argumentation, es handele sich hierbei schon gar nicht um ein Allokationskriterium, da bei Befolgung des Willens des Verstorbenen der Vermittlungsprozess überhaupt nicht in Gang gesetzt werde,[262] überzeugt hingegen nicht. Wird durch die Bestimmung eines Angehörigen als Organempfänger doch ein Kriterium geschaffen, was im Allokationsprozess die in § 12 TPG formulierten Vermittlungskriterien vielmehr aussticht bzw. diesen „vorgeht"[263], die Allokation jedoch gleichwohl in Gang setzt. Entgegen der objektiven Allokation nach den Kriterien des TPG würde das Organ entsprechend dem vom Spender bestimmten Kriterium der Verwandtschaft an einen Angehörigen vergeben und die Vorschriften zur „Vermittlung und Übertragung bestimmter Organe" des vierten Abschnitts des TPG, konkret des § 9 Abs. 2 S. 3 i.V.m. § 12 TPG und des § 9 Abs. 2 S. 2 i.V.m. § 11 TPG, verletzt. Die Kritik am Argument der Schaffung eines vom TPG nicht

---

260 Anzumerken ist an dieser Stelle, dass infolge der nicht stattfindenden Weitergabe von Informationen an die Wartelistepatienten über verfügbare Organe bzw. getroffene Verteilungsentscheidungen seitens der Vermittlungsstelle, keine Rechtsschutzmöglichkeiten bestehen bzw. diese gänzlich ausgeschlossen sind.

261 Sasse, in: Miserok/Sasse/Krüger, TPG, § 2 Rn. 28.

262 Siehe Lautenschläger, Der Status ausländischer Personen im deutschen Transplantationssystem, S. 107.

263 So auch Sasse, in: Miserok/Sasse/Krüger, TPG, § 2 Rn. 28.

vorgesehenen Kriteriums der Verwandtschaft scheint jedenfalls mangels fest abgrenzbarer prozessualer Abläufe eher konstruiert.

Zutreffend ist jedoch, dass anstelle von objektiven Kriterien das individuelle Wunschempfinden des Spenders entscheidend dafür wäre, wer ein lebensrettendes Organ erhalten soll. Mit dem Grundgedanken der im TPG normierten Organallokation, also der gleichen Behandlung aller Patienten und einer gerechten Verteilung der zur Verfügung stehenden Organe[264], ist eine solche individuelle Zuteilung von Lebenschancen durch eine Privatperson nicht zu vereinbaren.

Es bleibt mithin festzuhalten, dass die derzeit bestehenden Regelungen des Transplantationsrechts, insbesondere die Regelungen des vierten Abschnitts des TPG (§§ 9 ff. TPG), einer Beschränkung des Empfängerkreises hinsichtlich eines vermittlungspflichtigen Organs durch den Verstorbenen und Spendewilligen entgegenstehen, weshalb die Bestimmung eines Empfängers mit der Einwilligungserklärung demnach grundsätzlich als unzulässig anzusehen ist.[265]

1. Exkurs: Durchbrechung der Allokationskriterien des § 12 Abs. 3 S. 1 TPG

Fraglich ist jedoch, ob ein jeglicher Verstoß gegen die Allokationskriterien des TPG zugleich ein unzulässiges Vorgehen bedeutet, oder ob möglicherweise Durchbrechungen der in § 12 Abs. 3 S. 1 TPG festgesetzten Kriterien unter gewissen Umständen zulässig sind. Hierbei ist insbesondere an das Eurotransplant Senior Program (ESP) und die Bevorzugung von Kindern und Patienten mit Unverträglichkeiten sowie von Einzelfällen hoher Dringlichkeit und kombinierten

---

264 BT-Drs. 13/4355, S. 11; Oelert, Allokation von Organen in der Transplantationsmedizin, S. 98.

265 So im Ergebnis auch Höfling/Rixen, TPG, § 2 Rn. 27; Schroth, TPG, § 2 Rn. 5; Nickel, Die Entnahme von Organen und Geweben bei Verstorbenen zum Zwecke der Transplantation, S. 151; Herrig, Die Gewebetransplantation nach dem Gewebegesetz, S. 126; Lautenschläger, Der Status ausländischer Personen im deutschen Transplantationssystem, S. 107; Krüger, Zehn Jahre Transplantationsgesetz – Aufgaben, Bilanz, Perspektiven und Reformbedarf, in: Charbonnier/Laube (Hrsg.), Organ- und Gewebetransplantation. Zehn Jahre Transplantationsgesetz. Resümee und Reformbedarf, S. 23; Koch, Persönlichkeitsrechtsschutz bei der postmortalen Organentnahme zu Transplantationszwecken in Deutschland und Frankreich, S. 171, deren Annahme, die Beschränkung des Empfängerkreises sei aufgrund gebotener Eile im Organvermittlungsverfahren nicht praktikabel, ist jedoch entschieden entgegenzutreten, weil etwaige Kompatibilitätsfeststellungen im Voraus getroffen werden können.

Organtransplantationen zu denken. Die Richtlinien der Bundesärztekammer enthalten in den genannten Fällen Abweichungen von den Allokationskriterien für die Vergabe von Spendernieren. Vor welchem Hintergrund dies erfolgt, gilt es im folgenden Exkurs zu beleuchten.

a) Eurotransplant Senior Program

Klinische Studien zur Nierentransplantation bei älteren Spendern und Empfängern haben ergeben, dass die Funktion älterer Spendernieren durch eine lange kalte Ischämiezeit negativ beeinträchtigt wird und die Nierenfunktion bzw. das Transplantatüberleben von älteren Spendernieren bei älteren Empfängern positiv zu bewerten ist.[266] Diese Ergebnisse haben nahegelegt, die Nierentransplantation von älteren Spendern an ältere Empfänger zu fördern und so eine Möglichkeit zu etablieren, dem Organmangel zu begegnen. So wurde 1999 das sog. *„Eurotransplant Senior Program"* (ESP) etabliert.[267] Dieses *„old for old"* Programm gewährleistet eine bevorzugte Transplantation von Nieren eines mindestens 65-jährigen Organspenders an einen mindestens 65-jährigen Empfänger, wobei die Ischämiezeit möglichst kurz gehalten und die HLA-Kompatibilität[268] von Spender und Empfänger nicht berücksichtigt wird. Begründen lässt sich die Wichtigkeit einer möglichst kurzen Ischämiezeit mit der qualitativen Geringwertigkeit älterer Organe. Die geringe Bedeutung einer HLA-Kompatibilität hingegen resultiert ihrerseits aus dem Einfluss des Kriteriums auf einen langfristigen Transplantationserfolg, welcher bei älteren Patienten aufgrund der zu erwartenden geringen restlichen Lebensdauer zu vernachlässigen ist.[269] Ein vergleichsweise langjähriges Transplantatüberleben im Gegensatz zur Übertragung der Nieren eines jüngeren Spenders an einen älteren Empfänger sicherte den Erfolg des Programms.[270] Auch

---

266 Siehe Palmes/Spiegel/Dietl, Strategien zur Kompensation des Spenderorganmangels, in: Transplantationsmedizin. Ein Leitfaden für den Praktiker, S. 84, ausführlich zu den beeinflussenden Faktoren siehe Waiser, Determinanten des Transplantatüberlebens nach Nierentransplantation, S. 58 ff. (abrufbar unter: www.diss.fu-berlin.de, zuletzt abgerufen am 11.09.2013).

267 Kirste, in: Diabetologe 5, 2010, 379 (380).

268 Gemeint ist die Übereinstimmung der Gewebemerkmale von Spender und Empfänger, welche im Rahmen einer Gewebetypisierung vor jeder Transplantation überprüft wird.

269 Nöldeke, Five Year Analysis of the Eurotransplant Senior Program, S. 78.

270 Zur Auswertung der Ergebnisse des „old for old" Programms siehe: Arns/Citterio/Campistol, in: Nephrology Dialysis Transplantation 2007 22 (2), 336 ff.

diverse Studien bestätigen, dass die dem Programm zugrundeliegenden Ziele erreicht worden sind.[271] So standen mit Hilfe des ESP vergleichsweise mehr ältere Organe für eine Transplantation zur Verfügung und die Wartezeit für ältere Empfänger, welche wegen ihrer biologischen Ausgangssituation ohnehin strukturell benachteiligt sind[272], konnten gleichsam um ein Vielfaches verringert werden.[273] Die Richtlinien der Bundesärztekammer zur Organtransplantation gem. § 16 Abs. 1 S. 1 Nr. 2, 5 TPG sehen für die Allokation von Nieren von Spendern über 65 Jahren an Patienten über 65 Jahre daher eine Sonderregelung vor, welche von den sonstigen Allokationskriterien auf der Grundlage einer einheitlichen Warteliste abweicht.[274] Weiterhin werden die Teilnehmer des ESP überdies auch bei der normalen Vermittlung berücksichtigt, was faktisch sogar eine erhebliche Steigerung der Vermittlungschancen von über 65-Jährigen bedeutet.[275]

b) Bevorzugung von Kindern und Patienten mit Unverträglichkeiten sowie von Einzelfällen hoher Dringlichkeit sowie kombinierten Transplantationen

Auch Kinder und Jugendliche, also Personen unter 16 Jahren, sind bei der Organvermittlung besonders zu berücksichtigen. Störungen der körperlichen und seelischen Entwicklung sollen im Wachstumsalter vermieden werden. Indem die Wartezeit auf eine Spenderniere und damit die Zeit der Dialyse möglichst kurz gehalten wird, kann einer Reduzierung der Entwicklungs- und Gesundheitschancen entgegengewirkt werden.

---

271 Statt vieler siehe Giessing, 10 Jahre „Eurotransplant Senior Program". Gibt es noch Altersgrenzen in der Nierentransplantation?, in: Urologe 2009, S. 1429 ff.
272 Bader, Organmangel und Organverteilung, S. 239.
273 Zu diesem Ergebnis kommt u. a. die Untersuchung von Nöldeke, Five Year Analysis of the Eurotransplant Senior Program, S. 77.
274 Siehe Bundesärztekammer, Richtlinien zur Organtransplantation gem. § 16 Abs. 1 S. 1, Nr. 2 und 5 TPG – Regeln zur Aufnahme in die Warteliste und zur Organvermittlung, Stand: 18.12.2009, S. 33 f.; Gutmann und Höfling halten diese Abweichung von der einheitlichen Warteliste für „medizinisch, ethisch und rechtlich fragwürdig", siehe Schroth/Gutmann, TPG, § 12 Rn. 37 und Höfling, in: JZ 2007, 481 (485). Zudem moniert Gutmann, dass so ein „zweiter Organpool" geschaffen würde, was eindeutig gegen die Vorschrift des § 12 Abs. 3 S. 2 TPG verstoße, siehe Schroth/Gutmann, TPG, § 12 Rn. 37.
275 Hierzu die sich mit dieser faktischen Bevorzugung älterer Patienten kritisch auseinandersetzende Arbeit von Ulrich, Durchbrechungen der Allokationskriterien des § 12 Abs. 3 TPG – das „old for old"- Programm.

Auch hochimmunisierte Patienten, welche Antikörper gegen die meisten der angebotenen Organe haben, werden aufgrund ihrer ansonsten sehr viel geringeren Chance auf ein passendes Spenderorgan im Rahmen von Sonder-Allokations-Programmen ebenfalls bevorzugt transplantiert.

Zudem besteht für akut lebensgefährdete Patienten, oder jene, bei welchen dies in Kürze zu befürchten ist, die Möglichkeit eines sog. „*high urgency*" (HU) Status. Dieser Status muss von ärztlicher Seite besonders begründet werden und führt dazu, dass möglichst innerhalb von sechs Wochen ein passendes Organ transplantiert wird. Gemäß der Richtlinie der Bundesärztekammer zur Organtransplantation ist die Ständige Kommission Organtransplantation regelmäßig von der Vermittlungsstelle über diese Fälle zu informieren.[276]

Schließlich erfolgt unter Berücksichtigung von Indikation und Erfolgsaussicht eine vorrangige Allokation der Niere für Kombinations-Organtransplantationen (z. B. Niere-Leber oder Niere-Herz).

c) Möglichkeit der Abweichung von den Richtlinien

Über die eben erwähnten vorrangig zu berücksichtigenden Empfängergruppen hinaus, ist in den Richtlinien der Bundesärztekammer zur Organtransplantation für die Vermittlungsstelle die Möglichkeit manifestiert, für einen gewissen Zeitraum von den Richtlinien abzuweichen. Diese Abweichung ist in den Fällen gestattet, in denen die Entwicklungen und Möglichkeiten der Organallokation im Rahmen wissenschaftlich fundierter Sonderprogramme überprüft werden sollen. Vor Beginn und nach Abschluss eines solchen Programms, so die Richtlinien, ist die Ständige Kommission Organtransplantation der Bundesärztekammer lediglich zu informieren.

Allerdings bestimmt § 5 Abs. 7 des Vertrages mit der Vermittlungsstelle als zeitlich spätere und damit vorrangige Regelung, dass Eurotransplant auf Grundlage wissenschaftlicher Erkenntnis von deren Richtlinien zeitlich befristet abweichen kann, wenn dies einen Monat zuvor den Auftraggebern, also den Spitzenverbänden der Krankenkassen, der Bundesärztekammer und der deutschen Krankenhausgesellschaft, mitgeteilt wurde.

---

276 Ebd., S. 33; Speziell zur HU-Allokation und ihrer Anwendungspraxis siehe Augsberg, HU-Allokation – vom Ausnahme- zum Regelfall?, in: Middel/Pühler/Lilie/Vilmar (Hrsg.), Novellierungsbedarf des Transplantationsrechts, S. 163 ff.

2. Zwischenergebnis

Die vorangegangenen Ausführungen haben gezeigt, dass die Richtlinien um einen Ausgleich nachteiliger Eigenschaften, die in der Person des potentiellen Empfängers selbst liegen, bemüht sind. Der Ausgleich dieser nachteiligen Faktoren dient wiederum der Herstellung von Chancengleichheit bei der Organallokation[277], welche sich grundsätzlich an Erfolgsaussicht und Dringlichkeit orientiert.

Zugleich wird deutlich, dass Durchbrechungen der Allokationskriterien keinesfalls ausgeschlossen, sondern vielmehr durchaus gewollt und anerkannt sind. Das TPG ist damit keineswegs frei von ethischen und Gerechtigkeitserwägungen. Gerade auch die Spende von Älteren an ältere Empfänger (ESP) dient vor allem dazu, die Spenderzahlen zu erhöhen und so mehr Organe in den Organspendeprozess einfließen zu lassen. So werden die Allokationskriterien des TPG an diesem Punkt zugunsten über 65-Jähriger aufgeweicht, um die Organspende generell zu fördern.

In diesem Zusammenhang erwähnenswert ist ein Vorschlag von United Network Organ Sharing (UNOS), der amerikanischen Organisation zur Regelung und Steuerung des Organspendeprozesses, womit jüngst eine neue Diskussionsgrundlage zur Verbesserung der Nierenallokation in den USA geliefert wurde.[278] Der Vorschlag sieht vor, anstelle der derzeitig entscheidenden Kriterien der Wartezeit und Verträglichkeit, zukünftig das erwartete Transplantat- und Empfängerüberleben in den Mittelpunkt der Zuteilungsentscheidung zu stellen. Hierfür ist ein spezieller Index entwickelt worden[279]. Mithilfe dieses Indexes sollen 20 Prozent der insgesamt zur Verfügung stehenden Nieren, nämlich jene, die qualitativ am Hochwertigsten sind, denjenigen Patienten zukommen, welche die höchste posttransplantale Überlebenserwartung haben. Die verbleibenden 80 Prozent der vorhandenen Nieren sollen vorrangig diejenigen Wartelistepatienten erhalten, die bis zu 15 Jahre älter oder jünger als der Spender sind. Die langfristig höhere Überlebenswahrscheinlichkeit und bessere Lebensqualität sollen Vorrang vor der Wartezeit der Patienten erhalten. Ziel ist es mithilfe des Indexes, die begrenzten Ressourcen effizienter zu verteilen.[280]

---

277 Schroth/König/Gutmann/Oduncu-Gutmann, TPG, § 12 Rn. 50, welcher in diesem Zusammenhang von sog. Ausgleichsmaßnahmen spricht.

278 Die 40 Seiten umfassende Ausarbeitung ist abrufbar unter: http://optn.transplant.hrsa. gov/SharedContentDocuments/KidneyConceptDocument.PDF (zuletzt abgerufen am 12.09.2013).

279 Der sogenannte kidney donor profile index (KDPI).

280 Abzuwarten bleibt das Echo auf diesen Vorschlag. Patienten, die seit Jahren erfolglos auf der Warteliste für eine Niere stünden, hätten so zumeist eine schwindende

Die hierdurch bezweckte Änderung der aktuellen Verteilungskriterien zur Nierentransplantation in den USA zugunsten einer rein erfolgsorientierten Verteilung knapper Ressourcen macht deutlich, dass die bestehenden Allokationskriterien einer anhaltenden Überprüfung und Optimierung unterliegen. Auch in Deutschland ist dieser Prozess nicht aufzuhalten, wie die aktuell durch die Vermittlungsstelle zu beachtende vorrangige Zuteilung der Nieren über 65-Jähriger an über 65-Jährige im Rahmen des „Eurotransplant Senior Programs" deutlich macht.

So steht die in dieser Arbeit thematisierte bedingte Organspendeerklärung bzgl. vermittlungspflichtiger Organe zwar *de lege lata* im Widerspruch zu den objektiven Verteilungskriterien des TPG. Jedoch ergibt die vorangegangene intensive Auseinandersetzung mit den Richtlinien der Bundesärztekammer, dass ein Wertungswiderspruch als Folge einer Durchbrechung der Allokationskriterien kaum etwas über die Zulässigkeit oder Unzulässigkeit einer möglicherweise zu schaffenden Regelung aussagt. Die bedingte Organspendeerklärung muss sich insbesondere vor dem Hintergrund der mit ihr möglicherweise zu ereichenden Steigerung der Spendezahlen vielmehr an dem Wertesystem des Transplantationswesens als Ganzes messen lassen.[281]

II. Nicht vermittlungspflichtige Organe

Möglicherweise steht jedoch eine Beschränkung des Empfängerkreises zumindest bezüglich der von § 1a Nr. 2 TPG nicht genannten und daher nicht vermittlungspflichtigen Organe nicht im Widerspruch zu den Allokationskriterien. Die Vorschriften des § 9 Abs. 2 S. 3 i.V.m. § 12 TPG Abs. 3 S. 1 und § 9 Abs. 2 S. 2 i.V.m. § 11 TPG finden jedenfalls ausdrücklich nur auf vermittlungspflichtige

---

Aussicht darauf, ein Organ zu erhalten. Die hiermit verbundene diskriminierende Wirkung für Langzeit-Listenpatienten müsste mit der ressourcenbedingten Knappheit und den besseren Erfolgsaussichten der bevorteilten Kurzzeit-Listenpatienten zu rechtfertigen sein. Außerdem ist in dieser effizienzbasierten Zuteilung von Lebenschancen, die in den USA in Form der Allokationskriterien für eine Nierenspende wohl erstmals eine konkrete Gestalt annimmt, eine Art Dammbruch zu sehen. Sollte sich dieses Konzept tatsächlich durchsetzen, ist auch auf vielen weiteren Gebieten des Gesundheitssektors mit einem rein erfolgsorientiertem Richtungswechsel in der Zuteilung begrenzter Ressourcen zu rechnen. Dass diese Entwicklung zu begrüßen ist, wird jedoch bezweifelt.

281 Hier wird vor allem auf die Interessenabwägung im Rahmen der verfassungsrechtlichen Prüfung unter G. III. sowie die ethischen Erwägungen unter Punkt H. verwiesen.

Organe Anwendung. Eine Entnahme nicht vermittlungspflichtiger Organe kann daher ohne Beteiligung der Koordinierungsstelle sowie ohne eine Vermittlung nach Erfolgsaussicht und Dringlichkeit durch die Vermittlungsstelle erfolgen.

Trifft der potentielle Spender also eine Bestimmung hinsichtlich des Empfängers bzw. des Empfängerkreises eines nicht der Vermittlungspflicht unterliegenden Organs, so stehen dem die speziellen Regelungen zur Vermittlung und Übertragung bestimmter Organe jedenfalls nicht entgegen.

Gegen die Zulässigkeit der gerichteten Leichenspende von nicht vermittlungspflichtigen Organen wird jedoch die gesamte Organisation des Transplantationwesens der Leichenspende angeführt.[282] Diese sei gemäß den §§ 12 ff. TPG auf Anonymität angelegt und insbesondere § 14 TPG regele, dass die Daten von Spender und Empfänger durch die an der Organ- oder Gewebeentnahme, -vermittlung bzw. -abgabe und -übertragung Beteiligten nicht offenbart werden dürfen. Bei der gerichteten Leichenspende wären Spender und Empfänger jedoch wechselseitig bekannt.

Diese Argumentation kann jedoch nicht überzeugen. Zwar ist der Spendeprozess bei der Leichenspende grundsätzlich auf Anonymität angelegt, doch macht der Gesetzgeber in § 14 Abs. 3 S. 2 TPG beispielsweise für die Knochenmarkspende eine Ausnahme von diesem Grundsatz, sodass die Identitäten von Spender und Empfänger hier durchaus bekannt gegeben werden können. Von einer abschließenden Regelung der Anonymität des Transplantationsprozesses kann daher nicht ausgegangen werden. Vielmehr spricht auch der eindeutige Gesetzeswortlaut gegen die Anwendbarkeit der Allokationskriterien der §§ 9, 12 TPG auf nicht vermittlungspflichtige Organe. Diese Vorschriften entfalten ausdrücklich gerade nur für vermittlungspflichtige Organe Geltung. Eine Missachtung der Verteilungsregeln, der Warteliste und damit des Willens des Gesetzgebers geht mit einer Beschränkung des Empfängerkreises deshalb nicht einher.[283] Allein aus der Organisation des Transplantationswesens kann daher die Unzulässigkeit der gerichteten Leichenspende von nicht vermittlungspflichtigen Organen nicht hergeleitet werden.

Ein weiterer Einwand gegen die Zulässigkeit der Festlegung eines bestimmten Empfängers bzw. eines bestimmten Empfängerkreises für ein nicht vermittlungspflichtiges Organ knüpft an einen anderen Punkt an. Demnach sei die Benennung

---

282 Herrig, die Gewebetransplantation nach dem Transplantationsgesetz, S. 126; Lautenschläger, Der Status ausländischer Personen im deutschen Transplantationssystem, S. 109.

283 Schroth, TPG, § 2 Rn. 4; Sasse, in: Miserok/Sasse/Krüger, TPG; § 2 Rn. 29; Walter, in: FamRZ 98, 201 (205).

eines bestimmten Empfängers unzulässig, da niemand anderem Rechte an Bestandteilen des eigenen Körpers eingeräumt werden könnten.[284] Dieser Ansicht widerspricht bereits die durch den Gesetzgeber in einigen Bestattungsgesetzen eingeräumte Möglichkeit, seinen Körper nach dem Tod einem anatomischen Institut zur Verfügung zu stellen. Zur Verfügungsbefugnis am eigenen Körper wird jedoch an anderer Stelle eingehend ausgeführt werden.[285]

Beschränkungen des Empfängerkreises sind daher bei nicht vermittlungspflichtigen Organen als zulässig anzusehen, wobei jedoch die Grenze des Zulässigen zwingend bei diskriminierenden oder sittenwidrigen Bedingungen zu ziehen ist. Wann eine Bedingung als diskriminierend oder sittenwidrig anzusehen ist, wird Gegenstand der folgenden Ausführungen sein.

1. Diskriminierende Einschränkungen

In Betracht kommt über die Festlegung eines bestimmten Empfängers in der Spendeerklärung hinaus auch eine Beschränkung des Empfängerkreises nach Kriterien wie Geschlecht, Alter, Nationalität, Sprache, Hautfarbe[286], körperlicher und geistiger Konstitution[287], oder religiöser Zugehörigkeit. Auch hierbei handelt es sich um aufschiebende Bedingungen i.S.d. § 158 Abs. 1 BGB.

Diese dürften bei entsprechender Anwendung des § 138 Abs. 1 BGB nicht gegen die guten Sitten verstoßen. Ein Rechtsgeschäft ist dann sittenwidrig, wenn es gegen das Anstandsgefühl aller billig und gerecht Denkenden verstößt.[288] Neben der herrschenden Moral verweist § 138 BGB auf die der Rechtsordnung selbst immanenten ethischen Prinzipien und Wertmaßstäbe.[289] Durch die sogenannte

---

284 Nickel, Die Entnahme von Organen und Geweben bei Verstorbenen zum Zwecke der Transplantation, S. 151; auch Kallmann ist wohl so zu verstehen, in: FamRZ 1969, 572 (578).

285 Hierzu siehe unter G. III. 3. d).

286 So geschehen in England, wo die Verwandten eines potentiellen Organspenders der Organspende nur mit der Forderung zugestimmt haben, dass die Organe an eine Person mit weißer Hautfarbe transplantiert werden sollten. Zum Nachweis siehe Beecham, in: British Medical Journal 2000, 320:534.

287 Gemeint sind Einschränkungen, die eine Übertragung auf Personen mit körperlicher oder geistiger Behinderung ausschließen.

288 RGZ 80, 221; 120, 142 (148); BGHZ 10, 228 (232); 69, 297; BAG NJW 76, 1958; Palandt/Heinrichs, BGB, § 138 Rn. 2.

289 Medicus, Allgemeiner Teil des BGB, Rn. 681 ff; Larenz/Wolf, AT des Bürgerlichen Rechts, § 41 Rn. 18.

mittelbare Drittwirkung von Grundrechten im Privatrecht[290] findet das Grundgesetz bei der Auslegung des unbestimmten Rechtsbegriffes der „guten Sitten" Eingang in das Privatrecht.

a) Verletzung von Art. 3 GG

So ist in diesem Kontext neben Art. 1 Abs. 1 GG und Art. 2 GG insbesondere Art. 3 Abs. 3 GG, das Verbot von Diskriminierungen, zu beachten. Im Rahmen der in Art. 3 Abs. 3 GG enthaltenen speziellen Differenzierungsverbote darf niemand wegen seines Geschlechtes, seiner Abstammung, seiner Rasse, seiner religiösen oder politischen Anschauungen, seiner Sprache, seiner Heimat und Herkunft, seines Glaubens oder einer Behinderung benachteiligt oder bevorzugt werden. Art. 3 Abs. 1 GG, der den allgemeinen Gleichheitssatz enthält, alle Menschen sind vor dem Gesetz gleich, ist als verletzt anzusehen, „wenn eine Gruppe von Normadressaten im Vergleich zu anderen Normadressaten anders behandelt wird, obwohl zwischen beiden Gruppen keine Unterschiede von solcher Art und solchem Gewicht bestehen, dass sie die Ungleichbehandlung rechtfertigen könnten."[291] Auf diese Weise soll eine Ungleichbehandlung von Personen oder Personengruppen nur dann gerechtfertigt sein können, wenn sie im Gesamtkontext verhältnismäßig erscheint.[292]

Ein Rückgriff auf den allgemeinen Gleichheitssatz verbietet sich in den Fällen, in denen die bestimmten Themenfeldern zugeordneten speziellen Diskriminierungsverbote, unter diesen auch die in Art. 3 Abs. 3 GG genannten Fallgruppen, greifen.[293] Denn diese sind als Konkretisierungen zu verstehen, bei deren ungerechtfertigter Verletzung es einer Bezugnahme auf Abs. 1 nicht bedarf. Diese sollen zunächst kurz erläutert werden. So dürfen Differenzierungen nicht allein auf einem der folgenden Merkmale beruhen, wenn dies eine diskriminierende Wirkung hat, welche sachlich nicht zu rechtfertigen ist. In einem solchen Fall würde ein spezielles Differenzierungsverbot des Art. 3 Abs. 3 S. 1 GG vorliegen.

---

290 BVerfGE 7, 198 (205); Starck, in: v. Mangoldt/Klein/Starck, GG, Art. 1 Rn. 303 ff.; Palandt/Heinrichs, BGB, § 138 Rn. 4; Medicus, AT des BGB, Rn. 693 f.; Larenz/Wolf, Allgemeiner Teil des Bürgerlichen Rechts, § 41 Rn. 18.

291 Es handelt sich hierbei um die sog. „neue" Formel des BVerfG, siehe BVerfGE 55, 72 (88); 70, 230 (239); 74, 9 (24); 83, 395 (401); 87, 1 (36); 92, 365 (407); 102, 41 (54).

292 v. Mangoldt/Klein/Starck-Starck, GG, Art. 3 Abs. 1 Rn. 11.

293 Ebd., Rn. 13.

(aa) Geschlecht, Abstammung, Herkunft und Rasse

Die Merkmale des Geschlechtes, der Abstammung, der Herkunft sowie der Rasse stehen für unveränderliche Faktoren, die jeden Menschen von Geburt an begleiten und diesem gleichsam innewohnen. Daher können diese Merkmale auch in die Kategorie der „Freiheit, anders zu sein" eingeordnet werden.[294] Während Abstammung als die „natürliche biologische Beziehung eines Menschen zu seinen Vorfahren"[295] relativ unproblematisch hergeleitet werden kann, ist die Definition der Herkunft gerade im Unterschied zu dem oft sinngleich verwendeten Begriff der Heimat schwieriger. Herkunft bezieht sich jedoch allein auf die „ständisch-soziale Abstammung und Verwurzelung"[296] des Menschen. Der historisch oft missbräuchlich verwendete Begriff der Rasse umfasst die gruppenspezifischen biologisch vererbbaren Merkmale.[297]

(bb) Heimat, Sprache, Glauben, religiöse und politische Anschauungen

Anders als die soeben genannten, stehen die Merkmale der Heimat, der Sprache, des Glaubens sowie der religiösen und politischen Anschauungen für die „Freiheit, anders zu bleiben".[298] Heimat meint hierbei im Unterschied zur Herkunft allein die „örtliche Herkunft nach Geburt oder Ansässigkeit"[299], Sprache im Allgemeinen die Muttersprache.[300]

b) Kollision mit Art. 2 Abs. 1 i.V.m. Art. 1 Abs. 1 GG

In die Bewertung, ob eine Beschränkung des Empfängerkreises auf ein bestimmtes Geschlecht, eine bestimmte Rasse oder Religion einen Verstoß gegen das Diskriminierungsverbot darstellt muss auch das sich aus Art. 2 Abs. 1 i.V.m. Art. 1 Abs. 1 GG ergebende Recht auf Selbstbestimmung[301] des Erklärenden einbezogen

---

294 Maunz/Dürig-Dürig/Scholz, GG, Art. 3 Abs. 3, Rn. 34 f., welche zum anderen in die Freiheit anders zu bleiben differenzieren; die wohl gängigere Unterscheidung erfolgt in „innere" und „äußere" Faktoren, was nach dem hiesigen Verständnis jedoch nicht zu einer weiteren Erschließung der Merkmale beiträgt.
295 BVerfGE 9, 124 (128).
296 BVerfGE 48, 281 (287 f.).
297 Sachs/Osterloh, GG, Art. 3, Rn. 293.
298 Siehe Fn. 288.
299 BVerfGE 5, 17 (22); 17, 199 (203); 23, 258 (262); 48, 281 (287).
300 Umstritten ist die Einbeziehung mangelnder Sprachkenntnisse in das Differenzierungsverbot, siehe hierzu Sachs/Osterloh, GG, Art. 3 Rn. 299.
301 Pieroth/Schlink, Grundrechte Staatsrecht II, Rn. 374.

werden. Denn nicht automatisch hat eine vordergründig diskriminierende Bestimmung zugleich deren Unbeachtlichkeit zur Folge.

c) Stellungnahme

Eine diese Bereiche betreffende Einschränkung verstößt in der Tat nur dann gegen das Diskriminierungsverbot, wenn eine derart verwerfliche Gesinnung des potentiellen Organspenders vorliegt, dass diese geeignet ist, den möglichen Organempfänger gerade aufgrund seines Geschlechts, seiner Rassenzugehörigkeit, seiner Herkunft oder seiner Religion in seiner Würde herabzusetzen.[302] Diese verwerfliche Gesinnung liegt dann nicht vor, wenn sachliche Gründe zu einer der genannten Einschränkungen führen. So kann die Beschränkung beispielsweise motiviert sein durch neueste Forschungsergebnisse, welche bessere Transplantationsergebnisse bei gleicher ethnischer Herkunft belegen.[303] Der Sachgrund hebt die herabsetzende Wirkung gänzlich auf und lässt die diskriminierende Wirkung entfallen.[304] Nur wenn ein solcher sachlicher Grund fehlt, handelt es sich um einen Verstoß gegen das Diskriminierungsverbot, weshalb diese Bestimmung i.S.d. § 138 BGB als sittenwidrig einzustufen wäre. Im Rahmen der religionsbedingten Bevorzugung von Mitgliedern der eigenen Glaubensgemeinschaft dürfte ein solcher sachlicher Grund zwar in der Regel fehlen, doch dürfte es wohl aufgrund der Vorstellung, der Glaube verbietet eine Spende an Angehörige anderer Glaubensgemeinschaften bzw. befürworte vorrangig eine Spende an Personen gleichen Glaubens, in den meisten Fällen an einer verwerflichen Gesinnung fehlen.

Aber nicht nur die genannten speziellen Diskriminierungscharakteristika ohne Sachgrund führen zur Unwirksamkeit der Bedingung. Auch Bestimmungen, welche zumindest relativ benachteiligend wirken, dürfen keine Beachtung finden.

---

302 Lautenschläger, Der Status ausländischer Personen im deutschen Transplantationssystem, S. 144.

303 Ebd., S. 145 m.w.N.

304 Vergleichbar ist diese Fallgestaltung mit der Durchbrechung der Allokationskriterien in Fällen, in denen die Wartelistenpatienten aufgrund ihres Alters, Unverträglichkeiten oder einer besonderen Dringlichkeit bevorzugt transplantiert werden. Die für die keine der Privilegierungsgründe vorweisenden Patienten einhergehende Diskriminierung wird mit der Ausgleichsfunktion der vorrangigen Transplantation der genannten Risikogruppen gerechtfertigt. Die Durchbrechung der Allokationskriterien muss stattfinden, damit die von vornherein Benachteiligten überhaupt eine Chance auf die lebensrettende Operation haben (str. bei old for old Spende, weil Personen dieser Altersgruppe faktisch ein weiterer Organpool zur Verfügung gestellt wird, auf den Jüngere nicht zugreifen können).

Gemeint sind derlei Beschränkungen, welche den Wert des Lebens nach Kriterien wie der sozialen Stellung, des finanziellen Hintergrundes oder des Alters einer Person unterschiedlich bemessen. Ein solcher Verstoß gegen den „Grundsatz der Lebenswertindifferenz"[305] hat zwingend die Unbeachtlichkeit zur Folge.[306]

2. Finanzielle Verknüpfung

Möglicherweise ist eine Verknüpfung der Spendebereitschaft mit einem finanziellen Begehr zulässig. Dann dürfte auch die bedingte Einwilligung unter Forderung einer finanziellen Zuwendung nicht gegen § 134 BGB verstoßen. Denkbar ist beispielsweise die Forderung eines bestimmten Geldbetrages durch den Spender, welcher den Hinterbliebenen zukommen soll. So kommt unter anderem die Zahlung einer monatlichen Zusatzrente für den hinterbliebenen Partner oder die Finanzierung der Ausbildung der Kinder des Spenders als Gegenleistung des Organempfängers in Betracht. Schon die Bezeichnung als „Gegenleistung" macht deutlich, dass eine solche Vorgehensweise mit dem Organhandelsverbot aus §§ 17, 18 TPG kollidieren könnte.

a) Das Organhandelsverbot

Das Verbot des Handels mit Organen und Geweben aus § 17 TPG ist einer der zentralen Stützpfeiler des deutschen Transplantationssystems, welches als Voraussetzung für die Strafbarkeit nach §§ 18, 19 TPG[307] den gewinnorientierten Umgang mit menschlichen Organen und Geweben untersagt. In den vorangegangenen Erörterungen wurde bereits mehrfach das Organhandelsverbot für die Argumentation zur Zulässigkeit oder Unzulässigkeit des einen oder anderen Vorgehens herangezogen. An dieser Stelle soll dieser Grundpfeiler nun näher untersucht werden. Es soll überblicksweise gezeigt werden, worauf das Organhandelsverbot fußt und in welche Rechtsgüter das Verbot eingreift.

---

305 Vgl. Schroth/Gutmann/König/Oduncu-Gutmann, TPG, § 12 Rn. 46, welcher auf diesen Grundsatz im Rahmen der Diskriminierungsverbote bei der Erstellung von Allokationskriterien hinweist.

306 Auch die Erwägung, die Sicherstellung der erforderlichen Nachsorge sei finanziell potenten Empfängern besser möglich, lässt hier mangels Nachweisbarkeit keine andere Bewertung zu.

307 § 18 TPG ist hierbei als Blankettnorm ausgestaltet worden, wobei die Strafbarkeitsvoraussetzungen § 17 TPG zu entnehmen sind.

(aa) Schutzzweck

Neben dem Schutz der Integrität der Transplantationsmedizin intendiert das Organhandelsverbot den Schutz vor Ausbeutung einer Notlage auf Seiten des Spenders (hier eher eine finanzielle Notlage) wie auch auf Seiten des Empfängers (hier liegt zumeist eine gesundheitliche Notlage vor).[308] Der Spender soll so davor geschützt werden für eine finanzielle Gegenleistung ein Organ explantieren zu lassen, weil es für ihn die Verbesserung seiner finanziellen Situation bedeutet. Der Empfänger hingegen hat zwar keine finanziellen Sorgen, doch ist er lebensbedrohlich erkrankt, sodass ihn allein eine Transplantation aus dieser lebensbedrohlichen Situation retten kann, ein Organ aber für ihn derzeit nicht zur Verfügung steht.[309]

Zudem verfolgt das Verbot den Zweck, die körperliche Integrität des Spenders zu schützen, da mit der Explantation des Organs ein Eingriff in die körperliche Unversehrtheit verbunden ist, ohne dass es einen Nutzen für dessen Gesundheit hat.[310] Außerdem soll vermieden werden, dass der Mensch oder seine sterblichen Überreste zum bloßen Objekt finanzieller Interessen werden, womit eine Verletzung der Menschenwürde gem. Art. 1 Abs. 1 GG einhergehen würde.[311] Überdies wird auch das Pietätsgefühl der Allgemeinheit in der Begründung zum interfraktionellen Gesetzesentwurf als Schutzgut angeführt.[312]

(bb) Betroffene Rechtsgüter

Dieser staatliche Paternalismus, Spender und Empfänger vor der Ausbeutung einer Notlage zu schützen, indem ihnen die freie Entscheidungsmöglichkeit genommen wird, für eine lebensrettende Gabe Geld zu erhalten bzw. zu zahlen, greift vor allem in das Recht des Spenders ein, selbst zu bestimmen, was mit Bestandteilen des

---

308 BT-Drs. 13/4355, S. 29; die Rechtsgutqualität des Schutzguts „Integrität der Transplantationsmedizin" verneinend siehe Schroth, Das Organhandelsverbot, in: Schünemann u. a. (Hrsg.), FS für Claus Roxin, S. 871 ff.

309 Erst vor Kurzem konnte ein Organhändler-Ring unter Leitung eines israelischen Staatsbürgers in der Ukraine aufgedeckt werden, welcher mit Organen von „Verkäufern" aus Russland, Moldau, Weißrussland, Usbekistan und der Ukraine Handel betrieben hat. Nachweis siehe Pressemeldung der dpa, enthalten im Pressespiegel der DSO Juli/August 2010, S. 78.

310 BT-Drs. 13/4355, S. 29.

311 Ebd.; ausführlich zu einer Verletzung der Menschenwürde des Spenders durch das Organhandelsverbot siehe Schulte, Die Rechtsgüter des strafbewehrten Organhandelsverbotes, S. 154 ff.

312 Ebd.

eigenen Körpers geschehen soll. Es soll so vermieden werden, dass sich Menschen durch selbstgefährdendes Verhalten „einen größeren persönlichen Schaden zufügen"[313]. Schließlich entspreche es „dem Bild des Grundgesetzes von der Würde und Selbstbestimmtheit des Menschen, daß eine so weitreichende Entscheidung wie die Spende eines Organs auf einem freiwilligen, von finanziellen Erwägungen unberührten Willensentschluß beruhen muß"[314]. Das Recht auf körperbezogene Selbstbestimmung und das Recht auf Kommerzialisierung des eigenen Körpers sind vom Schutzbereich des Art. 2 Abs. 1 GG, der allgemeinen Handlungsfreiheit, umfasst.[315] Mit dem Organhandelsverbot geht folglich ein Eingriff in Art. 2 Abs. 1 GG einher.

b) Exkurs: Fallgruppen des täglichen Lebens, bei welchen mit einem autonom bestimmten Eingriff in die körperliche Integrität kein staatliches Verbot einhergeht

An dieser Stelle soll die Gelegenheit genutzt werden, auf andere Fallgruppen des täglichen Lebens hinzuweisen, bei welchen trotz eines selbstbestimmten Eingriffs in die körperliche Integrität durch den Rechtsgutträger selbst oder einen Dritten und der hierfür gewährleisteten Gegenleistung, kein staatliches Verbot erfolgt.

(aa) Blutspende

Zum einen ist an dieser Stelle die Blutspende zu nennen. Der Bedarf an Blut und Blutprodukten ist in den letzten Jahren, begründet durch aufwändigere Operationen und neue Therapieansätze, welche die Gabe von Blutprodukten erforderlich machen, rasant gestiegen. Dieser Bedarf wird durch Blutspender gedeckt, welche ihre Spende entweder bei dem Blutspendedienst des Deutschen Roten Kreuz (DRK), einem staatlich-kommunalen oder privatwirtschaftlichen Blutspendedienst vornehmen. Hierfür wird, abgesehen vom DRK, meist neben einem Stärkungsimbiss eine sogenannte Aufwandsentschädigung in Höhe von 10 bis 26 Euro gezahlt.[316] Die Möglichkeit der Zahlung einer finanziellen

---

313 BVerfGE 60, 123 (132); BVerfG, Beschluss vom 11.08.1999, NJW 1999, 3339.
314 BVerfG, Beschluss vom 11.08.1999, NJW 1999, 3339 (3403).
315 Ausführlich hierzu Schulte, Die Rechtsgüter des strafbewehrten Organhandelsverbotes, S. 21 ff., welche auch auf eine mögliche Eröffnung des Schutzbereiches des spezielleren Art. 2 Abs. 2 S. 1 Alt. 2 GG eingeht, dies im Ergebnis jedoch zutreffend verneint.
316 Die Höhe der Aufwandsentschädigung geht auf ein Votum des am Robert-Koch-Institut angesiedelten Arbeitskreises Blut aus dem Jahre 1993 zurück, welcher eine

Aufwandsentschädigung für den Spender ist sogar vom Gesetzgeber in § 10 S. 2 TFG[317] festgeschrieben und folglich anerkannt worden, wenngleich die Spendeentnahme grundsätzlich unentgeltlich erfolgen soll.

Begründet wird die Zahlung der Entschädigung mit dem für den Spender verbundenen zeitlichen wie auch häufig finanziellen Aufwand.[318] Ebenso ist der große Nutzen für den Empfänger der Spende in die Erwägungen einzubeziehen. Ein Verstoß gegen die in Art. 1 Abs. 1 GG grundrechtlich garantierte Menschenwürde wird in dem Verkauf der Körpersubstanz seitens des Gesetzgebers jedenfalls nicht gesehen. Unstreitig führt die Spende bei einem nur geringen finanziellen Gegenaufwand jedoch zu einem Vermögenszuwachs beim Spender, sodass durchaus von einer Kommerzialisierung der Blutspende gesprochen werden kann.[319]

(bb) Profiboxen

Auch mit der Zulässigkeit des Profiboxens wird vom deutschen Staat die selbstbestimmte Verletzung der körperlichen Unversehrtheit durch einen anderen gegen eine finanzielle Gegenleistung anerkannt.[320] Mit nahezu jedem Boxkampf sind Schwellungen und Prellungen, nicht selten auch Brüche sowie schwerste Bauch- und Kopfverletzungen verbunden. Die Boxer nehmen diese Verletzungen in Kauf,

---

Entschädigung i.H.v. 50 DM als gerechtfertigt erachtete; veröffentlicht im BGesBl. 12 /1993, S. 542.

317 Gesetz zur Regelung des Transfusionswesens – Transfusionsgesetz, BGBl. I, S. 2169; BGBl. I, S. 1990.

318 Dennoch wird vom Arbeitskreis Blut explizit darauf hingewiesen, dass bei häufigen Spenden eine Obergrenze einzuhalten sei, um dem Anschein einer Bezahlung entgegenzuwirken.

319 Zu diesem Ergebnis kommt auch König, Strafbarer Organhandel, S. 31 ff., welcher zudem von einer ausufernden Kommerzialisierung unter regelrechter Ausbeutung armer Menschen im Ausland (z. B. USA, Indien, Brasilien) spricht. Schnorrenberg stellt sich in diesem Zusammenhang die berechtigte Frage, warum es gerade dem Substanzspender nicht gestattet sein soll, mit der Abgabe seiner Substanzen wirtschaftliche Interessen zu verfolgen, und kommt zu dem überzeugenden Ergebnis, dass es die Menschenwürde jedenfalls nicht gebiete Körpersubstanzen nur unentgeltlich abzugeben, siehe Schnorrenberg, Zur Kommerzialisierung menschlicher Körpersubstanzen: Verstößt die Vereinbarung der Zahlung eines Entgelt an den Substanzspender gegen die Menschenwürde?, in: Potthast/Herrmann/Müller (Hrsg.), Wem gehört der menschliche Körper? Ethische, rechtliche und soziale Aspekte der Kommerzialisierung des menschlichen Körpers und seiner Teile, S. 223 (235 ff.).

320 Dieses Beispiel nennt Schulte, Die Rechtsgüter des strafbewehrten Organhandelsverbots, S. 146 ff.

in der Hoffnung, das ausgesetzte Preisgeld zu gewinnen. Anders als in manchen Staaten[321], wird diese Praxis in Deutschland nicht als verbotswürdig angesehen, obwohl sich bereits eine nicht unbeträchtliche Zahl an Todesfällen auf diesen Sport zurückführen lässt.[322]

(cc) Stellungnahme

Beide Beispiele machen deutlich, dass es dem Staat nicht generell auf ein Verbot gesundheitsschädigender Eingriffe, die mit einer finanziellen Gegenleistung verbunden sind ankommt. Die Blutspende ist ebenso wie der Profi-Boxsport erlaubt. Wo liegt also der Unterschied zu der mit einer finanziellen Bedingung verknüpften Organspende? Oder ist etwa der Eingriff in das Selbstbestimmungsrecht des Einzelnen durch ein Verbot des kommerziellen Organhandels durch den Gesetzgeber nicht gerechtfertigt?

Die Blutspende ist mit kaum relevanten gesundheitlichen Risiken für den Spender verbunden. Der Abfall des venösen Blutdrucks ist in der Regel bereits nach 24 Stunden wieder ausgeglichen, und der einhergehende Eisenverlust ist bei Einhaltung der empfohlenen Wartezeit bis zur nächsten Spende sowie der Spendehöchstmengen (für Frauen höchstens 2000 ml und für Männer höchstens 3000 ml Blut pro Jahr)[323] nach ca. 40–50 Tagen kompensiert.[324] Häufig wird gegen eine finanzielle Entschädigung der Spende eingewandt, dass damit vor allem ärmere Menschen angesprochen werden. Doch bedenkt man die für den Empfänger resultierenden Vorteile[325] und die durch die schnelle Regenerierbarkeit des Blutsystems sehr geringe Wahrscheinlichkeit bleibender Gesundheitsschäden beim Spender sowie den mit einer Spende verbundenen finanziellen und zeitlichen Aufwand, so scheinen die Entschädigungszahlungen angemessen und ethisch durchaus vertretbar zu sein.

Im Unterschied zur beschriebenen Blutentnahme sind für den Lebendspender eines Organs jedoch erheblich höhere Risiken mit der Spende eines Organs

---

321 Zu nennen sind beispielsweise Island, Kuba und Norwegen. In diesen Staaten besteht ein generelles Verbot für professionelles Boxen.

322 So Fritzweiler, in: SpuRt 1995, 156, der von 300 Todesfällen in 50 Jahren ausgeht.

323 Siehe „Zweite Richtlinienanpassung 2010 Hämotherapie – Richtlinien nach §§ 12a und 18 TFG", S. 31, Punkt 2.5.

324 Marckmann, Menschliches Blut – altruistische Spende für kommerzielle Zwecke?, in: Taupitz (Hrsg.), Kommerzialisierung des menschlichen Körpers, S. 74 f.; Schiefer, Motive des Blutspendens, S. 25.

325 Selbstverständlich abgesehen von transfusionsbedingten Risiken wie beispielsweise der Übertragung von HIV oder Hepatitis.

verbunden, wenngleich allerdings auch die Teilleberspende keinen irreversiblen Zustand herstellt.[326] Wie oben schon angesprochen, kann bereits die Entnahmeoperation, wenn sich das Risiko auch nur in sehr wenigen Fällen tatsächlich realisiert, durchaus lebensgefährlich sein. Zwar ist die finanzielle Entlohnung durchaus an das höhere Risiko anpassbar, doch fällt eine ethische Rechtfertigung eines solchen Vorgehens bedeutend schwerer.

Der Profiboxsport ist jedoch ebenfalls von Natur aus, wie gezeigt wurde, mit erheblich größeren gesundheitlichen Risiken verbunden. Jedoch ist die bei einem Kampf eintretende Körperverletzung, zumindest wenn sie im Rahmen der Wettkampfregeln zustande gekommen ist, von der Einwilligung des Boxers gedeckt. Dieser hat das Recht selbst über seine körperliche Integrität zu verfügen, also auch das Recht selbst zu bestimmen, dass er bei einem Boxkampf auftretende Verletzungen in Kauf nimmt.[327] Indem der Gesetzgeber Boxkämpfe dieser Art nicht verbietet, nimmt auch er eine Beeinträchtigung der körperlichen Integrität der Boxer hin und akzeptiert die Verfügungsbefugnis der Sportler über dieses Rechtsgut.

Insofern könnte man auch die Akzeptanz der Verknüpfung einer Spendeerklärung mit einer finanziellen Forderung verlangen. Denn auch hier verfügt der Organspender eigenverantwortlich über sein Rechtsgut der Körperintegrität und bestimmt, dass zum Zwecke der Entnahme eines Organs sein Körper verletzt werden soll. Insbesondere hinsichtlich der Leichenspende überzeugt der paternalistische Ansatz, der Spender müsse vor einer Gesundheitsgefährdung geschützt werden, gerade nicht.

Trotz der zumindest ansatzweisen Vergleichbarkeit der Umstände mit denen bei Blutspende und Boxsport, ist von einer Freigabe des Organhandels von staatlicher Seite dennoch dringend Abstand zu nehmen. Denn es gibt einen durchaus bedeutenden Unterschied: Die Organspende ist sehr stark vom Vertrauen der Bevölkerung in den Organspendeprozess abhängig.

Mittlerweile hat sich die Organspende, was die Anerkennung und Akzeptanz in der Bevölkerung angeht, weitgehend etabliert. Die große Zahl der Personen, welche einer Organspende grundsätzlich aufgeschlossen gegenüberstehen, ist

---

326 Mit dem Gesetz zur Änderung des Transplantationsgesetzes vom 21.7.2012 (BGBl I, 1601), welches am 1.8.2012 in Kraft getreten ist, hat der Gesetzgeber einen umfassendes sozialrechtlichen Schutz des lebenden Organ- und Gewebespenders eingeführt. Ausführlich hierzu siehe der Aufsatz von Neumann, in: NJW 2013, 1401 ff.
327 Fischer, StGB, § 223 Rn. 14 m.w.N. und § 228 Rn. 22; demnach gilt die Einwilligung nur für regelrecht zugefügte Verletzungen, nicht hingegen für regelwidrig zugefügte Verletzungen wie „Beißen" o.Ä.

das Ergebnis einer jahrelangen Aufklärungs- und Vertrauensarbeit der sich für die Organspende einsetzenden Institutionen. Durch vermehrte Aufklärungskampagnen und der Zusicherung einer Verteilung der gespendeten Organe nach rein objektiven Kriterien konnten viele Menschen von der Wichtigkeit der Organspende und von den klaren und durchsichtigen Strukturen des Organspendeprozesses überzeugt werden. Klare Strukturen geben Sicherheit und schaffen Vertrauen. Bei einer Freigabe des Organhandels allerdings ist ein enormer Vertrauensverlust zu befürchten, was ein Sinken der altruistisch motivierten Organspendebereitschaft zur Folge hätte.[328] Die jahrelange Arbeit, der es bedurft hat, um die Organspende in einer Gesellschaft zu etablieren, in welcher die körperliche Integrität ohne Zweifel einen hohen Stellenwert besitzt, wäre damit wohl hinfällig und das gewonnene Vertrauen in seinen Grundfesten erschüttert.

Auch das von *Kliemt* angeführte Argument, es würde langfristig die Personqualität der Menschen beeinträchtigen, wenn sie sich zu bloßen Organlieferanten und Organhändlern herabstilisieren würden,[329] ist zwar freilich sehr verschärft dargestellt, aber dennoch durchaus nicht von der Hand zu weisen.

Außerdem wäre die grundrechtlich geschützte Menschwürde beeinträchtigt, wenn eine Spendeentscheidung auf dem Zwang beruhte, den eigenen Lebensunterhalt, oder den eines Angehörigen abzusichern. Die Selbstkommerzialisierung hätte dann eine neue Stufe erreicht. Diese negativen Konsequenzen einer Freigabe sind daher nicht hinnehmbar, weshalb der einhergehende Eingriff in Art. 2 Abs. 1 GG folglich als gerechtfertigt anzusehen ist.

c) Stellungnahme

Das Organhandelsverbot hat seine Existenzberechtigung, wie festgestellt wurde, auf der Grundlage des zwingend erforderlichen Vertrauens der Bevölkerung in den Organspendeprozess in Deutschland, wenn auch, worauf *Sternberg-Lieben* zu Recht hinweist, fragwürdig erscheint, ob das Strafrecht als *ultima-ratio* des Gesetzgebers tatsächlich das geeignete Mittel zur Durchsetzung dieses Schutzes darstellt, indem gerade besonders schutzbedürftige Personen (Spender/Empfänger) bestraft werden, die aus einer Schwächesituation heraus handeln.[330]

---

328 Junghanns spricht von einer „Dehumanisierung der Gesellschaft", in: Verteilungsgerechtigkeit in der Transplantationsmedizin. Eine juristische Grenzziehung, S. 123.

329 Kliemt, Warum darf ich alles verkaufen, nur meine Organe nicht?, in: Rittner/Paul (Hrsg.), Ethik der Lebendorganspende, S. 167 (186 f.).

330 Sternberg-Lieben, Der menschliche Körper als Ware – Grenzen durch das Strafrecht?, in: Götting/Sternberg-Lieben (Hrsg.), Der Mensch als Ware, S. 38.

Unerörtert ist hier bislang geblieben, welche Tätigkeiten überhaupt unter den Handelsbegriff i.S.d. § 17 TPG fallen. Unter „Handeltreiben" ist jede Tätigkeit zu verstehen, die eigennützig und auf den Umsatz von Organen gerichtet ist[331], wobei ein Erfolg für ein vollendetes Handeltreiben nicht erforderlich ist. So genügen bereits Vertragsverhandlungen, ohne dass es zum Abschluss des Vertrages gekommen sein muss, sowie bloße Verkaufsangebote zur Erfüllung des Straftatbestandes des Organhandels.[332] Die bloße Erstattung von Operations-, Unterbringungs- und Fahrtkosten sowie eine Entschädigung für entgangenen Lohn ist mithin durchaus als zulässig anzusehen.[333] Auch eine soziale Absicherung des Spenders beispielsweise durch eine Versicherung, welche im Falle einer mit der Organentnahme einhergehenden Berufsunfähigkeit finanziellen Schutz gebietet, oder eine Risikolebensversicherung dürften im Wege einer teleologischen Reduktion als zulässige Gegenleistungen für die Spendebereitschaft anzusehen sein.[334]

Differenziert muss jedoch eine Zuwendung des Organempfängers an den Spender selbst bzw. an dessen Angehörige betrachtet werden. Werden Körperteile verkauft, so wird der Körper für Zwecke genutzt, die außer seiner selbst liegen; der menschliche Körper wird zum bloßen Handelsobjekt.[335] Dies verstößt gegen die von Art. 1 Abs. 1 GG geschützte Würdegarantie, mithin die Subjektqualität des Menschen.[336] Eine freiwillige und angemessene Geste

---

331 Höfling/Rixen, TPG, § 17 Rn. 17; Laufs/Uhlenbruck-Ulsenheimer, Handbuch des Arztrechts, § 131 Rn. 20; nach dem Willen des Gesetzgebers soll für die Ausfüllung des Begriffes des „Handeltreibens" auf den Begriff des Handeltreibens im Betäubungsmittelgesetz zurückgegriffen werden (siehe hierfür BT-Drs. 13/4355, S. 29).

332 BT-Drs. 13/4355, S. 30; König, Das strafbewehrte Verbot des Organhandels, in: Schroth/König (Hrsg.), Handbuch des Medizinstrafrechts, S. 418.

333 Siehe BT-Drs. 13/4355, S. 30; Schreiber, Rechtliche Aspekte der Organtransplantation, in: Organstransplantation. Medizinische, rechtliche und ethische Aspekte, S. 88; Schroth/König, TPG, vor §§ 17, 18 TPG Rn. 6.

334 Sternberg-Lieben, Der menschliche Körper als Ware – Grenzen durch das Strafrecht?, in: Götting/Sternberg-Lieben (Hrsg.), Der Mensch als Ware, S. 39, welcher diese Selbstabsicherung als mit der staatlichen Sozialpolitik im Einklang stehend ansieht.

335 Koch, Persönlichkeitsrechtsschutz bei der postmortalen Organentnahme zu Transplantationszwecken in Deutschland und Frankreich, S. 174.

336 Sasse, Zivil- und strafrechtliche Aspekte der Veräußerung von Organen Verstorbener und Lebender, S. 102; Dreier/Dreier, GG, Art. 1 Rn. 147; anderer Ansicht: König,

der Dankbarkeit[337] des Organspenders fällt freilich nicht unter dieses Verbot. Das Schenken eines Hauses, eines Kraftfahrzeugs oder einer teuren Urlaubsreise jedoch ist nicht mehr als Dankbarkeitsgeste anzusehen, sondern vielmehr als konkrete Gegenleistung für die Überlassung eines Organs. Auch die Vereinbarung einer monatlichen Rente oder die Ausbildungsfinanzierung für die Hinterbliebenen des Spenders ist aus den genannten Gründen als unzulässig einzustufen.[338]

Eine Erklärung zur Organspende, welche mit finanziellen Leistungen seitens des Empfängers verknüpft wird, verstößt folglich gegen das Organhandelsverbot des § 17 TPG und mithin gegen ein gesetzliches Verbot i.S.d. § 134 BGB. Ein solches Vorgehen ist unzulässig und die Bedingung unwirksam.

III. Beschränkungen zum Ablauf der Organentnahme

Ebenfalls denkbar ist die Verknüpfung der Einwilligung in die Organentnahme vermittlungspflichtiger sowie nicht-vermittlungspflichtiger Organe mit der Festlegung bestimmter Variablen des Entnahmevorgangs durch den Spender. So könnte es dem Wunsch des Spenders entsprechen, die Entnahme der zur Verfügung stehenden Organe in einem bestimmten Krankenhaus, durch einen bestimmten Arzt, oder zu einer gewissen Zeit durchführen zu lassen.

Gegen Bestimmungen, welche der Organisationsstruktur gänzlich zuwider laufen, muss jedoch eindeutig eingewendet werden, dass der gesamte Organspendeprozess in § 11 TPG gesetzlich klar strukturiert und durch die beteiligten Institutionen auf Transparenz angelegt ist. Dieses auf Objektivität beruhende System ist unverzichtbar, um das Vertrauen der Bevölkerung zu gewinnen und langfristig zu erhalten. Trifft der Spender nun eigene Bestimmungen, die von den gesetzlich fixierten abweichen und eine sachgerechte

---

Strafbarer Organhandel, S. 111 ff.; Schroth, Die strafrechtlichen Tatbestände des Transplantationsgesetzes, S. 162.

337 Rixen begreift eine Dankesprämie zutreffend als schmerzensgeldähnliche Kompensation der einhergehenden immateriellen Belastungen, siehe Die geltende Regelung zur Lebendspende, S. 80 f.

338 Differenzierter sieht dies Schroth, TPG, Vor §§ 17, 18 Rn. 10 und verweist auf die Aufgaben der Ethikkommission.

und effiziente Abwicklung des Transplantationsprozesses beeinträchtigen oder sogar verhindern, können diese keine Berücksichtigung finden.[339]

Anders ist die Situation zu beurteilen, wenn die Festlegungen sich im Rahmen der vorgesehenen Organisationsstruktur halten, so beispielsweise, wenn die Entnahmeoperation von einem bestimmten Arzt durchgeführt werden soll und dieser zum Zeitpunkt der Entnahme für die Operation auch zur Verfügung stehen würde. Auch Wünsche die postoperative Aufbahrung im entsprechenden Krankenhaus betreffend stehen dem der gesetzlichen Regelungen entsprechenden Spendeprozess nicht entgegen und können daher durchaus berücksichtigt werden.[340] Beachtenswert ist außerdem der Wunsch nach einer Allgemeinanästhesie während der Entnahmeoperation beim hirntoten Spender.

Bedingungen, die der objektiven und sachgerechten Abwicklung des Transplantationsprozesses nicht entgegenstehen und ohne unverhältnismäßig großen Aufwand erfüllt werden können, sind daher im Einzelfall als zulässig anzusehen und müssen befolgt werden.

IV. Zwischenergebnis

Die vorangegangenen Ausführungen haben gezeigt, dass bis auf die in § 2 Abs. 2 S. 2 TPG fixierte Möglichkeit, die Organentnahme auf bestimmte Organe zu beschränken, eine anderweitige Beschränkbarkeit bzw. Bedingbarkeit der Erklärung zur Organspende bezüglich vermittlungspflichtiger Organe nach geltendem Recht einen Widerspruch zu den Regelungen des TPG darstellt und daher nicht zulässig ist.[341] Mit Ausnahme einiger sich im Rahmen der Organisationsstruktur der Organspende haltenden Festlegungen zum Ablauf der Entnahme der postmortalen Organspende, dürfen individuelle Spenderwidmungen keine Berücksichtigung finden. Die gerichtete Leichenspende vermittlungspflichtiger Organe ist, sofern keine der genannten Einflussnahmemöglichkeiten vorliegt, mit geltendem Recht

---

339 Ebenfalls ablehnend Sasse, in: Miserok/Sasse/Krüger, TPG, § 2 Rn. 31; zustimmend hingegen Albrecht, Rechtliche Zulässigkeit postmortaler Transplantatentnahmen, S. 65.

340 Sasse, in: Miserok/Sasse/Krüger, TPG, § 2 Rn. 31; ebenso Albrecht, Die rechtliche Zulässigkeit postmortaler Transplantatentnahmen, S. 65.

341 Auch Krüger spricht in „Zehn Jahre Transplantationsgesetz – Aufgaben, Bilanz, Perspektiven und Reformbedarf", S. 23 von der Bedingungsfeindlichkeit der Erklärung zur Organspende.

unvereinbar[342], wobei eine Änderung der Gesetzeslage, bzw. eine Anpassung des geltenden Rechts, wie noch zu untersuchen sein wird, möglicherweise Abhilfe schaffen kann bzw. muss.

Für nicht vermittlungspflichtige Organe gelten diese Einschränkungen nach hier vertretener Ansicht nicht. Hier darf ein bestimmter Empfänger vom Spender des Organs bestimmt werden, wobei diskriminierende oder sittenwidrige Festlegungen hierbei freilich die Zulässigkeit der Einschränkungsmöglichkeiten begrenzen. Die Ausführungen zur Verknüpfung der Einwilligung in die Organspende mit einer finanziellen Zuwendung haben gezeigt, dass ein solches Vorgehen bei Unangemessenheit der Forderung die in Art. 1 Abs. 1 GG verankerte Menschenwürdegarantie und damit das Organhandelsverbot verletzt. Angemessene Dankbarkeitsgesten hingegen werden vom Organhandelsverbot nicht erfasst. Für die Beurteilung ist unbedingt eine Einzelfallbetrachtung erforderlich, da sich pauschalisierte Verbote vor dem Hintergrund einer möglichen sachlichen Rechtfertigung verbieten.

V. Rechtsfolgen einer unwirksamen Bedingung

Fraglich ist nun, welche Auswirkungen die Unwirksamkeit einer Bedingung in einer Erklärung zur Organspende auf die Wirksamkeit derselben hat. In Anknüpfung an die Rechtsgeschäftslehre sind bei unzulässigen Bedingungen oder Befristungen grundsätzlich drei verschiedene Rechtsfolgen denkbar. Zum Einen kann das gesamte Rechtsgeschäft für nichtig erklärt werden[343], zum Zweiten kann das Rechtsgeschäft allein ohne die unzulässige Bedingung oder Befristung aufrechterhalten werden[344] und zum Dritten kommt eine Anwendung von § 139 BGB in Betracht, wonach mit der unwirksamen Bedingung bzw. Befristung zugleich das gesamte Rechtsgeschäft unwirksam ist, wenn

---

342 An dieser Stelle soll darauf hingewiesen werden, dass es in Korea nach dem koreanischen Transplantationsgesetz für den potentiellen Leichenspender durchaus die Möglichkeit einer „Direktspende" gibt, indem es ihm freisteht, seine Einwilligung auf einen bestimmten Empfänger zu beschränken, hierzu siehe Joo, Organtransplantation und Strafrecht. Eine vergleichende Untersuchung zwischen deutschem und koreanischem Transplantationsgesetz, S. 179 f.

343 So z. B. bei § 925 Abs. 2 BGB.

344 So z. B. bei Art. 12 Abs. 1 S. 2 WG, wonach Bedingungen, von denen ein Indossament abhängig gemacht wird, als nicht geschrieben gelten.

nicht der Parteiwille ergibt, dass es auch ohne den nichtigen Teil vorgenommen sein würde.[345]

In Bezug auf die Rechtsfolgen einer unter einem unwirksamen Vorbehalt stehenden Einwilligung in die Spende von Organen wird zum einen vertreten, dass diese Einwilligung insgesamt unwirksam ist, sodass der Wille des Verstorbenen keine Beachtung findet und eine Organentnahme in diesem Fall generell ausgeschlossen ist.[346] Ein Rückgriff auf § 4 TPG sei nach Teilen dieser Ansicht dennoch nicht verwehrt, da eine unwirksame Erklärung zur Organspende keine Rechtsfolgen zeitigt und eine Einwilligung i.S.d. § 4 Abs. 1 TPG mithin nicht vorliegt.[347] Diese Ansicht verkennt jedoch, dass in jedem Fall der Wille des Verstobenen beachtet werden muss. Ein genereller Ausschluss einer Organentnahme würde die Beweggründe zur Abgabe einer bedingten Einwilligung gänzlich unberücksichtigt lassen, was das Selbstbestimmungsrecht des potentiellen Spenders nicht ausreichend berücksichtigen würde.

Eine andere Ansicht wiederum will an die Norm des § 139 BGB über die Teilunwirksamkeit anknüpfen, wonach auch bei einer unwirksamen Bedingung der Rest des Geschäfts unwirksam ist, wenn sich aus dem Parteiwillen nicht ergibt, dass es auch ohne den nichtigen Teil vorgenommen sein würde. Bei dieser Betrachtung müsse auch der altruistische Gedanke einem schwer Kranken helfen zu wollen ausreichend gewürdigt werden. Trotz vorliegender bedingter Einwilligung des potentiellen Spenders soll daher auch hier eine Zustimmung der Angehörigen gemäß § 4 TPG eingeholt werden können, wobei freilich der sich aus der vorliegenden Erklärung ergebende Wille des potentiellen Spenders Beachtung finden soll.[348]

Diese Vorgehensweise erscheint problematisch. In § 4 Abs. 1 S. 1 TPG wird konstatiert, dass die nächsten Angehörigen nur zu befragen sind, wenn dem Arzt keine schriftliche Einwilligungs- oder Widerspruchserklärung des möglichen Organ- oder Gewebespenders vorliegt. Diese Situation besteht aber gerade nicht, wenn eine zwar unzulässig bedingte und daher rechtlich unwirksame, aber dennoch tatsächlich existente und erklärte Einwilligung zur Organspende vorhanden

345 Ausführlich zu den Rechtsfolgen unzulässiger Bedingungen und Befristungen siehe Medicus, Allgemeiner Teil des BGB, Rn. 853 ff.

346 Rixen, in: Höfling, TPG, § 2 Rn. 28; Borowy, Die postmortale Organentnahme und ihre zivilrechtlichen Folgen, S. 156.

347 Rixen, in: Höfling, TPG, § 2 Rn. 28, a.A. jedoch Borowy, Die postmortale Organentnahme und ihre zivilrechtlichen Folgen, S. 156.

348 Sasse, in: Miserok/Sasse/Krüger, TPG, § 2 Rn. 30; Lautenschläger, Der Status ausländischer Personen im deutschen Transplantationssystem, S. 111.

ist. Insofern wirkt dieser Weg konstruiert, indem zur Ermittlung des mutmaßlichen Willens des möglichen Spenders durch die Angehörigen Rückgriff auf die vorliegende Erklärung zu nehmen ist.

Hat der Erklärende seine Spendebereitschaft mit einer Bedingung verknüpft, hat er zugleich deutlich gemacht, dass er gerade nicht in jedem Fall als Organspender zur Verfügung stehen möchte, es sei denn er trifft eine Formulierung wie „eine Niere soll möglichst X zukommen" oder „vorrangig würde ich mir wünschen, dass X Empfänger meiner Niere ist". Allein die Auslegung von auf diese Art formulierten Erklärungen gem. §§ 133, 157 BGB analog ergibt, dass ein grundsätzlicher Wille zur Organspende besteht, auch wenn die vordergründig gewünschte Person nicht als Empfänger in Betracht kommt.

Zudem wird dem Selbstbestimmungsrecht des Verstorbenen, und sein Wille ist auch bei einer unzulässige Beschränkungen enthaltenen Einwilligungserklärung gerade bekannt, eine erheblich größere und weitgehend abschließende Bedeutung zugemessen, als dem Totensorgerecht der Angehörigen.[349] So kann das Totensorgerecht schließlich nur dann zur eigenständigen Entscheidungsgrundlage für eine postmortale Organentnahme werden, wenn weder der ausdrückliche noch der mutmaßliche Wille des Verstorbenen bekannt ist. Im Ergebnis wird daher eine Explantation der Organe ohne Erfüllung der aufgestellten Bedingung nicht dem Willen des potentiellen Spenders entsprechen und darf daher, auch bei einer anderslautenden Entscheidung der Angehörigen, nicht erfolgen.

Überzeugend und folgerichtig ist daher eine Anknüpfung an die Vorschrift des § 139 BGB[350], welcher von der Nichtigkeit des gesamten Rechtsgeschäftes ausgeht, wenn bei Teilnichtigkeit des Rechtsgeschäftes nicht davon auszugehen ist, dass es auch ohne den nichtigen Teil vorgenommen sein würde. Um den Willen des potentiellen Spenders zu ermitteln, muss mithin die vorliegende bedingte Erklärung ausgelegt werden.[351] Ergibt die Auslegung, dass die Spendebereitschaft nur bei Vorliegen der (unzulässigen) Bedingung fortbesteht, diese also eine gewichtige Bedeutung für den Spender hatte, entfällt folglich mit Nichtvorliegen der Bedingung auch die Spendebereitschaft. Das hat wiederum zur Folge, dass die gesamte Einwilligung i.S.d. § 139 BGB rechtsunwirksam ist und eine Organtransplantation nicht erfolgen darf. Ergibt die Auslegung jedoch, dass der Erklärende trotz Nichtvorliegens der Bedingung als Organspender zur Verfügung stehen möchte,

---

349 Beispielhaft hierfür sei an dieser Stelle auf die sog. „Cosima Wagner" – Entscheidung verwiesen, siehe BGHZ 15, 249.
350 Höfling/Rixen, TPG, § 2 Rn. 28.
351 Schroth, TPG, § 2 Rn. 5; Sasse, in: Miserok/Sasse/Krüger, TPG, § 2 Rn. 30.

dann darf eine Explantation stattfinden. Diese Schlussfolgerung darf allerdings nicht allein daraus gezogen werden, dass mit jeder Organspendeerklärung der altruistische Gedanke verbunden ist, einem anderen Menschen helfen zu wollen.[352] Dies würde nur unzureichend die Beweggründe für eine bedingte Einwilligung berücksichtigen. Schließlich hat der potentielle Spender gerade nicht gewollt, dass irgendjemand sein Organ erhält, sondern eine bestimmte Person, weshalb die Bereitschaft zur Spende auch nur bei Erfüllung eben dieser Bedingung gegeben ist.[353] Insofern wird auch hier, sofern das Selbstbestimmungsrecht des Verstorbenen angemessen Berücksichtigung findet, regelmäßig eine Organtransplantation wegen des Nichtvorliegens der an die Einwilligung geknüpften Bedingung abzulehnen sein.[354]

Dass eine Organentnahme bei Vorliegen einer aus den genannten Gründen unwirksamen Einwilligung noch immer über § 4 TPG durch eine Zustimmung der Angehörigen möglich sei, da eine Einwilligung nur vorliege, wenn sie Rechtsfolgen zeitigt[355], ist jedoch entschieden abzulehnen. Dieser Ansatz verkennt, dass trotz unwirksamer Einwilligung der Wille des Verstorbenen bekannt ist. Hat die Auslegung der Erklärung also ergeben, dass der Erklärende bei Nichtvorliegen der Bedingung nicht als Spender zur Verfügung stehen möchte, aber wird die gesamte Spendeerklärung mit Hinweis auf § 139 BGB als ganzheitlich unwirksam angesehen, ist der erkennbar gewordene entgegenstehende Wille des Verstorbenen dennoch auch für die Angehörigen gem. § 4 Abs. 1 S. 4 TPG bindend, denn diese haben demnach bei ihrer Entscheidung den Willen des Organ- oder Gewebespenders zu beachten. So hat eine aufgrund unzulässiger Festlegungen unwirksame Einwilligung in die Organspende, welche nach Auslegung auch nur für den Fall der Erfüllung der Bedingung fortbestehen soll, in jedem Fall zugleich die unter Strafandrohung stehende Unzulässigkeit der Organentnahme sowohl nach § 3 TPG wie auch nach § 4 TPG zur Folge.

Erfolgt trotz des entgegenstehenden Willens des Spenders eine Explantation seiner Organe, so finden die Straf- und Bußgeldvorschriften der §§ 19 und 20 TPG Anwendung.

---

352 So jedoch Nickel in: Die Entnahme von Organen und Geweben bei Verstorbenen zum Zwecke der Transplantation, S. 151.

353 Rixen, in: Höfling, TPG, § 2 Rn. 28; Koch, Persönlichkeitsrechtsschutz bei der postmortalen Organentnahme, S. 172.

354 So auch Höfling/Rixen, TPG, § 2 Rn. 28; Nickel, Die Entnahme von Organen und Geweben bei Verstorbenen zum Zwecke der Transplantation, S. 151.

355 Norba, Rechtsfragen der Transplantationsmedizin aus deutscher und europäischer Sicht, S. 163.

VI. Zustimmung durch andere Personen und Interessenkonflikt

Im Hinblick auf die Zustimmung durch eine andere Person und eine damit verbundene mögliche Interessenkollision müssen zwei Konstellationen unterschieden werden.

Zum einen ist es möglich, dass zwar eine Einwilligung des Verstorbenen in die Organentnahme vorliegt, die Entnahme jedoch aufgrund der unzulässig bedingten Spendewilligkeit (Übertragung eines bestimmten Organs vorrangig[356] nur auf einen Angehörigen) nicht erfolgt. Wird nun der nach dem Willen des Verstorbenen zu begünstigende Angehörige als „nächster Angehöriger" i.S.d. § 4 TPG um dessen Zustimmung zur Organspende gebeten und stimmt dieser dem Willen des Verstorbenen entsprechend unter der Bedingung selbst ein Transplantat zu erhalten zu, könnte es zu einem Interessenkonflikt kommen. So soll er einerseits bei seiner Entscheidung den mutmaßlichen Willen des potentiellen Spenders beachten, hat andererseits allerdings aufgrund seines gesundheitlichen Zustands zugleich ein eigenes Interesse an der Transplantation.

Zum anderen ist die Konstellation denkbar, dass keine Erklärung des Verstorbenen vorliegt und der Angehörige entsprechend § 4 TPG um seine Zustimmung gebeten wird, dieser der Entnahme aber nur zustimmt, wenn er selbst ein Organ des Verstorbenen erhält (siehe Berliner Fall).

Beide Fallbeispiele unterscheiden sich durch das Bekanntsein bzw. die Unkenntnis des Willens des Verstorbenen. Fraglich ist nun, inwieweit es zu einer Kollision der Interessen von potentiellem Spender und potentiellem Empfänger kommt, und ob die Vorschrift des § 181 BGB analog anzuwenden ist. Zweck der Regelung ist es, einen Interessenkonflikt und somit die Schädigung einer Seite zu vermeiden, worin es münden kann, wenn dieselbe Person auf beiden Seiten eines Rechtsgeschäfts mitwirkt.[357]

Liegt keine wirksame Einwilligungserklärung des potentiellen Spenders vor, können Interessenkonflikte entstehen, wenn die Zustimmung des zu befragenden Angehörigen an den Erhalt eines Organs für die eigene Person geknüpft wird. Das eigene Interesse an dem Erhalt eines Organs könnte der Achtung des mutmaßlichen Willens des Verstorbenen entgegenstehen. In diesen Fällen ist § 181 BGB analog zu beachten, welcher dem Vertreter nur für den Fall gestattet

---

356 Gemeint sind hier die Fälle des Bestehens einer grundsätzlichen generellen Spendebereitschaft trotz des vorrangigen Wunsches, an eine bestimmte Person zu spenden.
357 BGHZ 56, 97 (102); 59, 236 (39).

ein Rechtsgeschäft im Namen des Vertretenen mit sich im eigenen Namen vorzunehmen, wenn das Rechtsgeschäft ausschließlich in der Erfüllung einer Verbindlichkeit besteht. Der bestehende Interessenkonflikt, auf der einen Seite dem Willen des Verstorbenen Geltung zu verschaffen und auf der anderen Seite selbst ein Organ zu erlangen, darf insofern nicht unberücksichtigt bleiben und muss im Zweifel zur Unwirksamkeit der Bedingung führen.

Anders liegt es jedoch in dem Fall, in welchem bereits die Einwilligungserklärung des Verstorbenen die Spende eines Organs an den Angehörigen vorsieht. Hier ist eine Interessenkollision vielmehr schon begrifflich ausgeschlossen, da beide Parteien das gleiche Interesse haben, nämlich dass ein Organ des Verstorbenen dem bedürftigen Angehörigen transplantiert werden soll. Knüpft also auch der Angehörige seine Zustimmung an diese Bedingung so führt dies dazu, dass lediglich dem erklärten Willen des Verstorbenen Geltung verschafft wird. Das Insichgeschäft schließt insofern in diesem Fall der Interessenkonformität einen Interessenwiderstreit von vornherein aus. Eine analoge Anwendung von § 181 BGB verbietet sich daher.

Selbst wenn man dies verneint, so muss zumindest in der bedingten Einwilligung des potentiellen Organspenders eine konkludente Gestattung[358] des Insichgeschäfts für den vom Spender gewünschten Empfänger des Organs gesehen werden, womit es sich bei der Zustimmung gem. § 4 TPG durch diese Person um ein zulässiges, weil vom „Vertretenen" schlüssig gestattetes, Insichgeschäft handeln würde. § 181 BGB analog wäre schließlich nicht zuletzt unter diesem Gesichtspunkt unanwendbar.

Ohne Zweifel ist die Situation anders zu beurteilen, wenn der Spender zu Lebzeiten eine Entnahme seiner Organe abgelehnt hat. Hier kann eine Organentnahme unter Zustimmung der Angehörigen unter keinen Umständen gerechtfertigt werden, weil insofern nicht allein das postmortale Selbstbestimmungsrecht des Toten sondern möglicherweise sogar auch das Persönlichkeitsrecht des Lebenden verletzt ist.[359] Das Persönlichkeitsrecht des Lebenden ist jedenfalls betroffen, indem seine zu Lebzeiten verbindlich getroffene Anordnung keine Organe spenden zu wollen über den Tod hinaus keine Geltungskraft entfaltet, es ihm also nicht möglich ist, verbindliche Anordnungen auch über den Tod hinaus zu treffen.[360]

---

358 Hierzu siehe Palandt/Heinrichs, BGB, § 181 Rn. 17.
359 Diettrich, Organentnahme und Rechtfertigung durch Notstand?, S. 125 m.w.N.; zustimmend Satzger/Schmitt/Widmaier-Rosenau, StGB, § 34, Rn. 34; ausführlich hierzu siehe die verfassungsrechtliche Prüfung unter Punkt G. III. 3.
360 Zur Verfügungsbefugnis über den eigenen Körper siehe unter G. III. 3. d).

G. Lösungsansätze zur Geltungsverschaffung der bedingten Organspendebereitschaft des Verstorbenen

Aufgrund der geltenden Rechtslage ist es, wie dargestellt, grundsätzlich unzulässig, vermittlungspflichtige Organe einer vom Spender bestimmten Person zu übertragen, wobei die Unzulässigkeit einer Bedingung im Zweifel zur Unübertragbarkeit aller Organe führt. Dieses Ergebnis scheint aber gerade bei Sachlagen wie beispielsweise der des sog. „Berliner Falles", in welchem die Ehefrau des potentiellen Spenders eine Niere ihres Mannes erhalten soll, weitere Organe jedoch nach den geltenden Regeln des Transplantationsgesetzes verteilt werden dürften, nicht sachgerecht. Erhält diese bestimmte Person das Organ nicht, so stehen auch alle anderen Organe nicht für eine Transplantation für auf der Warteliste registrierte potentielle Empfänger zur Verfügung. Aus dieser Konfliktsituation ergibt sich die Frage, ob bei der Erfüllung der Bedingung des Spenders und der damit verbundenen lebensrettenden Transplantation der übrigen Organe auf weitere Empfänger nach den Regeln des TPG ein damit verbundener Verstoß gegen §§ 19 und 20 TPG gerechtfertigt ist bzw. möglicherweise entschuldigt werden kann, oder gar anderweitige juristische Methoden zur Verfügung stehen, die zu einer Zulässigkeit der bedingten Organspende führen.

I. Anwendbarkeit der Rechtfertigungs- und Entschuldigungsgründe

In Betracht kommt eine Anwendung der Regelungen des rechtfertigenden bzw. entschuldigenden Notstandes des Strafgesetzbuches (StGB). Problematisch ist deren Anwendbarkeit jedoch vor dem Hintergrund, dass mit den Normen des TPG bereits spezialgesetzliche Regelungen bestehen, welche Wertungsvorgaben enthalten und insoweit Sperrwirkung entfalten könnten.[361]

---

361 Pawlowski, Die strafrechtliche Bewertung der Organtransplantation, S. 157; auch Lilie macht in „10 Jahre Transplantationsgesetz – Verbesserung der Patientenversorgung oder Kommerzialisierung?", S. 18 auf dieses Problem aufmerksam (abrufbar unter: http://www.bundesaerztekammer.de/downloads/110LilieRede.pdf, zuletzt abgerufen am 12.09.2013).

Ein Rückgriff auf Rechtsfertigungs- und Entschuldigungsgründe würde sich dann verbieten, wenn die Regelungen des TPG den Anspruch erheben würden, den gesamten Bereich rechtfertigenden und entschuldigenden Verhaltens im Hinblick auf die Organentnahme abschließend geregelt zu haben. Indem sich der Gesetzgeber mit der Ablehnung eines Gesetzesentwurfes, welcher die Anwendung von § 34 StGB bei einer Organentnahme ohne vorliegende Einwilligung ausschließen wollte, bewusst gegen eine gesetzlich abschließende Regelung entschieden hat, erhebt das TPG einen solchen Anspruch gerade nicht.[362] Ein Blick in die Gesetzgebungsmaterialien zeigt, dass eine strafbare Handlung explizit des Transplantatempfängers „bei Würdigung des Einzelfalles gemäß § 34 StGB gerechtfertigt oder nach § 35 StGB entschuldigt sein"[363] kann. Dies macht deutlich, dass von einer abschließenden Regelung seitens des Gesetzgebers, mithin von einer Sperrwirkung der Regelungen des TPG, nicht auszugehen ist. Ein Rückgriff auf die Regelungen des rechtfertigenden Notstandes gemäß § 34 StGB bzw. des entschuldigenden Notstandes gemäß § 35 StGB ist daher möglich.[364]

1. Rechtfertigender Notstand gemäß § 34 StGB

Fraglich bleibt mithin *en détail*, ob die Übertragung eines Organs durch einen Arzt auf einen vom Spender bestimmten Empfänger gemäß § 34 StGB gerechtfertigt werden kann, wenn dies die Bedingung dafür ist, weitere transplantierbare Organe zu entnehmen und über Eurotransplant entsprechend den Regeln an Bedürftige zu vermitteln.[365] Dann müsste eine gegenwärtige, nicht anders abwendbare Gefahr für ein in § 34 StGB genanntes Rechtsgut bestehen, wobei eine Tat begangen wird, um diese Gefahr abzuwenden. Diese Tat ist dann nicht rechtswidrig, wenn eine

---

362 Ebd., S. 158.

363 BT-Drs. 13/4355, S. 31.

364 Zu diesem Ergebnis kommt auch Diettrich, Organentnahme und Rechtfertigung durch Notstand?, S. 83; bereits Mühl kommt zu der Annahme, dass im Falle des Nichtvorliegens oder der Weigerung zur Abgabe einer Einwilligung der Angehörigen, die Organentnahme „unter dem Gesichtspunkt des rechtfertigenden Notstandes gerechtfertigt sein" kann, siehe Soergel/Mühl, BGB, 12. Auflage, § 90 Rn. 7.

365 Umfassend zur Organentnahme und die Anwendbarkeit der Notstandsregelungen des § 34 StGB siehe Diettrich, Organentnahme und Rechtfertigung durch Notstand?; welche den Anwendungsbereich des § 34 StGB bei der postmortalen Organspende auf die Fälle beschränkt, in denen der Verstorbene nicht zu Lebzeiten widersprochen hat und Angehörige nicht befragt werden können bzw. sich nicht äußern, siehe S. 124 ff.

Abwägung der widerstreitenden Interessen ergibt, dass das geschützte Interesse das beeinträchtigte wesentlich überwiegt.

a) Notstandslage

Angewendet auf die Sachlage des geschilderten Falles der gerichteten Organspende bedarf es also einer Gefahr für Leben, Leib, Freiheit, Ehre, Eigentum oder ein anderes Rechtsgut. In Betracht kommt vorliegend eine Gefahr für das Leben des vom Spender bzw. den Angehörigen bestimmten Organempfängers sowie für jene Empfänger, welche die weiteren transplantationsfähigen Organe des Spenders im Falle einer Explantation gemäß den Verteilungskriterien erhalten würden. Problematisch ist jedoch das Erfordernis der Gegenwärtigkeit der Gefahr. Schließlich kann die Überlebensfähigkeit eines Patienten, welcher ein Organtransplantat benötigt, heutzutage dank medizinisch-technischer Errungenschaften wie der Dialyse, der Herz-Lungen-Maschine oder des Kunstherzens enorm verlängert werden. Zudem kann von einer konkreten Gefahr, legt man den Gefahrbegriff sehr eng aus,[366] kaum zuverlässig gesprochen werden, wenn die Verteilungspraxis von Organen und insbesondere die Möglichkeit des 'High Urgent Status'[367] von Patienten auf der Warteliste beachtet wird.

Doch im Gegensatz zu der früheren, engen Auslegung des Begriffes wird heute bereits von einer gegenwärtigen Gefahr ausgegangen, wenn ein Zustand gegeben ist, dessen Weiterentwicklung den Eintritt oder die Intensivierung eines Schadens ernstlich befürchten lässt, sofern nicht alsbald Abwehrmaßnahmen ergriffen werden.[368] Insofern ist bereits von einer gegenwärtigen Gefahr zu sprechen, wenn ohne eine Transplantation des benötigten Organs die Heilungschancen sinken und

---

366 So Deutsch, in: ZRP 1982, 174 (176).
367 Patienten, die als high-urgency Patienten eingestuft worden sind und deren Leben ohne eine zeitnahe Transplantation in erhöhter Gefahr ist, sind vorrangig bei der Organzuteilung zu berücksichtigen. Näheres dazu: Rahmel, Eurotransplant und die Organverteilung in Deutschland, S. 64; Opper, die gerechte und rechtmäßige Verteilung knapper Organe, S. 212.
368 RGSt 66, 222; BGH NStZ 1988, 554; Schönke/Schröder-Lenckner/Perron, StGB, § 34 Rn. 15; Fischer, StGB, § 34 Rn. 3 f.; Wessels/Beulke, Strafrecht AT, Rn. 303; Diettrich, Organentnahme und Rechtfertigung durch Notstand?, S. 89; Otto, Gegenwärtiger Angriff (§ 32 StGB) und gegenwärtige Gefahr (§§ 34, 35, 249, 255 StGB), in: Jura 1999, 552.

sich der Gesundheitszustand insgesamt irreversibel verschlechtern wird.[369] Eine gegenwärtige Gefahr liegt mithin vor.

b) Notstandshandlung, Interessenabwägung und subjektives Rechtfertigungselement

Mit der Notstandshandlung müsste ein objektiv erforderlicher und subjektiv vom Rettungswillen getragener Eingriff in ein fremdes Rechtsgut verbunden sein. Fraglich ist, welches Rechtsgut im vorliegenden Fall betroffen ist. Das postmortale Persönlichkeitsrecht[370] des Spenders bzw. das Totensorgerecht der Angehörigen kommt als betroffenes Rechtsgut nicht in Betracht, weil gerade diesem mit der Befolgung des Willens durch die Organtransplantation auf den bestimmten Empfänger Geltung verschafft wird. Allerdings könnten die Interessen der Allgemeinheit betroffen sein. In Frage kommt hier das Interesse der Allgemeinheit an der Durchsetzung der Regelungen des TPG und mithin einer gerechten Verteilung der zur Verfügung stehenden Organe.[371] Indem bei der gerichteten Leichenspende ein Organ einem vom Spender bzw. von den Angehörigen bestimmten Empfänger übertragen wird und somit die Verteilungskriterien, die unsere Rechtsordnung vorsieht, übergangen werden, ist das Interesse der Allgemeinheit an einer gerechten Organallokation betroffen.

Eine Interessenabwägung müsste nun ergeben, dass der Eingriff verhältnismäßig ist. Dies ist der Fall, wenn das geschützte Interesse das beeinträchtigte Interesse überwiegt. Hierbei kann auf die Aufzählung der Rechtsgüter in § 34 StGB Bezug genommen werden, aus der sich zugleich eine Wertigkeit der Rechtsgüter ergibt.[372] Demzufolge genießt das Leben der Organempfänger die allerhöchste Wertigkeit vor anderen Rechtgütern, mithin vor dem Schutz der Interessen der Allgemeinheit an der Wahrung der Verteilungsgerechtigkeit. Die Interessenabwägung fällt daher zugunsten des Lebensschutzes aus.

Außerdem muss die Handlung, die Transplantation auf den benannten Empfänger, trotz Unvereinbarkeit mit den Normen des TPG angemessen sein. Daran würde es fehlen, wenn für die Abwendung der Gefahr andere rechtlich geordnete

---

369 Sasse, Zivil- und strafrechtliche Aspekte der Veräußerung von Organen Verstorbener und Lebender, S. 161, ebenso Wolfslast, in: MMW 1982, 105 (107).

370 Näheres zum postmortalen Persönlichkeitsrecht bei einer postmortalen Organentnahme siehe Müller, Postmortaler Rechtsschutz – Überlegungen zur Rechtssubjektivität Verstorbener, S. 187 ff.

371 So auch Lautenschläger, Der Status ausländischer Personen im deutschen Transplantationssystem, S. 118.

372 Joecks, StGB, § 34 Rn. 24.

Verfahren zur Verfügung stünden. Vorliegend ist dies gerade nicht der Fall, da wie bereits dargelegt, eine Übertragung des Organs den Regeln des Transplantationsrechts widerspricht.

Auch ein Handeln des Arztes in Kenntnis der Notstandslage kann bezüglich der gerichteten Organspende bejaht werden, weil diesem zumindest die benannte, sich in Lebensgefahr befindliche, Person bekannt ist. Die Unkenntnis der Personen, welche die übrigen explantierten Organe erhalten werden, schadet hier nicht. Es soll hier davon ausgegangen werden, dass der Arzt handelt, um die Lebensgefahr des auf ein Spenderorgan wartenden Patienten abzuwenden.

So kann im Ergebnis auch das Vorliegen einer Notstandslage und des subjektiven Rechtfertigungselements bejaht werden.

2. Zwischenergebnis

Ein Rückgriff auf den rechtfertigenden Notstand gemäß § 34 StGB verbietet sich, wie dargelegt, bei der gerichteten Organspende grundsätzlich nicht.[373] Vielmehr kann die Organentnahme und Organübertragung auf einen bestimmten Empfänger unter Umgehung des Organallokationsprozesses, so bei der gerichteten Leichenspende, im Einzelfall gerechtfertigt sein. Eine dauerhafte Lösung kann der Rückgriff auf § 34 StGB jedoch nicht darstellen,[374] denn das Rechtsinstitut darf jedenfalls nicht dazu dienen, die Vorschriften des TPG systematisch zu umgehen und diese so auszuhöhlen.

II. § 8 Abs. 1 S. 2 TPG analog i. V.m. dem postmortal fortwirkenden Selbstbestimmungsrecht des potentiellen Spenders

Möglicherweise kommt eine die Zulässigkeit der gerichteten Leichenspende begründende analoge Anwendung von § 8 Abs. 1 S. 2 TPG in Verbindung mit dem fortwirkenden Selbstbestimmungsrecht des gewillten Spenders für den Fall in

---

373 Anderer Ansicht jedoch Satzger/Schmitt/Widmaier-Rosenau, StGB, § 34 Rn. 34, welcher den Fall außer Acht lässt, dass auch der Verstorbene selbst zu Lebzeiten in die postmortale Organspende nur unter der Bedingung der Transplantation eines Organs auf einen bestimmten Verwandten eingewilligt hat.

374 So im Ergebnis auch Diettrich, Organentnahme und Rechtfertigung durch Notstand, S. 136.

Betracht, in dem er selbst einen Empfänger innerhalb der Grenzen des § 8 Abs. 1 S. 2 TPG bestimmt hat. Dann könnte die Einschränkung des Empfängerkreises für die Lebendspende, welche die Übertragung nur auf Verwandte ersten oder zweiten Grades, Ehegatten, eingetragene Lebenspartner, Verlobte oder andere Personen, die dem Spender in besonderer persönlicher Verbundenheit offenkundig nahestehen zulässt, auch auf die Leichenspende angewendet werden und so zur Zulässigkeit der gerichteten Leichenspende führen. Eine analoge Anwendung der Vorschrift für die Entnahme von Organen und Geweben bei lebenden Spendern auf die Leichenspende ist möglich, wenn diesbezüglich eine unbeabsichtigte Regelungslücke besteht und eine vergleichbare Sach- und Interessenlage vorliegt.[375]

1. Unbeabsichtigte Regelungslücke

Das TPG müsste nun zunächst eine vom Gesetzgeber unbeabsichtigte Regelungslücke hinsichtlich der gerichteten Organspende nach dem Tod enthalten. Im Gegensatz zur gerichteten Lebendspende ist die Leichenspende an bestimmte Personen gesetzlich weder ausdrücklich verboten noch gestattet. Jedoch kann die Spendeerklärung zur postmortalen Entnahme von Organen, wie aufgezeigt, gemäß § 2 Abs. 2 S. 2 TPG zumindest auf bestimmte Organe beschränkt werden. Der Gesetzgeber war sich folglich über die Modifizierbarkeit der Erklärung auch bei der postmortalen Spende im Klaren. Fraglich bleibt jedoch weiterhin, ob der Gesetzgeber die spezielle Problematik der Beschränkung der Einwilligung auf bestimmte Personen zwar gesehen hat, aber bewusst ungeregelt ließ, oder ob er sich dieses Problemfeldes gänzlich unbewusst war.

Die Gesetzgebungsmaterialien sind im Hinblick auf diese Fragestellung wenig aufschlussreich. Hinweise darauf, dass im Zuge der Schaffung des § 2 Abs. 2 S. 2 TPG bzw. des § 8 Abs. 2 S. 2 TPG auch die Beschränkbarkeit des Empfängerkreises bei der Leichenspende diskutiert wurde, finden sich nicht. Auch von einem enumerativen Charakter der Vorschrift des § 2 Abs. 2 S. 2 TPG diesbezüglich ist, wie bereits untersucht wurde, nicht auszugehen, weil der Gesetzgeber bei der Schaffung dieser Regelung u. a. die Stärkung des Vertrauens der Bevölkerung durch eine Stärkung des Selbstbestimmungsrechts des potentiellen Spenders beabsichtigt hat. Des Weiteren kann die unterschiedliche Interessenlage und Schutzbedürftigkeit von Lebend- und Leichenspende als Indiz für die Absichtslosigkeit herangezogen

---

375 Larenz, Methodenlehre der Rechtswissenschaft, S. 381 ff.

werden. Aus Sicht des Gesetzgebers ist der Lebendspender sehr viel schutzbedürftiger als ein Leichenspender, weil für diesen mit der Spende eine Verletzung der eigenen körperlichen Integrität ohne einen individuellen Nutzen für den Substanzgeber einhergeht.[376]

Dies spricht dafür, dass sich der Gesetzgeber bei der Schaffung des TPG vordergründig mit dem intensiven Schutz des Lebendspenders u. a. durch die Begrenzung des Empfängerkreises, jedoch nicht mit der Möglichkeit der gerichteten Leichenspende auseinandergesetzt hat.[377] Somit kann hier von einer unbeabsichtigten Regelungslücke ausgegangen werden.

2. Vergleichbare Sach- und Interessenlage

Weiterhin müsste, um die Vorschrift des § 8 Abs. 1 S. 2 TPG analog auf die gerichtete Leichenspende anwenden zu können, eine vergleichbare Sach- und Interessenlage bezüglich gerichteter Lebend- und Leichenspende bestehen.

Die Einschränkung des Empfängerkreises für eine Lebendspende in § 8 Abs. 1 S. 2 TPG dient vorrangig dem Schutz des lebenden Spenders. Die Organentnahme stellt für den Lebendspender keinen Heileingriff, sondern vielmehr einen Eingriff dar, welcher ihm körperlich schadet und seine Gesundheit gefährden könnte. So ist mit ihr u. a., abhängig vom gespendeten Organ, ein gewisses Mortalitätsrisiko, das Risiko von Wundinfekten oder Wundblutungen oder die Gefahr einer Lungenembolie verbunden. Insofern muss der Spender in gewisser (paternalistischer) Weise vor sich selbst geschützt werden.[378] Außerdem bezweckt die Beschränkung des Empfängerkreises, dass die Freiwilligkeit der Spendeentscheidung gesichert sein soll. Der Gesetzgeber geht äußerst zweifelhaft[379] davon aus, dass eine Spende an nahe Angehörige oder in besonderer persönlicher Verbundenheit nahestehende

---

376 Hierzu bereits siehe unter E. I. 5.–7.

377 Hiervon geht auch Opper aus, siehe: Die gerechte und rechtmäßige Verteilung knapper Organe, S. 222.

378 So auch die Begründung in BVerfG, 1 BvR 2181/98 vom 11.08.1999, Absatz-Nr. 71 und 82; BT-Drs. 13/4355, S. 20.

379 Fateh-Moghadam/Schroth/Gross/Gutmann, Die Praxis der Lebendspendekommissionen, S. 174 m.w.N.; auch Kliemt macht darauf aufmerksam, dass das Leid der Angehörigen auch dann Hilfsbereitschaft erzeugen könne, wenn dies im Widerspruch zu langfristigen Interessen steht, siehe Kliemt, Zur Kommodifizierung menschlicher Organe im freiheitlichen Rechtsstaat, in: Taupitz (Hrsg.), Kommerzialisierung des menschlichen Körpers, S. 95 (101).

Personen sehr viel autonomer erfolge, als eine Spende an Personen, welche dem begrenzten Empfängerkreis nicht unterfallen. Darüber hinaus wird intendiert, dem Organhandel vorzubeugen.[380]

Bei der Leichenspende hingegen muss der tote Spender naturgemäß nicht vor gesundheitlichen Schäden bewahrt werden. Zwar besteht auch hier ein Interesse Organhandel zu verhindern, welcher beispielsweise durch Zusicherung von Zahlungen an Hinterbliebene des Organgebers betrieben werden könnte (hierzu bereits unter E.III.4.c.). Hauptsächlich soll jedoch die Verteilungsgerechtigkeit geschützt und allen Bedürftigen der gleiche Zugang zu einem lebensrettenden Organ ermöglicht werden.[381] Dies kann nur sichergestellt werden, wenn objektive und transparente Kriterien für die gerechte Verteilung von Lebenschancen existieren, auf deren Einhaltung geachtet wird.

Der Hinweis darauf, bei der Lebendspende bestünde die Situation, dass aus einer engen persönlichen Verbundenheit heraus einem nahen Angehörigen das Weiterleben ermöglicht werden soll, wobei bei der Leichenspende eine enge persönliche Verbundenheit im Zeitpunkt der Erklärung der Einwilligung nicht vorhanden sein soll,[382] überzeugt indes nicht. Es ist nicht ersichtlich, warum zu Lebzeiten keine derart enge persönliche Verbundenheit zwischen potentiellem Spender und gewünschtem Empfänger bestehen soll, dass sich aus der Zulässigkeit der gerichteten Lebendspende nichts für die Zulässigkeit der Leichenspende ableiten ließe. Vielmehr erscheinen die Situationen insofern vergleichbar, dass die Sorge um das Wohlergehen und die Gesundheit des gewünschten Organempfängers leitendes Motiv für die Abgabe der Erklärung gewesen sind. Allein der Tod des potentiellen Spenders vermag die bestehende Verbundenheit nicht völlig aufzuheben. Der potentielle Spender ist über seinen eigenen Tod hinaus darauf bedacht und es kommt ihm gerade darauf an, dass es der ihm nahestehenden kranken Person gesundheitlich besser geht und er mit seiner Spende zur Genesung beitragen kann. Ansonsten hätte er die Einwilligung nicht derart beschränkt. Kein anderes Ziel hat der Lebendspender vor Augen. Allein die pauschale Behauptung, eine Verbundenheit über den Tod hinaus könne nicht bestehen, trägt daher nicht und ist entschieden abzulehnen.

---

380 BT-Drs. 13/4355, S. 20; Pfeiffer, Die Regelung der Lebendorganspende im Transplantationsgesetz, S. 100; Kritisch hierzu: Rixen, Die geltende Reglung zur Lebendspende, S. 75.

381 BT-Drs. 13/4355, S. 11.

382 So Koch, Persönlichkeitsrechtsschutz bei der postmortalen Organentnahme zu Transplantationszwecken in Deutschland und Frankreich, S. 169.

Im Hinblick auf die unterschiedlichen Schutzrichtungen von Lebend- und Leichenspende, die sich aus der Natur der Sache ergeben, kann von einer vergleichbaren Sach- und Interessanlage folglich nicht gesprochen werden. Insofern kann auch im Fall der Empfängerbestimmung durch die Angehörigen eine analoge Anwendung des § 8 Abs. 1 S. 2 TPG i.V.m. dem Totensorgerecht nicht zur Zulässigkeit einer entsprechenden Transplantation führen.

3. Zwischenergebnis

Es bleibt festzustellen, dass vom Gesetzgeber die Problematik der gerichteten Leichenspende als solche wohl übersehen wurde und deshalb von einer unbeabsichtigten Regelungslücke gesprochen werden kann. Doch scheitert eine mögliche analoge Anwendung der Vorschrift des § 8 Abs. 1 S. 2 TPG an der dargelegten unterschiedlich gearteten Interessenlage bezüglich Lebend- und Leichenspende. Somit scheidet eine analoge Heranziehung von § 8 Abs. 1 S. 2 TPG zur Herleitung der Zulässigkeit der gerichteten Leichenspende aus.

III. Teleologische Reduktion bzw. verfassungskonforme Rechtsauslegung von § 9 Abs. 2 S. 3 TPG

Der Gesetzgeber hatte, wie eine Sichtung der Gesetzgebungsmaterialien offenbart, bei Erlass der Vorschrift des § 9 Abs. 2 S. 3 TPG die Möglichkeit einer individuellen Empfängerkreisbeschränkung nicht bedacht bzw. vordergründig die Stärkung des Vertrauens der Bevölkerung in einen transparenten Organspendeprozess und eine gerechte Organverteilung bezweckt.[383] Zu denken ist daher an eine teleologische Auslegung des § 9 Abs. 2 S. 3 TPG, eine Ausdehnung also, welche den Sinn und Zweck der Regelung berücksichtigt, mit der die Zulässigkeit der gerichteten Leichenspende verbunden sein könnte. Denn nach dem Wortlaut der Vorschrift jedenfalls ist die Übertragung vermittlungspflichtiger Organe nur zulässig, wenn die Organe durch die Vermittlungsstelle, namentlich Eurotransplant, unter Beachtung der Regelungen nach § 12 TPG vermittelt worden sind. Eine erweiternde Auslegung könnte zu dem Ergebnis führen, dass auch die gerichtete Leichenspende von der in Rede stehenden Norm umfasst ist. Auch eine

---

383 BT-Drs. 13/4355, S. 21 f.

verfassungskonforme Auslegung des § 9 Abs. 2 S. 3 TPG ist in Erwägung zu ziehen, soweit die Vorschrift gegen Verfassungsrecht verstößt.

1. Sinn und Zweck der Regelung

Für den Staat und seine Organe, mithin auch dem Gesetzgeber, ergibt sich aus Art. 2 Abs. 2 S. 1 GG das objektiv-rechtliche Handlungsgebot, das Recht auf Leben und körperliche Unversehrtheit zu fördern und zu schützen, sich folglich für die Erhaltung des Lebens und die Leidensmilderung aller Patienten gleichermaßen einzusetzen.[384] So folgt aus Art. 2 Abs. 2 S. 1 i.V.m. Art. 3 Abs. 1 GG gar ein derivativer Teilhabeanspruch all jener Menschen, die eine Organtransplantation benötigen, auf gleichen Zugang zu den vorhandenen Organtransplantationskapazitäten.[385] Transparente Verfahrensregelungen, welche Missbräuchen vorbeugen sollen sowie Chancengleichheit, die sich aus einer Organzuteilung nach rein objektiven Kriterien ergeben soll,[386] sind daher die Hauptgründe des Gesetzgebers gewesen, vermittlungspflichtige Organe allein über Eurotransplant entsprechend der Regeln, die dem Stand der medizinischen Wissenschaft entsprechen, insbesondere nach Erfolgsaussicht und Dringlichkeit (§ 12 Abs. 3 TPG), vermitteln zu lassen. Hintergründig verfolgt er so das Ziel, jedem den gleichen Zugang zu den begrenzten Ressourcen zu ermöglichen und zu vermeiden, dass der Allokationsprozess anstelle von wissenschaftlich fundierten Kriterien von individuellen Wünschen abhängig gemacht, oder durch vom Spender willkürlich auserwählte Bedingungen beeinflusst wird.

Wie die Ausführungen bereits zeigen konnten, hat dies bei sachlich nicht zu rechtfertigenden Diskriminierungen ebenso wie bei Verstößen gegen das Organhandelsverbot aus § 17 TPG durchaus seine Berechtigung.

---

384 BVerfGE 39, 1 (36 ff., 42); 45, 187 (254 f.); 46 160 (164 f.); 49, 89 (132, 141 f.); 53, 30 (57 f.); 56, 54 (73); 77, 170 (214); 77, 381 (402 f.); 79, 174 (201 f.); 85, 191 (212); 88, 203 (251); 90, 145 (195); von Münch/Kunig, GG, Art. 2, Rn. 67 u. 72; Jarass/Pieroth/Jarass, GG, Art. 2 Rn. 91; Lang bezeichnet Art. 2 Abs. 2 S. 1 GG daher zutreffend als „zentralen Ort der Herleitung staatlicher Schutzpflichten", in: Epping/ Hillgruber-Lang, GG, Art. 2, Rn. 74; Steiner, in: MedR 2003, 1 (3).

385 Dreier/Schulze-Fielitz, GG, Art. 2 II, Rn. 96; Gutmann/Fateh-Moghadam, in: NJW 2002, 3365 (3366).

386 Dass freilich auch dieses objektive System nicht gänzlich frei von etwaigen Bevor- bzw. Benachteiligungen ist haben die Ausführungen unter F. I. 1. gezeigt.

2. Verstoß gegen Verfassungsrecht

Möglicherweise könnte jedoch der Ausschluss einer jeglichen Empfängerwidmung für ein postmortal zu spendendes Organ, welche gleichsam mit der Regelung des § 9 Abs. 2 S. 3 TPG i.V.m. § 12 Abs. 3 S. 1 TPG verbunden ist, gegen Verfassungsrecht verstoßen. In Betracht kommt hier ein nicht zu rechtfertigender Eingriff in das nach dem Tod fortwirkende Selbstbestimmungsrecht des potentiellen Spenders über den eigenen Körper aus Art. 2 Abs. 1 i.V.m. Art. 1 Abs. 1 GG sowie ein Verstoß gegen Art. 6 Abs. 1 GG bzw. Art. 6 Abs. 2 GG im Falle der Spende unter der Bedingung, ein Organ solle auf ein Familienmitglied übertragen werden. Auch Art. 3 Abs. 1 GG könnte durch eine ungerechtfertigte Ungleichbehandlung von Lebend- und Leichenspende betroffen sein.

3. Verstoß gegen das postmortal fortwirkende Selbstbestimmungsrecht des spendebereiten Transplantatgebers

Zunächst gilt es zu untersuchen, ob ein mit der sich aus § 9 Abs. 2 S. 3 i.V.m. § 12 Abs. 3 S. 1 TPG ergebenden Pflicht, sämtliche vermittlungspflichtigen postmortal gespendeten Organe allein über die Vermittlungsstelle unter Beachtung der Regelungen nach § 12 TPG zu vermitteln verbundener Ausschluss einer Empfängerwidmung möglicherweise in unzulässigem Maße in das Persönlichkeitsrecht des potentiellen Spenders auf freie Selbstbestimmung über den eigenen Körper eingreift.

a) Schutzbereich

Das Selbstbestimmungsrecht über den Körper auch über den Tod hinaus und mithin das Recht, Bestimmungen über einzelne Bestandteile des eigenen Körpers zu treffen, müsste dem Schutzbereich des allgemeinen Persönlichkeitsrechts unterfallen. Die Einordnung wird vorliegend erschwert, indem der potentielle Spender seine Erklärung zwar zu Lebzeiten abgibt, die Situation, in welcher sie zur Anwendung kommen soll, jedoch erst nach seinem Tod eintritt. Der personelle Schutzbereich des Art. 2 Abs. 1 GG erstreckt sich jedoch nur auf natürliche, wenigstens potentiell oder zukünftig handlungsfähige Personen[387], während

---

387 BVerfGE 30, 194; Dreier-Dreier, GG, Art. 2 Abs. 1, Rn. 46; Schmidt-Bleibtreu/Hofmann/Hopfauf-Hofmann, GG, Art. 1 Rn. 58.

das postmortale Persönlichkeitsrecht lediglich die defensive Komponente des Persönlichkeitsschutzes erfasst.[388] Insofern ist fraglich, ob der Erklärende noch zu Lebzeiten oder erst nach dem Tod betroffen ist.

Ein Blick in die Bestimmungen des Transplantationsgesetzes zeigt, dass diese von einer Dispositionsbefugnis über den eigenen Körper und dessen Teilen zu Lebzeiten ausgehen, wie die Vorschriften der §§ 3 und 4 TPG verdeutlichen. Noch lebzeitig sollen Verfügungen für die Zeit nach dem Tod getroffen werden. Subjekt kann folglich nur der lebende Mensch sein. Insofern richtet sich das Transplantationsgesetz an den Lebenden, eine Verletzung von Art. 2 Abs. 1 i.V.m. Art. 1 Abs. 1 GG ist folglich nicht von vornherein ausgeschlossen.

Auch sachlich müsste die in Frage stehende Konstellation vom Schutzbereich des allgemeinen Persönlichkeitsrechts umfasst sein. Nach einhelliger Rechtsprechung lässt sich der Schutz des Persönlichkeitsrechtes des Menschen über den Tod hinaus allein und unmittelbar aus Art. 1 Abs. 1 GG ableiten, wonach die Würde des Menschen unantastbar ist.[389] Von der Rechtsprechung mangels ausdrücklicher Nennung im Grundrechtskatalog des Grundgesetzes entwickelt[390], schützt es „die engere persönliche Lebenssphäre und die Erhaltung ihrer Grundbedingungen [...], die sich durch die traditionellen konkreten Freiheitsgarantien nicht erfassen lassen"[391]. Nun endet zwar die Rechtsfähigkeit des Menschen gem. § 1 BGB mit dem Tod, jedoch darf „die in Art. 1 I aller staatlichen Gewalt auferlegte Verpflichtung, dem Einzelnen Schutz gegen Angriffe auf seine Menschenwürde

---

388 Luther, Postmortaler Schutz nichtvermögenswerter Persönlichkeitsrechte, S. 58.

389 Grundlegend die sog. Mephisto-Entscheidung des BVerfG, siehe BVerfGE 30, 173 (194); sowie BGHZ 107, 384 (391), BGH, Urt. 6.12.2005, NJW 2006, 605 (606). In der früheren Rechtsprechung des BGH (siehe BGHZ 50, 133 [138]) und auch von einigen Vertretern im Schrifttum (u. a. Schack, in: JZ 1989, 609 (610), Kramer, Rechtsfragen der Organtransplantation, S. 65) wurde der postmortale Persönlichkeitsschutz neben Art. 1 Abs. 1 GG auch aus Art. 2 Abs. 1 GG hergeleitet, da er der postmortalen Vervollkommnung des lebzeitigen Persönlichkeitsschutzes diene. Diese Argumentation wurde vom Bundesverfassungsgericht jedoch rigoros abgelehnt, da ein Grundrechtsschutz aus Art. 2 Abs. 1 GG wenigstens die Existenz einer potentiell oder zukünftig handlungsfähigen Person voraussetze (BVerfG, NJW 2001, 2957 [2958]). Ein Toter könne sich daher schwerlich auf die allgemeine Handlungsfreiheit berufen. Mittlerweile hat sich der BGH dieser Argumentation angeschlossen, s.o.

390 Zur Entwicklung und Einordnung des allgemeinen Persönlichkeitsrechts gem. Art. 2 Abs. 1 i.V.m. Art. 1 Abs. 1 GG siehe Degenhart, in: JuS 1992, 361 ff.

391 BVerfGE 19, 54, 148 (153); 155 (170); kritisch im Hinblick auf die einhergehende Verkomplizierung der Konkurrenzlage der Grundrechte Höfling, in: Sachs (Hrsg.), GG, Art. 1 Rn. 66.

zu gewähren, nicht mit dem Tode"[392] enden.[393] So muss der Eigenwert des Menschen[394] auch nach seinem Tod geachtet und der Wille des Verstorbenen auch über seinen Tod hinaus beachtet und ihm, soweit erforderlich, zur Geltung verholfen werden. Entscheidend für die Fortwirkung des Persönlichkeitsrechts über den Tod hinaus ist hierbei, dass die Verhaltensweise zu Lebzeiten von dem Bewusstsein beeinflusst wird, dass eine zu Lebzeiten getroffene Entscheidung nach dem Tod Beachtung finden wird. Eine Beschränkung des Selbstbestimmungsrechts ausschließlich auf die Lebenszeit würde sich daher unmittelbar auf die Handlungsfreiheit auswirken.[395]

Doch nicht immer bedeutet der Schutz einer über den Tod hinaus wirkenden Selbstbestimmung die Anerkennung einer über den Tod fortwirkenden Persönlichkeit des Verstorbenen, sondern die Anerkennung des Rechts des Lebenden, in Ausübung der persönlichen Selbstbestimmung Anordnungen zu treffen, die erst nach dem Tod rechtliche Verbindlichkeit entfalten.[396] Die Entscheidung darüber, was nach dem Tod mit dem Körper und dessen Bestandteilen passieren soll kann der Einzelne nur zu Lebzeiten treffen und hierbei muss er sich sicher sein können, dass diese Entscheidung über den Tod hinaus anerkannt und beachtet wird. Denn in dem Zeitpunkt, in welchem die Verfügung ihre Wirkung entfaltet, gibt es für den Verfasser keine Möglichkeit mehr auf deren Durchsetzung zu bestehen; er ist in diesem Moment besonders schutzwürdig.[397] Objekt des allgemeinen

---

392 BVerfGE 30, 173 (194).
393 Positiv gesetzlich festgesetzt ist die Beachtlichkeit des Willens des Verstorbenen auch über seinen Tod hinaus vor allem in den Regelungen des Erbrechts, so besteht z. B. die Möglichkeit zur Errichtung eines Testaments (§§ 2064 ff. BGB), wobei es sich um eine sog. letztwillige Verfügung handelt; auch in den §§ 22 S. 3 KUG und 64 UrhG sowie den §§ 168, 189 StGB wird die Persönlichkeit des Verstorbenen unter einen besonderen rechtlich Schutz gestellt.
394 Koch, Persönlichkeitsschutz bei der postmortalen Organentnahme zu Transplantationszwecken in Deutschland und Frankreich, S. 53 f., welche zudem zutreffend auf die Auswirkungen des Wissens um die Achtung bzw. Nichtachtung des Willens nach dem Tode auf die Verhaltensweise zu Lebzeiten hinweist.
395 BGHZ 50, 133 (138 f.); Kübler, Verfassungsrechtliche Aspekte der Organentnahme zu Transplantationszwecken, S. 62.
396 Hirsch/Schmidt-Didczhun, Transplantation und Sektion, S. 47.
397 Diese Situation ist vergleichbar mit der einer unwiederbringlich im Sterbeprozess befindlichen Person, welche eine Patientenverfügung verfasst hat. Auch hier muss diese darauf vertrauen können, dass die behandelnden Ärzte ihren Willen achten und dem Verfügten zur Geltung verhelfen. Der Verfasserin ist hierbei durchaus bewusst, dass

Persönlichkeitsrechtes können mithin auch Bestimmungen darüber sein, wie mit dem Leichnam umgegangen werden soll.

Bei der vorliegend zu untersuchenden Fallgestaltung trifft ein Mensch lebzeitig Vorkehrungen darüber, wie nach seinem Tod mit seinen Organen zu verfahren ist. Diese Bestimmungen zur Organspende, die eine höchstpersönliche Sphäre betreffen, sind somit postmortal für die am Organspendeprozess Beteiligten verbindlich. Gerade auch die Tatsache, dass die Zulässigkeit bzw. Unzulässigkeit einer Organentnahme (abgesehen von der Möglichkeit der Einholung einer Zustimmung der Angehörigen nach § 4 Abs. 1 TPG) an das Vorliegen einer Einwilligung bzw. eines Widerspruchs des Verstorbenen geknüpft ist, unterstützt diese Argumentation und den Achtungsanspruch einer solchen „Körperverfügung von Todes wegen" staatlicherseits.

Angewandt auf die Organspende nach dem Tod ist die gem. § 3 Abs. 1 Nr. 1 TPG erforderliche Einwilligung des Spenders, welche gerade erst nach dem Tod ihre Wirksamkeit entfaltet, bzw. die, falls eine solche schriftliche Einwilligung nicht vorhanden ist, gem. § 4 Abs. 1 S. 4 TPG von den Angehörigen einzuholende und am (mutmaßlichen) Willen des Verstorbenen orientierte Zustimmung, Ausfluss des grundrechtlich garantierten Selbstbestimmungsrechts über den Körper und seiner Bestandteile[398], welches wiederum dem Schutzbereich des durch Art. 2 Abs. 1 i.V.m. Art. 1 Abs. 1 GG zugesicherten, in diesem Fall nachwirkenden, Persönlichkeitsrechts unterfällt. Bei der Befugnis sich zur eigenen Organspendebereitschaft zu erklären, geht es nicht um den Schutz des Verstorbenen nach seinem Ableben, sondern um die Anerkennung einer selbstbestimmten Spendeentscheidung zu Lebzeiten.[399] Folglich sind zudem auch Beschränkungen der

---

diese Verfügung noch zu Lebzeiten Beachtung findet, doch ist die staatliche Schutzpflicht nach der hier vertretenen Auffassung durchaus vergleichbar.

398 Maurer spricht in diesem Zusammenhang zutreffend davon, dass es für den Spender um die Frage gehe, „ob ein Stück seiner selbst, also seiner körperlich-geistigen Einheit, später in einem anderen Körper als dessen Teil weiterleben soll, ob – um es an einem Beispiel bewusst zugespitzt zu formulieren – sein Herz später in einer fremden Brust weiterschlagen soll.", siehe: Maurer, in: DÖV 1980, 7 (11). Interessanterweise weist Maurer in diesem Zusammenhang auf die Wahrscheinlichkeit eines „beglückenden Gefühls" hin, wenn es sich um die Spende an einen nahen Verwandten handelt. Diese Einschätzung Maurers verdeutlicht, dass er anscheinend von der Möglichkeit einer gerichteten Leichendspende ausgeht, diese zumindest für zulässig erachtet.

399 BK-Lorenz, GG, Art. 2 Abs. 1, Rn. 308; Hirsch/Schmidt-Didczuhn, Transplantation und Selektion. Die rechtliche und rechtspolitische Situation nach der Wiedervereinigung, S. 47; Borowy, Die postmortale Organentnahme und ihre zivilrechtlichen Folgen, S. 70; Maurer, in: DÖV 1980, 7 (10).

Einwilligung zur Organspende bzw. die Zustimmungserklärung der Angehörigen soweit sie am Willen des Verstorbenen orientiert ist, welche die Transplantation vermittlungspflichtiger Organe auf einen individuell bestimmten Empfänger vorsehen, vom Schutzbereich des Art. 2 Abs. 1 i.V.m. Art. 1 Abs. 1 GG umfasst. Der Schutzbereich ist mithin eröffnet.

b) Eingriff in den Schutzbereich

Des Weiteren müsste in den Schutzbereich des Selbstbestimmungsrechts eingegriffen worden sein, indem der Gesetzgeber die Vermittlung von vermittlungspflichtigen Organen allein durch die Vermittlungsstelle unter gleichzeitiger Beachtung verschiedener Allokationskriterien zulässt.

Nach dem heranzuziehenden modernen Eingriffsbegriff [400] meint „Eingriff" jedes staatliche Handeln, das dem Einzelnen ein Verhalten, das in den Schutzbereich eines Grundrechts fällt, ganz oder teilweise unmöglich macht, wobei gleichgültig ist, ob diese Wirkung final oder unbeabsichtigt, unmittelbar oder mittelbar, rechtlich oder tatsächlich, mit oder ohne Befehl und Zwang eintritt.[401]

Das Recht, selbst bestimmen zu können, ob man Organspender sein möchte, oder ob man der Organspende zu Lebzeiten widerspricht, sowie das Recht, sich überhaupt nicht zur Spendebereitschaft zu äußern, werden jedem Einzelnen durch das Transplantationsgesetz eingeräumt. Das Gesetz sieht zudem vor, dass eine auf bestimmte Organe oder Gewebe beschränkte Spendebereitschaft manifestiert werden kann. Doch die Möglichkeit, den eigenen Organspendewillen mit der Transplantation des eigenen Organs auf einen bestimmten (nahestehenden) Menschen zu verknüpfen, wird dem Spendewilligen durch § 9 Abs. 2 S. 3 i.V.m. § 12 Abs. 3 S. 1 TPG genommen. Diese Regelung hindert den Spender gerade daran, sein Selbstbestimmungsrecht im Hinblick auf eine individuelle Spenderwidmung auszuüben, indem der Allokationsprozess ohne eine diesbezügliche Einflussnahmemöglichkeit seitens des Transplantatgebers ausgestaltet ist. Ein Eingriff in das postmortale Persönlichkeitsrecht liegt mithin mangels der Möglichkeit der individuellen Einflussnahme auf den Organempfänger durch eine Begrenzung der Verfügungsbefugnis über die eigenen Organe mit der in Rede stehenden Regelung des TPG vor.

---

400 Teilweise vom BVerfG auch als „Beeinträchtigung" bezeichnet; der klassische Eingriffsbegriff wird mittlerweile als zu eng abgelehnt.
401 Pieroth/Schlink, Grundrechte, Staatsrecht II, § 6 Rn. 253.

c) Verfassungsrechtliche Rechtfertigung des Eingriffs

Die Begrenzung der Reichweite des Verfügungsrechts könnte jedoch verfassungsrechtlich gerechtfertigt sein, wenn diese von den Schranken des Grundrechts gedeckt ist. Auch wenn das Selbstbestimmungsrecht des Einzelnen zugleich dem Schutz von Art. 1 Abs. 1 GG unterliegt, so ist doch der Schutzbereich weiter gefasst als der des Art. 1 Abs. 1 GG. Schließlich soll die Korrelation mit der Menschenwürde vielmehr den Schutz des Einzelnen erhöhen und der Interpretationshilfe dienen, als das Selbstbestimmungsrecht für Einschränkungen jeglicher Art unzugänglich machen.[402] So ist das allgemeine Persönlichkeitsrecht nach Maßgabe des Schrankenvorbehalts des Art. 2 Abs. 1 GG vor allem durch die verfassungsmäßige Ordnung einschränkbar.[403] Eingriffe dürfen also lediglich durch Gesetz oder aufgrund eines Gesetzes erfolgen.

In Rede steht vorliegend eine Verletzung des grundrechtlich geschützten postmortalen Selbstbestimmungsrechts durch § 9 Abs. 2 S. 3 i.V.m. § 12 Abs. 3 S. 1 TPG, an dessen formeller Rechtmäßigkeit keine Zweifel bestehen. Als materiell rechtmäßig wäre die Regelung anzusehen, wenn die mit ihr verbundenen Grundrechtseingriffe verhältnismäßig wären. Dazu müsste sie ein legitimes Ziel verfolgen sowie geeignet, erforderlich und angemessen sein, um das Ziel zu erreichen.

Legitimes Ziel dieses Gesetzes ist es, so ist aus den Erläuterungen zu dem Gesetzesentwurf zu entnehmen, die Herstellung von Chancengleichheit für die auf die gleiche Organübertragung angewiesenen und wartenden Patienten sowie eine gerechte Verteilung der zur Verfügung stehenden Organe[404]. Dennoch, und allein hieran bestehen Zweifel, muss vom Gesetzgeber bei der Einwirkung auf die Grundrechte potentieller Leichenspender das Übermaßverbot beachtet bzw. der Grundsatz der Verhältnismäßigkeit gewahrt worden sein.[405]

(aa) Geeignetheit und Erforderlichkeit

Die in Rede stehende Regelung müsste folglich in tatsächlicher Hinsicht geeignet, erforderlich und angemessen sein, um Chancengleichheit und Verteilungsgerechtigkeit zu gewährleisten bzw. zu erreichen.

---

402 BVerfGE 99, 185 (195); Maunz/Dürig/Di Fabio, GG, Art. 2 Abs. 1, Rn. 128 u. 133; Murswiek, in: Sachs, GG, Art. 2 Rn. 103.

403 BVerfGE 65, 1 (44); 90, 263 (271); 97, 391 (401); Maunz/Dürig/Di Fabio, GG, Art. 2 Abs. 1, Rn. 133.

404 BT-Drs.: 13/4355, S. 21.

405 Ipsen, Staatsrecht II, Grundrechte, Rn. 169 ff.

Geeignet ist die Regelung des Transplantationsgesetzes, wenn sie den verfolgten Zweck zu erreichen vermag.[406] Die Vorgabe, dass vermittlungspflichtige Organe allein durch die Vermittlungsstelle unter Beachtung der Regelungen nach § 12 TPG vermittelt werden dürfen, ist aufgrund der Objektivität und Rationalität der zugrundeliegenden Kriterien durchaus geeignet, die genannten Ziele der Chancengleichheit und Allokationsgerechtigkeit zu erreichen.

Maßnahmen, die grundrechtseinschränkende Wirkungen entfalten, müssen zudem erforderlich sein, also von mehreren zur Verfügung stehenden Mitteln das mildeste sein, indem sie die grundrechtlichen Schutzgüter am wenigsten beeinträchtigen.[407] Vorliegend ist kein milderes Mittel als einer solchen gesetzlichen Regelung, welches die Vermittlung vermittlungspflichtiger Organe einer Vermittlungsstelle überträgt, wobei sich die Regeln, an denen sich die Vermittlung zu orientieren hat, dem Stand der Erkenntnisse der medizinischen Wissenschaft zu entsprechen haben, ersichtlich.

Kritisch anzumerken ist an dieser Stelle erneut, dass die individuelle Empfängerwidmung möglicherweise dazu führt, dass das entsprechende Organ überhaupt nicht dem zur Verteilung nach objektiven Kriterien offenstehenden Pool zugeführt wird, da es durch die Festlegung des Empfängers seitens des Spenders einer Allokation nicht mehr bedarf.[408] Wenn dem so wäre, würde es einer zentralen Allokation zum Zwecke der Chancengleichheit und Gerechtigkeit nicht entgegenstehen, wenn die in Rede stehende Vorschrift jene Organe, welche einem bestimmten Menschen übertragen werden sollen, als von dieser Verfahrensweise explizit ausgenommen erklären würde. Doch diese Zweifel an der Erforderlichkeit müssen zugunsten der sog. Einschätzungsprärogative des Gesetzgebers[409] dahinstehen. Von der Erforderlichkeit der Regelung des § 9 Abs. 2 S. 3 i.V.m. § 12 Abs. 3 S. 1 TPG ist mithin auszugehen.

(bb) Angemessenheit

Problematisch erscheint vorliegend jedoch das Kriterium der Angemessenheit[410] der Maßnahme gemessen am Zweck der Regelung. Die gesetzliche Regelung

---

406 Ebd., Rn. 176.
407 BVerfGE 30, 292 (316); 78, 38 (50); Ipsen, Staatsrecht II, Grundrechte, Rn. 178.
408 So Lautenschläger, Der Status ausländischer Personen im deutschen Transplantationssystem, S. 131.
409 Kirchhof, Begriff und Kultur der Verfassung, in: Depenheuer/Grabenwarter (Hrsg.), Verfassungstheorie, § 3 Rn. 80 ff.
410 Auch als Verhältnismäßigkeit im engeren Sinne oder Zumutbarkeit bezeichnet.

wäre trotz ihrer Geeignetheit und Erforderlichkeit als unverhältnismäßig anzusehen, wenn der Eingriff bzw. die Beeinträchtigung für den Einzelnen und der mit dem Eingriff verfolgte Zweck nicht in einem wohl abgewogenen Verhältnis zueinander stünden.[411] Kommt eine Abwägung nun zu dem Ergebnis, dass die Regelung als unverhältnismäßig anzusehen ist, so ist sie verfassungswidrig und als Grundrechtseinschränkung unzulässig.[412]

An dieser Stelle muss demnach eine Abwägung des gesetzgeberischen Ziels einer einheitlichen, gerechten und an medizinischen Kriterien ausgerichteten Organverteilung mit der Beachtlichkeit des Willens des geneigten postmortalen Organspenders erfolgen. Unbestritten ist, dass die Allokation der knappen Ressource „Organ" von staatlicher Seite zugunsten eines gerechten, durchsichtigen und vertrauenswürdigen Transplantationswesens durchaus anerkennenswert und akzeptabel ist. Eine Organverteilung an geeignete Patienten nach rein medizinischen Kriterien und zudem gemessen an Erfolgsaussicht und Dringlichkeit verhindert ein willkürliches System der Bevorzugung bzw. Benachteiligung und sichert einen allgemeinen und gleichen[413] Zugang zu einem lebensnotwendigen Spenderorgan. Doch darf dies zu einer gänzlichen Unbeachtlichkeit des Spenderwillens im Hinblick auf die hier im Mittelpunkt stehende gerichtete Leichenspende führen? Muss die Verfügungsbefugnis des potentiellen Spenders über den eigenen Körper tatsächlich in jedem Fall hinter dem staatlichen Ziel einer gerechten Organverteilung zurücktreten? Oder ist unter gewissen Umständen das Bestimmungsrecht über die eigenen Organe, speziell im Fall der Empfängerwidmung, als gegenüber einer allumfassenden staatlichen Steuerung höherrangig anzusehen?

d) Exkurs: Verfügungsbefugnis über den eigenen Körper bzw. Körperteile

Vorliegend bietet sich ein Exkurs verbunden mit der Fragestellung „Welche Verfügungsbefugnis hat der Mensch über den eigenen Körper bzw. Körperteile?" an, um das Gewicht des menschlichen Selbstbestimmungsrechts in einem adäquaten Maß in die Waagschale der Angemessenheitsprüfung zu legen. Beleuchtet man also die Frage, inwieweit der Mensch über seinen Körper bzw. über einzelne Teile seines Körpers verfügen kann, so gelangt man unweigerlich zunächst zu der

---

411 Pieroth/Schlink, Grundrechte, Staatsrecht II, Rn. 299.
412 Ipsen, Staatsrecht II, Grundrechte, Rn. 180.
413 Zu der Bevorzugung bestimmter Gruppen und der damit einhergehenden Durchbrechung der Allokationskriterien siehe unter F. I. 1.

Fragestellung der Eigentumsfähigkeit von Körper und Körperteilen. Denn hätte der Mensch Eigentum an seinem Körper, bzw. würden die Hinterbliebenen Eigentum an der Leiche des Verstorbenen erlangen, so könnte sich daraus eine möglicherweise Bindungswirkung entfaltende Verfügungsmöglichkeit ergeben. So muss für eine zielführende Betrachtung dieses Themengebietes eine trennscharfe Abgrenzung zwischen dem lebenden Körper und dem leblosen Körper erfolgen, bestehen hier doch grundlegende Unterschiede bei der Bestimmung der Rechtsverhältnisse, wie im Folgenden zunächst überblickartig zu zeigen sein wird.

(aa) Verfügungsbefugnis über den eigenen (lebenden) Körper und seine Bestandteile

Zunächst soll sich hier daher mit dem lebenden Körper befasst werden, geht doch diese „Phase" im Zirkel des Lebens jener voraus, in der sämtliche Lebensfunktionen erlöschen und der Körper als irdische Hülle der Seele zurückbleibt.[414]

(1) Eigentum am lebenden Körper

Zum Eigentum des Menschen an seinem Körper und den ungetrennten Bestandteilen hat bereits der römische Rechtsgelehrte *Ulpian* festgestellt, dass niemand als Eigentümer seiner Gliedmaßen gilt.[415] In den folgenden Jahrhunderten bis zum heutigen Tag haben sich zu diesem Themengebiet freilich diverse Literaturmeinungen herausgebildet, wobei die ganz überwiegende Auffassung jedoch die bereits vor ca. 1800 Jahren aufgestellte These stützt.[416] Begründet wird dies damit, dass der Körper zur Person gehöre und dem Schutz des Persönlichkeitsrechts unterfällt. Zudem werden Personen und Sachen auch in der Systematik des BGB gegenübergestellt, sodass der menschliche Körper nicht beides zugleich sein

---

414 Geisler spricht von Körper und Leib: „Körper habe ich, Leib bin ich. Der Leib erweist sich als mentale Repräsentation des Körpers.", in: Organ – Lebendspende. Routine-Tabubrüche-Systemtragik, Universitas Dezember 2004, S. 1215 (1220); a. A. Brunner, in: NJW 1953, 1173 (1174).

415 „Dominus membrorum suorum nemo videtur" (Digesta, 9, 2, 13 pr.).

416 Palandt/Ellenberger, BGB, § 90 Rn. 3; Staudinger/Jickeli/Stieper, BGB, § 90 Rn. 18; Prütting/Wegen/Weinreich/Völzmann-Stickelbrock, BGB, § 90 Rn. 6; Erman/Michalski, BGB, § 90 Rn. 5; jurisPK/Vieweg, BGB, § 90 Rn. 13; Larenz/Wolf, BGB AT, § 20 Rn. 7; Forkel, in: JZ 1074, 593 (594); Taupitz, in: JZ 1992, 1089 (1091); zum abzulehnenden alternativen Modell der sog. „Überlagerung", wonach am lebenden menschlichen Körper und dessen ungetrennten Teilen sowohl Eigentum wie auch Persönlichkeitsrecht besteht, dass Eigentum hieran jedoch vom Persönlichkeitsrecht überlagert wird, siehe Roth, Eigentum an Körperteilen, S. 10 ff.

kann.[417] Der stoffliche Anteil des Menschen ist einer eigentumsrechtlichen Betrachtung daher so lange unzugänglich, wie er mit Seele und Geist eine Einheit bildet. Aus der Ablehnung der Eigentumsfähigkeit des menschlichen Körpers und den mit ihm verbundenen Bestandteilen[418] aufgrund seiner Subjektqualität folgt, dass niemand mit dinglicher Wirkung wirksam darüber verfügen kann.

(2) Eigentum an abgetrennten Körperbestandteilen

Anders hingegen wird der Rechtsstatus von vom lebenden Körper getrennten Bestandteilen beurteilt.[419] Denn hierbei handelt es sich nicht mehr um Bestandteile eines lebenden Organismus, sondern um unbelebte Materie menschlichen Ursprungs, was die Behandlung als Sachen oder einer Sache ähnlich nahelegt.[420] Nahezu einheitlich wird dementsprechend das Bedürfnis zur Anwendung sachenrechtlicher Regelungen bejaht, wenngleich im Einzelnen verschiedene Ansätze verfolgt werden. Nach der *Überlagerungstheorie* wird bei vom lebenden Körper abgetrennten Körperteilen, anders als bei mit dem Körper verbunden Bestandteilen, die Überlagerung durch die persönlichkeitsrechtliche Stufe vollständig aufgehoben, sodass nun eine sachenrechtlichen Einordnung maßgebliches Kriterium ist.[421] Ein *sachenrechtlicher Ansatz* geht davon aus, dass die Körperteile mit ihrer Abtrennung zu Sachen i.S.d. § 90 BGB und somit eigentumsfähig werden.[422] Ein Eigentumserwerb des Substanzgebers erfolgt,

---

417 Statt vieler Soergel/Marly, BGB, § 90 Rn. 5; Deutsch/Spickhoff weisen außerdem darauf hin, dass im Falle der Annahme von Eigentum an Körper und Körperpartien Verfügungen hierüber möglich wären, was gewisse Sicherungsformen wie die Sicherungsübereignung oder den Eigentumsvorbehalt zumindest theoretisch in Betracht kommen ließe.

418 Auch mit dem Körper fest verbundene künstliche Bestandteile wie Herzschrittmacher o.ä. verlieren mit der Einfügung in den Körper ihre Sachqualität, siehe statt vieler jurisPK/Vieweg, § 90 Rn. 15.

419 Von der hier vorliegenden Betrachtung herausgelöster Substanzen wird die Keimzelle ausgeklammert. Hierfür wird auf die detaillierten Ausführungen von Roth, Eigentum an Körperteilen. Rechtsfragen der Kommerzialisierung des menschlichen Körpers, S. 72 ff. verwiesen.

420 Schnorrenberg, Zur Kommerzialisierung menschlicher Körpersubstanzen: Verstößt die Vereinbarung der Zahlung eines Entgelt an den Substanzspender gegen die Menschenwürde?, in: Potthast/Herrmann/Müller (Hrsg.), Wem gehört der menschliche Körper?, S. 223 (226).

421 Schünemann, Die Rechte am menschlichen Körper, S. 92 f.

422 Nach überwiegender Meinung anders, wenn es sich um getrennte Körperteile handelt, die zur Bewahrung von Körperfunktionen oder zur späteren Wiedereingliederung in den Körper vorgesehen sind (z.B. gespendetes Blut, Sperma und zur Transplantation

so argumentiert die überwiegende Anzahl der Vertreter dieses Ansatzes, automatisch aufgrund einer Fortsetzung des bisherigen Bestimmungsrechts als Folge der engen Verknüpfung von Körper und Persönlichkeit analog § 953 BGB.[423] Wegen einer wenig sachgerechten Berücksichtigung höchstpersönlicher Belange bei der eigentumsrechtlichen Einordnung von abgetrennten Körperteilen wird außerdem ein rein *persönlichkeitsrechtlicher Ansatz* vertreten.[424] Teilweise könnten demnach nach der Abtrennung vom Körper durch das Persönlichkeitsrecht geschützte achtenswerte Interessen des Substanzgebers fortbestehen, so beispielsweise im Falle einer Lebendspende, welche ein vom Spender ausgewählter Empfänger erhalten soll. Hier erhalten die Erwerber lediglich „ein den konkreten Zielen und Bedürfnissen" inhaltlich genau angepasstes Recht.[425] Das Eigentum hingegen lasse eine Berücksichtigung dieser höchstpersönlichen Belange jedenfalls nicht zu. Lediglich in Fällen, in denen die persönlichen Belange des Substanzgebers nicht entgegenstehen, könne eine sachenrechtliche Einordnung erfolgen.[426] Ein *weiterer Ansatz* lässt Eigentum und Persönlichkeitsrecht an den abgetrennten Körpersubstanzen nebeneinander bestehen, könnten doch genauere Untersuchungen der Substanz intime Informationen über den bisherigen Träger hervorbringen, was wiederum eine Persönlichkeitsrechtsverletzung zur Folge haben

---

entnommene Organe). Dann gehören diese mangels endgültiger Trennung weiterhin zum Schutzgut Körper und werden nicht zu beweglichen Sachen. Hierzu siehe BGH v. 09.11.1993 – VI ZR 62/93 – BGHZ 124, 52–57; Palandt/Ellenberger, BGB, § 90 Rn. 3; Forkel, in: JZ 1974, 593 (596). In der Folge wird eine Beschädigung bzw. Vernichtung nicht als Sachbeschädigung, sondern als Körperverletzung (Anwendung von §§ 823 Abs.1, 253 Abs. 2 BGB) qualifiziert. A.A. Marly für den Fall einer Spermaspende zum Zwecke einer späteren Substitution der verlorengegangen Fortpflanzungsmöglichkeit, weil dieses nicht mehr dem Körper des Spenders zugeführt werde, siehe Soergel/Marly, BGB, § 90 Rn. 8.

423 Soergel/Marly, BGB, § 90 Rn. 7; MK/Holch, BGB, § 90 Rn. 29; Prütting/Wegen/ Weinreich/Völzmann-Stickelbrock, BGB, § 90 Rn. 6; Roth, Eigentum an Körperteilen, S. 58 m.w.N. und S. 72; ein weiterer Ansatz wendet § 958 Abs. 2 BGB entsprechend an, wonach die abgetrennten Körperteile zunächst als herrenlose, dem Aneignungsrecht des Substanzträgers unterliegende Sachen angesehen werden, hierzu siehe Kallmann, in: FamRZ 1969, 572 (577).

424 Siehe Forkel, in: JZ 1974, 593 (596).

425 Ebd.

426 Dies sei regelmäßig dann der Fall, wenn den Substanzspender keine persönlichen Interessen mit dem abgetrennten Bestandteil seines Körpers verbinden. Als Beispielsfälle werden die Blut- bzw. Hornhautspende genannt, die zum Zwecke der Lagerung in einer Organbank erfolgt, siehe Forkel, ebd.; wohl ebenso Jansen, Die Blutspende aus zivilrechtlicher Sicht, S. 79 ff.

könnte.[427] Der *BGH* hingegen koppelt die rechtliche Einordnung der vom lebenden menschlichen Körper abgelösten Körpersubstanzen an das Vorliegen bzw. das Nichtvorliegen eines Wiedereingliederungswillens.[428] Im ersten Fall, also wenn die abgetrennte Substanz wieder in den Körper des Substanzgebers zurückgelangen soll, liege weiterhin eine funktionale Einheit zwischen Körperteil und Körper vor, sodass mit einer Beschädigung oder Vernichtung des herausgelösten Bestandteils eine Körperverletzung i.S.d. § 823 Abs. 1 BGB einhergeht.[429] Im zweiten Fall, der Abgabe der Körpersubstanz ohne den Willen, diese wieder in den Körper einzufügen, werde die Substanz zur Sache i.S.d. § 90 BGB, wobei jedoch gewisse persönlichkeitsrechtliche Beziehungen fortbestehen sollen, welche verhindern mögen, dass die Substanz in einer Art verwendet wird, die dem ausdrücklichen oder stillschweigenden Willen des ursprünglichen Trägers widerspricht.[430]

Allen Ansätzen gemein ist, dass unter gewissen Umständen an Körperteilen und – substanzen, die nicht mehr Bestandteil des Körpers sind, übertragbares Eigentum bestehen kann. Auf die Vorzugs- bzw. Kritikwürdigkeit des einen oder anderen Ansatzes kann an dieser Stelle nicht näher eingegangen werden.[431] Sachgerecht ist nach der hier vertretenen Auffassung der Eigentumserwerb des bisherigen Substanzträgers entsprechend dem Rechtsgedanken des § 953 BGB, wobei die Individualität des Trägers, insbesondere in Fällen der in dieser Arbeit thematisierten gerichteten Lebendorganspende einen zusätzlichen persönlichkeitsrechtlichen Schutz verlangt. Denn hier besteht ein besonderes Interesse des Spenders, das Organ zur Heilung einer von ihm individuell bestimmten Person zu verwenden, welchem durch die bloße Eigentümerstellung allein nicht angemessen Rechnung getragen wird. Eine Kombination von sachenrechtlichem und persönlichkeitsrechtlichem Schutz scheint daher die Errungenschaften der

---

427 „Es kann also ein Rückschluß auf die persönlichen Verhältnisse gezogen werden, der den ‚Geheim-‘ und ‚Intimbereich‘ einer Person nicht minder berühren kann, als es ein Rückschluß aus schriftlichen Äußerungen auf die Gedanken- und Geisteswelt einer Person tun könnte", Schröder/Taupitz, Menschliches Blut: verwendbar nach Belieben des Arztes?, S. 44, zustimmend Kutlu, AGB-Kontrolle bei stationärer Krankenhausaufnahme, S. 227.

428 BGHZ 124, 52 (55), BGH NJW 1994, 127 f., der genannten Entscheidung lag ein Schmerzensgeldprozess wegen der Vernichtung konservierten Spermas zugrunde.

429 BGH, a.a.O., wonach § 823 BGB als Ausprägung des Persönlichkeitsrechts den Körper als Basis der Persönlichkeit schützt.

430 Freund/Heubel, in: MedR 1995, 198; Schnorbus, in: JuS 1994, 830 (833).

431 Hierzu bereits ausführlich Tag, Der Körperverletzungstatbestand im Spannungsfeld zwischen Patientenautonomie und Lex artis, S. 102 ff. sowie Roth, Eigentum an Körperteilen, S. 63 ff.

modernen Transplantatiors- und Transfusionsmedizin mit den persönlichen Interessen der Substanzgeber adäquat in Einklang zu bringen. Mit der Einpflanzung in den Körper des Empfängers jedenfalls unterliegt das Organ dem persönlichkeitsrechtlichem Schutz des Inhabers.

(bb) Verfügungsbefugnis und Bestimmungsrecht über
eine Leiche bzw. Teile eines Toten

Die Rechtslage des Körpers ändert sich mit dem Tod einer Person, denn mit ihm endet die Rechtsfähigkeit des Verstorbenen[432], die einstige Rechtssubjektivität. Wie der körperliche Rückstand des Verstorbenen als Ganzes und hinsichtlich einzelner Teile zu behandeln ist, darüber besteht Uneinigkeit.

(1) Rechtliche Einordnung des Leichnams

Bereits die rechtliche Einordnung des Leichnams ist stark umstritten. Während sich überwiegende Teile der Literatur zustimmend zur Sacheigenschaft äußern[433], lehnt dies ein anderer Teil der Literatur unter Berufung auf einen Persönlichkeitsrückstand in Form der Leiche, welcher Gegenstand der Totenehrung sei, ab.[434] Nach dieser Ansicht verblasse der Persönlichkeitsrückstand und damit die Schutzbedürftigkeit des Verstorbenen nach und nach, sodass es sich erst dann um eine Sache handele, sobald von einer Leiche lediglich dass Skelett zurückgeblieben sei.[435] Dem besonderen Charakter einer Leiche würde mit einer sachenrechtlichen Einordnung nicht in ausreichendem Maße Rechnung getragen.[436]

---

432 BVerfGE 30, 173 (194)
433 Statt vieler Palandt/Ellenberger, BGB, Überbl. vor § 90 Rn. 11; juris PK/Vieweg, BGB, § 90 Rn. 16; Staudinger/Jickeli/Stieper, BGB, § 90 Rn. 28 m.w.N.; Roth, Eigentum an Körperteilen, S. 127 f; Eichholz, in: NJW 1968, 2272 f.; Görgens; in: JR 1980, 141.
434 Deutsch/Spickhoff, Medizinrecht, Rn. 857; Larenz/Wolf, BGB-AT, § 20 Rn. 9, Strätz, Zivilrechtliche Aspekte der Rechtsstellung des Toten, S. 60 ff.; anders beurteilen Deutsch/Spickhoff die Lage, wenn es ich um eine Moorleiche oder ein Skelett in der Anatomie handelt, hier sei die Beziehung der Leiche zur früheren Person vollständig erloschen, weshalb es sich hier um Sachen handele, siehe ebenfalls Rn. 857.
435 Müller, postmortaler Rechtsschutz-Überlegungen zur Rechtssubjektivität Verstorbener, S. 116 f., welcher ausführt: „Aus dem Leichnam entwickelt sich eine Sache durch Verwesung", siehe S. 117.
436 Hilchenbach, Die Zulässigkeit von Transplantatentnahmen vom toten Spender aus zivilrechtlicher Sicht unter besonderer Berücksichtigung der Zustimmungsfragen, S. 58 ff.

Nicht zuletzt wegen der von äußeren Faktoren unabhängigen eindeutigen Abgrenzungsmöglichkeit ist der sachenrechtliche Ansatz zu bevorzugen, welcher die Sacheigenschaft allein objektiv bewertet. Dieser weist zu Recht auf die mit einem Verlust der Rechtssubjektivität einhergehende Sacheigenschaft hin, da es sich bei dem Leichnam um ein Rechtsobjekt, einen „räumlich abgegrenzten, unbelebten Gegenstand der Außenwelt" handelt,[437] welchem die Fähigkeit Träger von Rechten und Pflichten zu sein abhanden gekommen ist. Gleichwohl folgt aus der Sacheigenschaft des Leichnams nicht zugleich dessen Eigentums- und Aneignungsfähigkeit. Zu stark fallen postmortaler Würdeschutz und die Totenruhe ins Gewicht, als dass ein Eigentumserwerb am Leichnam durch die Hinterbliebenen oder andere Personen erfolgen könnte.[438] Mithin ist die menschliche Leiche dem Rechtsverkehr entzogen, doch können entsprechende Äußerungen des Verstorbenen zu Lebzeiten an dieser Einordnung durchaus etwas ändern, wie im Folgenden zu zeigen sein wird.

Zu denken sei hier nicht nur an die lebzeitige Wahl der gewünschten Bestattungsart im Todesfalle[439], sondern auch an Willensbekundungen zu Lebzeiten des Verstorbenen, in denen er die Überlassung seines Leichnams an die Anatomie verfügt, oder selbigen zur Herstellung eines Plastinats freigibt. Die Entscheidung eines Menschen seinen Körper nach dem Tod einem anatomischen Institut und somit der Lehre und Forschung zur Verfügung zu stellen ist aus Sicht der Gesellschaft durchaus anerkennenswert und gemeinhin akzeptiert.[440] Entsprechende Regelungen finden sich in einigen Bestattungsgesetzen sowie dem Hamburger

---

437 Staudinger/Jickeli/Stieper, BGB, § 90 Rn. 28; Soergel/Marly, BGB, § 90 Rn. 10; Roth, Eigentum an Körperteilen, S. 127 f., welcher zutreffend die Kritik an einem Widerspruch zur strafrechtlichen Systematik (das StGB differenziert zwischen dem Gewahrsam an Sachen, §§ 242, 246, 303 StGB, und dem Gewahrsam am Körper eines Verstorbenen, § 168 StGB) unter Hinweis auf die Andersartigkeit des Schutzgutes von § 168 StGB zurückweist. Denn anders als das von den §§ 242, 246, 303 StGB geschützte Eigentum schützt § 168 StGB nicht den Gewahrsam, sondern das allgemeine Pietätsempfinden bzw. das nachwirkende Persönlichkeitsrecht, siehe S. 128.
438 Soergel/Marly, BGB, § 90 Rn. 11 u. 12; Staudinger/Jickeli/Stieper, BGB, § 90 Rn. 29 f.; Schönke/Schröder-Eser/Bosch, StGB, § 242, Rn. 21.
439 Gaedke, Handbuch des Friedhofs- und Bestattungsrechts, S. 119.
440 Grenzen sind für sog. Anatomieverträge freilich bei einem Verstoß gegen § 138 BGB zu ziehen. Vieweg nennt als Beispiel hierfür Entgeltlichkeit, siehe jurisPK-BGB/Vieweg, § 90 Rn. 17.

Sektionsgesetz.[441] Im Falle der Verfügung des Leichnams an ein anatomisches Institut erlangt das Institut Eigentum.[442]

Weitaus mehr Kritiker finden sich hinsichtlich der Plastination und Zurschaustellung von Körpern, wie sie beispielsweise in medienwirksamen Ausstellungen wie „Körperwelten" gezeigt werden. Die Plastination ermöglicht es, den menschlichen Körper oder Teile davon zu konservieren und in der natürlichen Form und Beschaffenheit unter Darstellung selbst der kleinsten Strukturen einem breiten und interessierten Publikum zugänglich zu machen.[443] Anders als die Zurverfügungstellung des Körpers zugunsten eines anatomischen Instituts zum Zwecke der Ausbildung des wissenschaftlichen Nachwuchses oder der Grundlagenforschung, steht hier die Zugänglichmachung der Physis eines menschlichen Körpers als Scheiben- oder Vollplastinat für die breite Öffentlichkeit zum Zwecke der gesundheitspolitischen Information im Vordergrund.[444] Es soll durch derartige Einblicke ein tiefgreifendes Verständnis für den eigenen Körper und Körpervorgänge ermöglicht und für einen gesundheitsbewussten Umgang mit den körperlichen Ressourcen sensibilisiert werden. Nicht zuletzt wegen der öffentlichen Ausstellung solcher Plastinate wird gegen eine dahingehende letztwillige Verfügung eingewandt, das

---

441 Gesetz zur Regelung von klinischen, rechtsmedizinischen und anatomischen Sektionen (Sektionsgesetz) vom 9. Februar 2000, vgl. HmbGVBl. 2000, S. 38.

442 RGSt 64, 313 (314 f.); LK-Ruß, StGB, § 242 Rn. 10; Roxin, in: JuS 1976, 505 f.; Schönke/Schröder-Eser/Bosch, StGB, § 242 Rn. 21; Eichholz, in: NJW 1968, 2272 (2273 f.); gleichwohl bleibt der durch Gesetze und Verordnungen in den Bundesländern festgelegte Bestattungszwang bestehen, und ist für die Dauer der Untersuchungen als lediglich aufgeschoben anzusehen, siehe Gaedke, Handbuch des Friedhofs- und Bestattungsrechts, S. 109 u. S. 117 sowie Weck, Vom Mensch zur Sache, S. 199; a.A: Staudinger/Jickeli/Stieper, BGB, § 90 Rn. 37, welche ein Aneignungsrecht der Anatomie ablehnen.

443 Problematisch ist in diesem Zusammenhang der Konflikt zwischen dauerhafter Konservierung des Leichenkörpers einerseits und dem Bestattungs- und Friedhofszwang andererseits. Die Ausstellung von Plastinaten ist mittlerweile durch Rechtsprechung als zulässig angesehen worden (siehe Bayerischer VGH, Beschluss v. 21.2.2003 – 4 CS 03.462, in: NJW 2003, S. 1618 ff.; VGH Baden-Württemberg, Urt. v. 29.11.2005 – 1 S 1161/04, in: VBlBW. 2006, S. 186 ff.), wobei in den angegebenen Entscheidungen in Anlehnung an den Umgang mit Anatomieleichen von einer lediglich zu einem späteren Zeitpunkt erfolgenden Bestattung ausgegangen wird. Trotz Konservierung handele es bei einem Plastinat um eine Leiche, auf welche das Bestattungsrecht Anwendung finde, a.a.O. S. 1619 u. S. 188. Bei der Plastination handele es sich jedenfalls nicht um eine neue Form der Bestattung, siehe a.a.O., S. 188.

444 Ebenso Hofmann, in: Schmidt-Bleibtreu/Hofmann/Hopfauf, GG, Art. 1 Rn. 65.

nachwirkende Selbstbestimmungsrecht des Verfügenden kollidiere mit dem Totensorgerecht der Angehörigen sowie dem Pietätsempfinden der Allgemeinheit.
Kommt der Verfügung des Verstorbenen also im Fall einer letztwilligen Verfügung
mit der Maßgabe der Plastination Vorrang zu?

Zum einen, so lässt sich anführen, hat sich die Totensorge am Willen des Verstorbenen zu orientieren, diesem ist durch die Hinterbliebenen Geltung zu verschaffen. Der Wille des Toten ist für die Angehörigen mangels eines eigenen Rechts
am Leichnam bindend, es steht ihnen folglich nicht zu, die letztwillige Verfügung
des Angehörigen wegen einer Kollision mit dem eigenen sittlichen Empfinden
abzulehnen.[445] Auch das Pietätsempfinden der Allgemeinheit lässt sich im Fall der
Plastination von Leichen und Leichenteilen schwerlich als Hürde anführen, zeigen
doch gerade die immensen Besucherzahlen entsprechender Ausstellungen, dass
ein Großteil der Bevölkerung keine moralischen Bedenken hinsichtlich der Plastination des körperlichen Rückstandes eines Verstorbenen hegt. Zum anderen, und
hier kann auf das zuvor Gesagte zurückgegriffen werden, führt der mit fortschrei-
tender Plastination schwindende Persönlichkeitsrückstand bis hin zur anonymisierten Leiche nach der hier vertretenen Ansicht zu einem damit verbundenen
Erlöschen der Pietätsbindung. Dies wiederum kann nur zur Folge haben, dass das
Selbstbestimmungsrecht und das Recht auf Beachtung letztwilliger Verfügungen
des Verstorbenen im Falle der Verfügung der Plastination vorrangig zu beachten
ist und etwaige kollidierende Interessen Dritter dahinter zurücktreten müssen.[446]
Der Körperspendeverfügung mit dem Wunsch der Plastination ist mithin nicht
nur Folge zu leisten, sondern sie ist aufgrund der hohen aufklärerischen Relevanz
zugunsten der Allgemeinheit außerdem als höchst anerkennenswert anzusehen.

Trotz der mit dem Tod eintretenden Sacheigenschaft des körperlichen Rückstandes eines Menschen muss eine Eigentums- und Aneignungsfähigkeit im Ergebnis
an einem postmortalen Würdeschutz scheitern. Allein die willentliche Widmung
eines Körperteils zu einem bestimmten Zweck oder auch einer bestimmten Insti-
tution können an dieser Einschätzung etwas ändern. Die angeführten Beispiele
des Zurverfügungstellens des eigenen Körpers zugunsten der Anatomie sowie der

---

445 Tag, in: MedR 1998, 387 (392); dies., Grenzüberschreitung, Aufklärung oder beides?,
in: Wetz/Tag (Hrsg.) Schöne neue Körperwelten. Der Streit um die Ausstellung, Rn.
158; ebenso Schenk, Die Totensorge – Ein Persönlichkeitsrecht, S. 123 ff, insbes.
S. 125.

446 Ebenso Tag, Rechtliche Erwägungen zu Körperspende, Plastination und Menschenwürde, in: Katalog zur Ausstellung Körperwelten, S. 259 ff.; zu einem möglichen
Verstoß gegen die Menschenwürde des Körperspenders durch die Zurschaustellung
bzw. Präsentation des Plastinats siehe ebenfalls Tag, in: MedR 1998, 387 (392 f.).

Plastination konnten zeigen, dass der lebzeitig geäußerte Wille auch nach dem Tod beachtenswert ist, auch den eventuell entgegenstehenden Interessen Hinterbliebener oder der Allgemeinheit zum trotz. Den Angehörigen kommt zwar das Bestimmungsrecht über die Leiche i.R.d. Totensorge zu[447], doch ist bei der Ausübung, d. h. bei der Organisation der Bestattung und der Abwehr von Eingriffen Unbefugter auf den Leichnam, dem geäußerten oder mutmaßlichen Willen des Verstorbenen Vorrang einzuräumen. Es besteht folglich in den Grenzen des Verfassungs- und Bestattungsrechts eine Verfügungsbefugnis bzw. ein Bestimmungsrecht seitens des Verstorbenen über die Leiche auch über den Tod hinaus.

(2) Rechtliche Einordnung von Leichenteilen

Nachdem sich die vorangegangenen Ausführungen mit dem Körperrückstand eines Verstorbenen als Ganzes beschäftigt haben, sollen sich die folgenden Überlegungen der vorliegend besonders bedeutsamen Verfügungsbefugnis des Verstorbenen hinsichtlich einzelner bzw. bestimmter Teile seiner Leiche zuwenden. Schließlich stellt die Aufhebung der Verbindung zum Leichnam einen Einschnitt dar, welcher eine erneute rechtliche Betrachtung durchaus erforderlich macht. So existieren auch zur Eigentumsfähigkeit von abgetrennten Teilen eines Leichnams verschiedene Ansätze.

Einige wollen sich hinsichtlich der dem Leichnam entnommenen Teile am Leichnam selbst orientieren und nehmen analog zur Eigentumsfähigkeit des Leichnams ein Aneignungsrecht an den Leichenteilen an bzw. lehnen ein solches ab.[448] Andere wiederum wollen die Aneignungsfähigkeit, entgegengesetzt zu der einer Leiche aus dem Umstand herleiten, dass nach einer Ablösung von Teilen eines Corpus eine Zuordnung zu diesem nicht immer möglich ist, eine Identifizierung hier nicht mehr stattfinden kann.[449] Diese Loslösung vom Identifizierungsobjekt

---

447 Zum Recht der Totensorge ausführlich siehe unter: G. III. 3. d) (bb) (4); Hofmann weist zudem in Schmidt-Bleibtreu/Hofmann/Hopfauf, GG, Art. 1 Rn. 65 zu Recht darauf hin, dass die Einwilligung aufgrund der ästhetischen Darstellung der Leiche und der mit der Zugänglichmachung für ein breites Publikum einhergehenden gesundheitspolischen Aufklärung eine Einstufung als sittenwidrig verfehlt wäre.

448 Ein Eigentumsrecht bejahend Forkel, in: JZ 1974, 593 (599); Eichholz, in: NJW 1968, S. 2272 ff., grundsätzlich ablehnend hingegen Soergel/Marly, BGB, § 90 Rn. 12, welcher eine Eigentumsbegründung erst dann für möglich hält, wenn die Totenehrung abgeschlossen ist.

449 Schünemann, Die Rechte am menschlichen Körper, S. 281; ebenso Müller, Die kommerzielle Nutzung menschlicher Körpersubstanzen, S. 63. Dieses Argument ist jedoch aus heutiger Sicht nicht mehr tragfähig. Kann doch ein DNA-Abgleich

rechtfertige nach dieser Meinung eine Andersbehandlung. Dies müsse zudem für vom Leichnam abgetrennte Teile erst recht gelten, wenn bereits die vom lebenden Körper getrennten Teile als Sachen eingestuft werden, schließlich sei der Persönlichkeitsbezug zum Lebenden intensiver als der Bezug von abgetrennten Leichenteilen zum fortwirkenden Persönlichkeitsrecht eines Verstorbenen.[450] Zum Teil wird eine Aneignungsfähigkeit gar nur für den Fall bejaht, dass die Körperteile für den Rechtsverkehr bestimmt sind, also, so wird angeführt, bei Organspenden oder der Durchführung von Experimenten oder einer Präparation.[451] Trotz der unterschiedlichen Begründungsansätze ist die Mehrheit des zivilrechtlichen und strafrechtlichen Schrifttums im Ergebnis darin einig, dass einzelne vom Leichnam abgetrennte Körperteile durchaus aneignungsfähig sind.[452]

Nur vereinzelt wird in den Körpersubstanzen ein Persönlichkeitsrückstand gesehen, da allein mit einer persönlichkeitsrechtlichen Einordnung die möglicherweise nach dem Tod des Substanzgebers weiterbestehenden individuellen Interessen ausreichend erfasst werden könnten.[453] Diese Ansicht bleibt jedoch die eingehende Erläuterung schuldig, ab wann der persönlichkeitsrechtliche Einschlag abnimmt und eine sachenrechtliche Einordnung erfolgen kann. Diese Unklarheit und Unsicherheit ist nicht mit dem sachenrechtlichen Publizitätsgrundsatz in Einklang zu bringen, nach welchem für einen Außenstehenden das Bestehen dinglicher Rechte, und mithin das Vorliegen einer Sache, erkennbar sein muss.[454] Rechtssicherheit schafft nur eine einheitliche sachenrechtliche Betrachtung von Leichenteilen, wobei als entscheidend für die Einordnung der Todeseintritt anzusehen ist.

(3) Rechtsbeziehungen zu Leichenteilen

Nach der Abtrennung von Teilen einer Leiche gelten diese also als aneignungsfähige Sachen. Deren Eigentumsfähigkeit wirft nun die Frage auf, wem das

---

Aufschluss über die Herkunft eines Körperteils geben, sollte eine Augenscheinnahme aus tatsächlichen Gründen keine Angaben zum ursprünglichen Träger geben können. Eine Identifizierung kann so jederzeit stattfinden.

450 Müller, Die kommerzielle Nutzung menschlicher Körpersubstanzen, S. 64.
451 Eisele, Strafrecht, Besonderer Teil 1, Rn 48; Haft, Strafrecht, Besonderer Teil, S. 2 f.; Fischer, StGB, § 242 Rn. 8.
452 Im Zivilrecht statt vieler: Prütting/Wegen/Weinreich/Völzmann-Stickelbrock, BGB, § 90 Rn. 6; Palandt/Ellenberger, BGB, Überbl. Vor § 90 Rn. 11; im Strafrecht statt vieler: LK-Ruß, § 242 Rn. 10.
453 Forkel, in: JZ 1974, 593 (599), wobei erst mit Übergabe an die Anatomie eine sachenrechtliche Einordnung möglich sei.
454 Borowy, Die postmortale Organentnahme und ihre zivilrechtlichen Folgen, S. 88.

Aneignungsrecht an diesen zusteht. Es verwundert nach den vorangegangenen Erörterungen nicht, dass auch die Frage der Eigentumserlangung nicht einheitlich beurteilt wird. Zum Teil wird vertreten, die Erben würden das Eigentum an den Leichenteilen gem. § 1922 Abs. 1 BGB (analog) erlangen.[455] Hiergegen wird jedoch zu Recht eingewandt, dass selbst der Verstorbene zu Lebzeiten zwar ein Bestimmungsrecht über seinen Körper innehatte, jedoch keinesfalls eine Eigentümerstellung. Dies hat zur Folge, dass dem Verstorbenen keine vererbbare Rechtsposition zustand, die hätte in den Nachlass fallen können.[456]

Anerkennenswert hingegen ist die wohl vorherrschende Ansicht, nach welcher ein Aneignungsrecht an den dem Leichnam entnommenen Teilen i.S.d. § 958 Abs. 2 BGB zugestanden wird. Ein Teil möchte hierbei unter Hinweis auf den vermögensrechtlichen Einschlag eines Aneignungsrechtes erbrechtliche Regelungen angewendet wissen, weshalb das Recht zur Aneignung zunächst den Erben zukommen soll.[457] Andere hingegen sehen die Angehörigen als aneignungsberechtigt an, da schließlich ihnen das Recht zur Totensorge obliege und diese somit befugt sind, die Rechte des Toten in dessen Interesse wahrzunehmen und zu vertreten.[458]

(4) Totensorgerecht der Angehörigen

Um beurteilen zu können, welcher der aufgezeigten Meinungen der Vorzug einzuräumen ist, soll an dieser Stelle ein kurzer Überblick über das Totensorgerecht der Angehörigen gegeben werden. Wie die vorangegangenen Ausführungen zeigen konnten, wirkt das zu Lebzeiten bestehende Persönlichkeitsrecht über den Tod hinaus. Dieses fortbestehende Persönlichkeitsrecht verbietet einen Umgang entgegen den zu Lebzeiten geprägten Vorstellungen und Wertungen des Toten. Hieran hat sich auch das gewohnheitsrechtlich anerkannte Totensorgerecht[459] der

---

455 Für eine direkte Anwendung Brunner, in: NJW 1953, 1173 (1174); ebenso wohl auch Schünemann, Die Rechte am menschlichen Körper, S. 282; eine analoge Anwendung von § 1922 Abs. 1 BGB befürwortet Schäfer, Rechtsfragen zur Verpflanzung von Körper- und Leichenteilen, S. 104 f.

456 Eichholz, in: NJW 1968, 2272 (2274).

457 Müller, kommerzielle Nutzung menschlicher Körpersubstanzen, S. 66 f.; Görgens, in: JR 1980, 140 (142).

458 Staudinger/Jickeli/Stieper, BGB, 12. Auflage, § 90 Rn. 38; Sasse, Zivil- und strafrechtliche Aspekte der Veräußerung von Organen Verstorbener und Lebender, S. 71; Borowy, die postmortale Organentnahme und ihre zivilrechtlichen Folgen, S. 90 f.

459 Es fällt unter den Schutz des § 823 Abs. 1 BGB als sonstiges Recht.

Angehörigen[460] zu orientieren. Es kommt den Angehörigen zu, weil es Ausfluss des zu Lebzeiten bestehenden familienrechtlichen Verhältnisses und der Verbundenheit zwischen den Angehörigen und dem Verstorbenen ist, und kein vom Verstorbenen ererbtes Recht.[461] Neben der Besorgung der Bestattung sind die Totensorgeberechtigten dazu berufen, mögliche Einwirkungen unberechtigter Dritter auf den Leichnam zu verhüten.[462]

Als problematisch hingegen ist die Entscheidungsbefugnis hinsichtlich einer möglichen Organentnahme beim Verstorbenen zu betrachten. Liegt eine Erklärung des potentiellen Spenders zur Organspende vor, so obliegt es den Angehörigen auf eine entsprechende Durchsetzung zu achten. Auch aus § 3 Abs. 3 TPG und den Gesetzgebungsmaterialien[463] ergibt sich, dass die Angehörigen des gewillten Spenders im Hinblick auf das Totensorgerecht über die beabsichtigte Entnahme zu unterrichten sind, ihnen also eine Überwachungsfunktion zukommt.

Sollten jedoch die Angehörigen den Wünschen des Verstorbenen hinsichtlich der Verfahrensweise mit dem Leichnam ablehnend gegenüberstehen, stellt sich die Frage nach der Vorrangigkeit von Selbstbestimmung bzw. Totensorgerecht. Teilweise wurde dem Willen der Angehörigen der Vorrang eingeräumt, weil deren Pietätsgefühl bei Vollzug beispielsweise einer Sektion verletzt worden wäre.[464] Bezüglich einer Organentnahme vermag diese Argumentation jedoch nicht zu überzeugen, sind Pietätsinteressen hier wohl kaum betroffen. Weitere Aspekte, die zu einer vorrangigen Beachtung des Willens der Angehörigen führen könnten, sind im Rahmen des Organspendeprozesses nicht ersichtlich. Insofern ist eindeutig von einem Vorrang des Willens des potentiellen Spenders auszugehen. Anders ist die Situation freilich zu beurteilen, wenn die Angehörigen trotz Vorliegens einer Erklärung des Verstorbenen

---

460 Schreiber, Vorüberlegungen für ein künftiges Transplantationsgesetz, in: FS Klug, S. 341 (350); a.A. Reimann, in FS Küchenhoff, S. 341 (347), welcher von einer aus dem postmortalen Persönlichkeitsschutz des Verstorbenen abzuleitenden Totensorge ausgeht. Die Totensorgeberechtigten werden demzufolge gewissermaßen als Testamentsvollstrecker des Verstorbenen tätig und vertreten dessen Interessen an seiner statt. Schünemann hingegen erachtet die Erben als die geeigneteren Sachwalter des Persönlichkeitsrechtes, weil bei einem Auseinanderfallen von Erben und Angehörigen gewisse Konfliktlagen auftreten könnten, deren Handhabung ihm auf die genannte Art am praktikabelsten scheint, vgl. Die Rechte am menschlichen Körper, S. 271 f.
461 So schon RGZ 154, S. 269 (271).
462 Schenk, Die Totensorge – Ein Persönlichkeitsrecht. Zivilrechtliche Untersuchung der Verfügungsbefugnis am toten menschlichen Körper, S. 98 ff.
463 Vgl. Erläuterung zu § 3 TPG, siehe BT-Drs. 13/4355, S. 18.
464 So etwa LG Bonn, in: JW 1928, 2294–2297.

i.R.d. durchzuführenden Informationsgespräches glaubhaft darlegen können, dass diese Erklärung nicht mehr dem tatsächlichen Willen des Erklärenden entspricht bzw. entsprochen hat.[465] Dann fehlt es im Zeitpunkt der möglichen Spende an der Einwilligung des möglichen Spenders und von einer Entnahme ist abzusehen.

Liegt dem Arzt indessen keine schriftliche Erklärung des Verstorbenen zur Organspende vor, sind die Angehörigen gem. § 4 Abs. 1 S. 1 TPG um ihre Zustimmung zu befragen. Doch auch hier haben sie sich, wie bereits erläutert wurde, strikt an dem (mutmaßlichen) Willen des möglichen Spenders zu orientieren, sind bloße „Sachwalter der Rechte des Verstorbenen"[466]. Allein für den Fall, in dem weder eine schriftliche noch eine mündliche Äußerung vorliegt und auch der mutmaßliche Wille nicht ermittelt werden kann, kommt den Angehörigen eine alleinige Entscheidungskompetenz zu.[467]

(5) Stellungnahme

Die vorangegangenen Ausführungen zur Reichweite des Totensorgerechts der Angehörigen machen deutlich, dass zumindest im Hinblick auf die Organspende, das Totensorgerecht stets nur orientiert an den Wünschen des Verstorbenen ausgeübt werden darf und ganzheitlich subsidiär hinter dem Selbstbestimmungsrecht des potentiellen Organspenders zurücktritt, sofern dieses bezüglich der Spenderwilligkeit ausgeübt worden ist.

Gestünde man nun den Erben gem. § 958 Abs. 2 BGB ein Aneignungsrecht an den Teilen der Leiche des Verstorbenen zu, würde dies einen erheblichen Einschnitt in die Ausübung des Persönlichkeitsschutzes durch die Angehörigen bedeuten.[468] Denn wären die Erben aneignungsberechtigt, könnte dies zu Konflikten hinsichtlich

---

465 Sasse, in: Miserok/Sasse/Krüger, TPG, § 2 Rn. 34. An die Glaubhaftigkeit der Erklärung dürften in der Praxis aufgrund des Zeitdrucks und den einhergehenden begrenzten Überprüfungsmöglichkeiten seitens des ärztlichen Personals keine zu hohen Anforderungen gestellt werden. Die explantierenden Ärzte werden daher im Hinblick auf die Strafvorschrift des § 19 Abs. 2 TPG im Zweifel von einer Organentnahme absehen.

466 Bader, Organmangel und Organverteilung, S, 41; anders hingegen Deutsch, der im Falle des Nichtvorliegens einer schriftlichen Erklärung anzweifelt, dass aus der Vorschrift des § 4 Abs. 1 S. 3 TPG hervorgeht, dass der Angehörige in jedem Fall verpflichtet sei, dem mutmaßlichen Willen zu folgen, siehe Deutsch/Spickhoff, Medizinrecht, Rn. 879.

467 So wohl auch Sasse, Zivil- und strafrechtliche Aspekte der Veräußerung von Organen Verstorbener und Lebender, S. 70 m.w.N.

468 Hierauf hat bereits Schünemann zutreffend hingewiesen, siehe: Die Rechte am menschlichen Körper, S. 279.

der Freigabe bzw. Verwendungsversagung von Organen zur Transplantation führen, wenn ein Widerspruch zur Position der Totensorgeberechtigten besteht. Um jedoch einen adäquaten Schutz der Persönlichkeit des Verstorbenen zu gewährleisten, ist den Angehörigen gem. § 958 Abs. 2 BGB das Aneignungsrecht an abgetrennten Leichenteilen zuzugestehen. Nur so ist gewährleistet, dass die Sorge um den Toten im Vordergrund steht und ein mögliches Kompetenzgerangel ausgeschlossen wird.

Im Hinblick auf die Entscheidung zur Organspende, hierauf weist *Borowy* zu Recht hin, hat die Frage der Aneignungsbefugnis jedenfalls keine weiteren Auswirkungen. Entsteht doch das Recht auf Aneignung erst in jenem Zeitpunkt, in welchem eine Abtrennung der Organe erfolgt.[469] Diese darf entsprechend den Regelungen des Transplantationsgesetzes erst stattfinden, nachdem eine Einwilligung des Substanzgebers bzw. Zustimmung durch die Angehörigen vorliegt. Insofern besteht zumindest im entscheidungserheblichen Moment lediglich ein potentielles Aneignungsrecht der Angehörigen, was jedoch hinsichtlich des Vorrangs des Persönlichkeitsschutzes des Verstorbenen keinerlei Wirkung entfaltet.

e) Gemeingutqualität von Organen

Der Durchsetzung des Selbstbestimmungsrechtes eines lediglich bedingt Organspendewilligen bzw. des Totensorgerechts der Angehörigen könnte die Qualifizierung von Organen als Gemeingut entgegenstehen. „Das Transplantationsgesetz behandelt gespendete Organe als common pool resource, die nur nach Maßgabe der öffentlich-rechtlichen Verteilungsregeln vermittelt werden dürfen".[470] Nach überwiegender Ansicht ist daher mit der Einwilligung bzw. Zustimmung zur Organspende (§§ 3, 4 TPG) verbunden, dass die entnommenen Körperteile als öffentliches Gut betrachtet, bildlich gesehen in ein zentrales Reservoir abgegeben werden und die Stiftung Eurotransplant für eine Vermittlung anhand objektiver Kriterien an die in den Verbund eingebundenen Länder sorgt.[471]

Offensichtlich ist der Widerspruch des Spenderorgans als gemeinschaftlichem Gut und generalisiert zugunsten der Gesellschaft eingesetzt, zum Selbstbestimmungsrecht desjenigen Spenders, der „sein" Organ speziell zur Rettung des Lebens eines ihm bekannten Menschen zur Verfügung stellen möchte. Werden gespendete Organe

---

469 Borowy, die postmortale Organentnahme und ihre zivilrechtlichen Folgen, S. 91.
470 Gutmann/Fateh-Moghadam, NJW 2002, 3365 (3366).
471 Auf eine Darstellung der vielseitigen Literaturmeinungen zur Gemeingutqualität von Organen kann an dieser Stelle verzichtet werden. Eine ausführliche Darstellung findet sich bei Lautenschläger, Der Status ausländischer Personen im deutschen Transplantationssystem, S. 132 ff.

per se als Gemeinschaftsgut qualifiziert, birgt dies die Gefahr der Objektivierung der Beweggründe zur Abgabe einer positiven Spendeentscheidung. Sofern der Transplantatgeber seinem Selbstbestimmungsrecht nicht nur mit einer unbedingten Spendewilligkeit, sondern mit einer individuellen Empfängerwidmung Ausdruck verliehen hat, ist diese höchstpersönliche Entscheidung mit einer Einordnung des Transplantats als öffentliches Gut nicht in Einklang zu bringen.[472] Die subjektive Entscheidungsgewalt des zur Spende Entschlossenen darf hier nicht zum Zwecke der Wahrnehmung eines staatlichen Schutzauftrages ignoriert werden. Das Organ ist hier Individualgut des Spenders und nicht Gemeinschaftsgut aller. Organe, die zur Rettung eines bestimmten Menschen bestimmt sind, können daher nicht als Gemeingut angesehen werden.

Anders ist die Situation nach der hier vertretenen Meinung zu beurteilen, wenn es sich nicht um Fälle der gerichteten Organspende, wohl aber um anderweitige Beschränkungen der Spendewilligkeit handelt. Diese stehen einer Poolzugehörigkeit nicht entgegen, sofern die Bedingungen bei der Empfängerzuteilung bzw., bei Wünschen den Ablauf der Entnahmeoperation betreffend, der organisatorischen Planung des Eingriffs beachtet werden.[473] Gleiches gilt freilich erst recht für die unbeschränkte Spendeerklärung. Denn die Spende ohne spezielle Empfängerwidmung ist immer auch ein Akt der Nächstenliebe zugunsten der Gesellschaft, in der man sich bewegt, sodass der Qualifizierung als Gut der Gesellschaft und der Empfängerbestimmung anhand eines übergeordneten Allokationssystems seitens des Spenders nichts entgegensteht.

f) Stellungnahme und Abwägungsergebnis

Die vorangegangenen Untersuchungen zur Verfügungsbefugnis über den Körper und dessen Teile haben gezeigt, dass trotz der vorzugswürdigen sachenrechtlichen Einordnung abgetrennter Teile einer Leiche und der vorrangigen Aneignungsbefugnis der Angehörigen, das Persönlichkeitsrecht des Verstorbenen stets Beachtung finden muss und ausschlaggebend für die (Weiter-)Verwendung seiner Körperteile ist. Dieses Ergebnis wird auch durch die fehlende Gemeingutqualität speziell gewidmeter Organe gestützt. Das zu Lebzeiten wahrgenommene und über den Tod hinaus fortwirkende Recht, selbst bestimmen zu können, was mit dem leblosen Körper geschehen soll, ist ein höchstpersönliches Rechtsgut, welches im Falle einer gerichteten Leichenspendeerklärung das entsprechende Organ einer obrigkeitlichen und rein an objektiven Kriterien ausgerichteten Allokation entzieht.

---

472   Dies., S. 136 f.
473   Zur Beachtungswürdigkeit siehe oben unter F. III.

Bei der Abwägung des gesetzgeberischen Zieles eines auf gerechten und gleichen Zugang zu lebensrettenden Organen für alle Bedürftigen ausgerichteten Allokationssystems mit dem Recht des Einzelnen, höchstpersönlich über die Verwendung seines Körpers und einzelner Teile nach dem Ableben zu Lebzeiten individuelle Verfügungen zu erlassen, ist das Selbstbestimmungsrecht des postmortalen Spenders daher angemessen zu berücksichtigen. Dessen besonderes Gewicht ergibt sich zudem explizit aus den Gesetzgebungsmaterialien, wonach es in besonderem Maße als schutzwürdig gilt.[474] Eine rein sachenrechtliche Argumentation, auch das konnten die vorangehenden Ausführungen zeigen, ist im Hinblick auf den Umgang mit postmortal gespendeten Organen verfehlt. Der überwiegend persönlichkeitsrechtliche Einschlag des Wunsches, eine Niere, die Leber oder das Herz der Ehefrau/dem Ehemann, einem Elternteil, dem eigenen Kind oder einem besonders nahestehenden Menschen zu überlassen, muss dazu führen, dass eine Bindungswirkung für die am Transplantationsprozess Beteiligten entsteht. Zumindest in genannten Fällen, die an den Empfängerkreis der Lebendspende anknüpfen, ist eine besondere persönliche Beziehung zwischen potentiellem Spender und potentiellem Empfänger vorhanden, die unbedingt schützenswert ist. Hier besteht ein übergeordnetes, besonderes und individuelles Interesse des potentiellen Spenders aufgrund der Nähebeziehung zum gewünschten Empfänger, welcher selbstbestimmt über die Verwendung seines Körpers nach seinem Tode verfügt. Die praktische Relevanz[475] der Empfängerwidmung dürfte nicht zuletzt aufgrund der sachlichen und medizinischen Voraussetzungen im Verhältnis zum Gesamtorganaufkommen derart gering sein, dass die mit einer an objektiven Kriterien ausgerichteten Allokation verfolgten Ziele der Chancengleichheit und Gerechtigkeit, wenn überhaupt, dann nur geringfügig beeinträchtigt werden. Im Gegenzug stünden praktisch meist sogar mehr Organe für den Organpool zur Verfügung, ist doch die generelle Spendebereitschaft oftmals mit der Empfängerwidmung derart verknüpft, dass auch weitere Organe nur bei Erfüllung des Spenderwunsches entnommen werden dürfen. Ein Mehr an vermittlungsfähigen Organen bedeutet ein Mehr an lebensrettenden Transplantationen, was wiederum die Situation aller Wartelistepatienten verbessert. Daher kommt dem Gesetzgeber die Aufgabe zu,

---

474 BT-Drs. 13/4355, S. 31.

475 Der damalige Vorstand der DSO, Prof. Kirste, bestätigte im persönlichen Gespräch, dass in praxi immer wieder vereinzelte Fälle mit individueller Empfängerwidmung auftreten (Gespräch vom 29.09.2010 in Frankfurt am Main). Auch wenn die Auswirkungen der Zulässigkeit der Spende an Familienangehörige oder nahestehende Personen nur spekulativ eingeschätzt werden können, so ist nach Ansicht der Verfasserin doch mit einer Zunahme gerichteter Organspenden zu rechnen.

zwischen den hier einander gegenüberstehenden Grundrechten abzuwägen, wobei er negative Folgen zu berücksichtigen hat, „die eine bestimmte Form der Erfüllung der Schutzpflicht haben könnte".[476] Dem laut Art. 2 Abs. 2 S. 1 GG gewährleisteten Abwehr- und Schutzanspruch auf körperliche Unversehrtheit und dem Recht auf Leben, der auf der Warteliste registrierten und auf ein passendes Organ hoffenden Schwerkranken kann nur entsprochen werden, wenn dem Selbstbestimmungsrecht des bedingt Spendewilligen der Vorrang eingeräumt wird. Denn nur in diesem Fall stehen weitere Organe zur Vermittlung zur Verfügung. Die Negativfolgen der Ablehnung der Bedingung, also der Verlust eines grundsätzlich spendebereiten Hirntoten für den Transplantationsprozess, sind schwerwiegend für den Verstorbenen angesichts seines zu Lebzeiten in Erwartung der Umsetzung geäußerten Wunsches. Am schmerzlichsten dürfte dies jedoch die Wartelistepatienten treffen, deren Weiterleben von eben diesen Organen abhängt.

Insofern ist es nach der hier vertretenen Ansicht sachlich nicht gerechtfertigt, dem Spender einerseits die Entscheidung über das „ob" der Organspende zuzubilligen, ihm aber andererseits nicht innerhalb gewisser Schranken zuzuerkennen gleichsam darüber zu bestimmen, wer seine postmortal gespendeten Organe erhalten soll. Indem eine Einflussnahme hinsichtlich der Empfängerauswahl seitens des Spenders durch § 9 Abs. 2 S. 3 i.V.m. § 12 Abs. 3 S. 1 TPG auch in gewissen Grenzen ausgeschlossen wird, ist eine hinreichende und notwendige Beachtung des Willens des Transplantatgebers nicht gegeben. Dessen postmortal fortwirkendes Selbstbestimmungsrecht wird hierdurch nicht in angemessenem Maße berücksichtigt, was jedoch nicht ausreichend durch die Verfolgung des Zieles einer gerechten Organverteilung gerechtfertigt ist.

Der Eingriff in das Selbstbestimmungsrecht der postmortalen Spender ist unangemessen und die in Rede stehende Regelung als unverhältnismäßig anzusehen.[477]

4. Verstoß gegen Art. 6 Abs. 1 GG

Indem die Regelung des § 9 Abs. 2 S. 3 TPG i.V.m. § 12 Abs. 3 S. 1 TPG die Spende an Familienangehörige ausschließt, könnte außerdem ein ungerechtfertigter Eingriff in Art. 6 Abs. 1 GG vorliegen, welcher Ehe und Familie unter den besonderen Schutz der staatlichen Ordnung stellt.

---

476 BVerfGE 96, 56 (64).
477 Zu diesem Ergebnis kommt wohl auch Bader, Organmangel und Organverteilung, S. 504, wenngleich die entsprechenden Ausführungen eine eingehende Prüfung vermissen lassen.

a) Schutzbereich

Während durch die Ehe die Vereinigung von Mann und Frau zu einer grundsätzlich unauflöslichen Lebensgemeinschaft geschützt wird[478], ist unter Familie die Gemeinschaft von Eltern und Kindern zu verstehen, wobei zwischen den Eltern nicht zwingend ein Eheverhältnis bestehen muss.[479] Beides wird unter den besonderen Schutz des Grundgesetzes gestellt, weil Ehe und Familie als „Keimzelle jeder menschlichen Gemeinschaft [angesehen werden], deren Bedeutung mit keiner anderen menschlichen Bindung verglichen werden kann [...].[480] Unter den Schutzmantel der familiären Gemeinschaft gehören ebenso Stief-, Adoptiv- und Pflegekinder, teilweise kann auch die Familienbeziehung zu Großeltern und Geschwistern in den Schutzbereich des Art. 6 Abs. 1 GG fallen.[481] Nicht unter den Ehebegriff des Art. 6 Abs. 1 fallen hingegen die nichteheliche Lebensgemeinschaft[482] sowie die eingetragene Lebenspartnerschaft[483].

Aus diesem besonderen grundrechtlichen Schutz der Institute ergibt sich gleichsam ein Abwehrrecht des Einzelnen gegen staatliche Eingriffe, die störende oder gar schädigende Wirkungen auf seine Ehe oder Familie haben.[484] Hierdurch wird die hohe Wertigkeit, welche Ehe und Familie im Staatsgefüge zukommt, verdeutlicht. Geschützt wird staatlicherseits vor Beeinträchtigungen, welche sie schädigen oder beeinträchtigen könnten.[485] Gezielt wird so den Ehepartnern ermöglicht, „die eheliche Gemeinschaft nach innen in ehelicher und familiärer Verantwortlichkeit und Rücksicht frei zu gestalten"[486] und ihrer Selbstverpflichtung zu „gegenseitiger Anerkennung, Achtung und Sorge"[487] füreinander gerecht zu werden.

Zumindest *per definitionem* untersteht so auch diejenige eheliche Gemeinschaft, in welcher ein Ehegatte spendebereit ist und ein Organ speziell zur Heilung der Ehefrau oder des Ehemannes verwendet wissen möchte zunächst diesem besonderen Schutz.

---

478 BVerfGE 53, 224 (245).
479 Schmidt-Bleibtreu/Hofmann/Hopfauf-Hofmann, GG, Art. 6 Rn. 9.
480 BVerfGE 6, 55 (71); zur Institutsgarantie ebenso siehe BVerfGE 10, 59 (66 f.).
481 Schmidt-Bleibtreu/Hofmann/Hopfauf-Hofmann, GG, Art. 6 Rn. 9.
482 BVerfGE 9, 20 (34 f.); 36, 146 (165); 112, 50 (65).
483 BVerfGE 105, 313 (345 f.); BVerwGE 100, 287 (294).
484 Siehe BVerfGE 6, 386 (388).
485 BVerfGE 6, 76; 55, 126 f.; 105, 346.
486 Hömig/Antoni, GG, Art. 6 Rn. 7.
487 v. Mangoldt/Klein/Starck-Robbers, GG, Art. 6 Abs. 1 Rn. 33.

b) Eingriff

Indem die Bestimmung eines Empfängers im Rahmen des Familienkreises, also auch des Ehepartners, bei der Leichenspende gesetzlich ausgeschlossen ist müsste ein Eingriff in Art. 6 Abs. 1 GG vorliegen. Nach ständiger Rechtsprechung des Bundesverfassungsgerichtes sind Eingriffe all jene staatlichen Maßnahmen, infolge derer die Ehe oder die Familie geschädigt, gestört oder sonst beeinträchtigt wird.[488] Gemeint sind sowohl immateriell-persönliche wie auch materiell-wirtschaftliche Beeinträchtigungen.[489] Die fehlende Privilegierung des Ehepartners bei der Organzuteilung könnte eine solche immateriell-persönliche Beeinträchtigung darstellen.

Der Eingriffscharakter fehlt jedoch, wenn die beeinträchtigende Norm ansonsten verfassungsgemäß ist und die Benachteiligung lediglich eine unbeabsichtigte Nebenfolge darstellt.[490] Vorliegend ist die mit einem Ausschluss der Spende zugunsten des Ehepartners verbundene Kollision mit Art. 6 Abs. 1 GG zweifellos eine nicht bedachte und daher unbeabsichtigte Folge, welche auf die Fokussierung des Gesetzgebers auf das Ziel einer gerechten und an Objektivität orientierten Verteilung von Spenderorganen zurückzuführen ist.[491] Nun müsste die Vorschrift des § 9 Abs. 2 S. 3 TPG, welcher die Zulässigkeit der Organübertragung vermittlungspflichtiger Organe von einer Beachtung der Allokationsmaßstäbe gem. § 12 Abs. 3 TPG abhängig macht, ansonsten verfassungsgemäß sein. § 9 Abs. 2 S. 3 TPG selbst ist insoweit keinen verfassungsrechtlichen Bedenken ausgesetzt. Im Hinblick auf § 12 Abs. 3 S. 1 TPG bestehen jedoch sowohl an der Bestimmtheit der Norm sowie bezüglich der ausreichenden Wahrnehmung der gesetzgeberischen Pflicht, grundrechtsrelevante Regelungen wie diejenige Entscheidung über die Zuteilung von Lebenschancen selbst zu treffen[492], erhebliche Bedenken.[493] An dieser Stelle

---

488 BVerfGE 6, 55 (76); 55, 114 (126 f.); 81, 1 (6).

489 BVerfGE 33, 236 (238); 57, 361 (387); 66, 84 (94).

490 BVerfGE 6, 55 (77); 23, 74 (84); Jarass/Pieroth/Pieroth, GG, Art. 6 Rn. 10.

491 Bei einer Sichtung der Gesetzgebungsmaterialien wird deutlich, dass abgesehen von der Begrenzung der Lebendspende u. a. auch auf Ehegatten die eheliche Lebensgemeinschaft bei der Schaffung des TPG nicht im Fokus des Gesetzgebers stand.

492 Vgl. „Numerus – clausus" Entscheidung, BVerfGE 33, 303 (346), hier heißt es: „Wenn aber die Regelung […] sich hier als Zuteilung von Lebenschancen auswirken kann, dann kann in einer rechtsstaatlich-parlamentarischen Demokratie der Vorbehalt, daß in den Grundrechtsbereich lediglich durch ein Gesetz oder aufgrund eines Gesetzes eingegriffen werden darf, nur den Sinn haben, daß der Gesetzgeber die grundlegenden Entscheidungen selbst verantworten soll"; ebenso BVerfGE 45, 393 (399).

493 Hierauf soll an dieser Stelle nicht näher eingegangen werden. Hierzu bereits ausführlich Gutmann/Fateh-Moghadam, in: NJW 2002, 3365 ff.; Höfling, in: JZ 2007, 481 ff.

soll jedoch auf eine Darstellung der Ansatzpunkte von Kritik verzichtet werden. Diese sind bereits eingangs angesprochen worden und nach der hier vertretenen Meinung letztlich nicht überzeugend. Aufgrund der stetig fortschreitenden Entwicklungen im Bereich der Medizintechnik und der Immunologie muss in der Ausgestaltung des Transplantationsprozesses ein flexibles Reagieren und Agieren ermöglicht werden. Ein besserer Weg als über die Ausgestaltung von Richtlinien ist hierfür nicht ersichtlich. Solange, und dies hat er u. a. mit der mit der Festlegung des Hirntodkriteriums getan, die maßgeblichen „Eckpunkte" durch den Gesetzgeber bestimmt werden, bestehen aus hiesiger Sicht keine Zweifel an der Rechtmäßigkeit dieses Vorgehens.

c) Ergebnis

Der Ausschluss der an den Ehegatten bzw. die Ehegattin gerichteten Leichenspende ist zwar geeignet, das Eheleben auf immaterieller Ebene zu beeinträchtigen, doch stellt dies eine unbeabsichtigte Nebenfolge der beeinträchtigenden, jedoch verfassungsmäßigen Normen dar. Die von Art. 6 Abs. 1 GG geforderte Eingriffintensität fehlt mithin. Ein Eingriff liegt nicht vor.

5. Verstoß gegen Art. 6 Abs. 2 GG

Auch mit der folgenden Konstellation sind verfassungsrechtliche Bedenken verbunden. Wird von einem Elternteil die Lebendspende, wie im Berliner Fall geschehen, aufgrund der Sorge abgelehnt, dass bei Misslingen der Entnahmeoperation (und schlechtestenfalls auch der Transplantation) möglicherweise die Pflege und Erziehung des Kindes bzw. der Kinder nicht ausreichend sichergestellt werden können, wird ihm aber zugleich die Spende zugunsten des bedürftigen Elternteils nach dem Tod verweigert, so kommt dies einem Zwang zur Vernachlässigung der elterlichen Sorge gleich. *De facto* wird so eine mögliche postmortale und die Elternverantwortung weniger beeinträchtigende Spende durch die in Rede stehende Regelung versagt, was dazu führt, dass sich die Eltern durch die Gegebenheiten eher zu einer, die Gesundheit beider Elternteile gefährdenden Lebendspende entschließen werden. Eine Verletzung von Art. 6 Abs. 2 GG könnte hiermit insofern verbunden sein.

a) Schutzbereich

Die Elternverantwortung, welche ihren Schutz in Art. 6 Abs. 2 GG findet, umfasst das subjektive Recht ebenso wie die Pflicht der Eltern, die Pflege und Erziehung ihres Kindes wahrzunehmen.[494] Dies haben sie stets im Interesse des Kindes auszufüllen, sodass auch von einem treuhänderischen Recht die Rede ist.[495] Die Familie erfährt anknüpfend an die besondere Schutzbedürftigkeit des Kindes als „Lebens- und Erziehungsgemeinschaft" besonderen Schutz,[496] wobei das Kindeswohl stets höchste Priorität genießt. Diesem ist bei kollidierenden Interessen prinzipiell Vorrang einzuräumen.[497] Den Eltern obliegt hierbei eine „grundsätzlich unteilbare Gesamtverantwortung"[498], wobei Selbstverantwortlichkeit und Entscheidungsfreiheit[499] den Freiraum prägen, der ihnen bei dieser Aufgabe zukommt. Das Verhalten der Eltern, welche sich für eine Lebendspende von einem Elternteil auf den anderen entscheiden, und die mit den für beide Elternteile aufgrund des vermeidbaren Gesundheitsrisikos eines solchen Eingriffs einhergehende Gefährdung der Wahrnehmungsmöglichkeit der Fürsorgepflicht, unterfällt dem Schutzbereich.

b) Eingriff

Den Eltern wird die verantwortungsvolle Wahrnehmung der elterlichen Verantwortung erschwert, indem die Möglichkeit der Spende nach dem Tod des Spendewilligen von vornherein ausgeschlossen wird. Dies könnte letztlich dazu führen, dass sich der die Lebendspende grundsätzlich aufgrund genannter Bedenken ablehnende Part zu eben jener gezwungen sieht, weil die personell gebundene Spende nach dem Tod gesetzlich ausgeschlossen ist. Das Wohl des Kindes bzw. der Kinder würde so bewusst und gezwungenermaßen hintenan gestellt und gefährdet werden müssen, obwohl diesem nach gefestigter Rechtsprechung des Bundesverfassungsgerichtes noch vor den Elterninteressen der Vorrang einzuräumen ist.[500]

Gleichwohl bedeutet die Konfliktsituation, in der sich der transplantationsbedürftige und der spendewillige Elternteil befinden nach der hier vertretenen Auffassung nicht, dass die Ausübung der Elternverantwortung, den Elternteilen durch den Ausschluss der gerichteten Totenspende teilweise oder gänzlich unmöglich gemacht wird. Befürchten die Eltern, durch eine Transplantation

---

494 v. Mangoldt/Klein/Starck-Robbers, GG, Art. 6 Abs. 2, Rn. 141; Schmidt-Bleibtreu/
      Hofmann/Hopfauf-Hofmann, GG, Art. 6 Rn. 40.
495 BVerfGE 59, 360 (377); 64, 180 (189); 107, 104 (121).
496 BVerfGE 80, 81 (90); Bleckmann, Staatsrecht II, Die Grundrechte, § 27 Rn. 28.
497 BVerfGE 72, 155 (172); 79, 203 (210 f.).
498 v. Mangoldt/Klein/Starck-Robbers, GG, Art. 6 Abs. 2, Rn. 143.
499 Leibholz/Rink, GG, Rn. 551 u. 571.
500 BVerfGE 79, 203 (210 f); 72, 155 (172); 68, 176 (188); 24, 119 (143).

untereinander die verantwortungsvolle Ausübung ihrer elterlichen Sorge dem Kind oder den Kindern gegenüber zu beeinträchtigen, so steht dem erkrankten Elternteil zumindest weiterhin die Möglichkeit der Lebendspende durch einen anderen kompatiblen Spender i.S.d. § 8 Abs. 1 S. TPG sowie alternativ das Warten auf ein Leichenorgan nach Registrierung auf der Warteliste offen. Selbst wenn die Spende an den bedürftigen Ehepartner nach dem Tod rechtlich zulässig wäre, so ist auch in diesem Fall nicht sicher, dass der spendebereite Elternteil im Todeszeitpunkt tatsächlich die Voraussetzungen für eine postmortale Organspende erfüllt. Bereits der Eintritt des Hirntodes, noch dazu in einer „transplantationsgerechten" Umgebung, in welcher die Konservierung der transplantationsfähigen Organe und Gewebe sichergestellt ist, wäre eine unberechenbare Unbekannte.

c) Ergebnis

Allein die faktische Wirkung, eine Lebendspende unter Ehegatten trotz der Sorge um das Wohl des Kindes mangels gezielter Spendemöglichkeit nach dem Tode vorzuziehen, erreicht die notwendige Intensität der Beeinträchtigung durch eine staatliche Maßnahme nicht, um Eingriffscharakter aufzuweisen.

6. Verstoß gegen den allgemeinen Gleichheitsgrundsatz aus Art. 3 GG

Jedoch könnte eine Ungleichbehandlung von wesentlich Gleichem erfolgen, indem für die Lebendspende in § 8 Abs. 1 S. 2 TPG ein bestimmter Empfängerkreis vorgesehen ist, welcher festlegt, auf welche Empfänger eine Spende von Organen erfolgen darf, während dies für die Leichenspende durch § 9 Abs. 2 S. 3 TPG gerade untersagt wird. Für die Beurteilung, ob der Gesetzgeber mit der Ausübung seiner Gesetzgebungszuständigkeit mit der Schaffung der derzeit geltenden Normen des TPG den allgemeinen Gleichheitssatz des Art. 3 Abs 1 GG verletzt hat, ist auf die durch das Bundesverfassungsgericht seit 1980 sog. „neue Formel" zurückzugreifen, welche wie folgt lautet: „Der allgemeine Gleichheitssatz gebiete, alle Menschen vor dem Gesetz gleich zu behandeln. Demgemäß ist dieses Grundrecht vor allem dann verletzt, wenn eine Gruppe von Normadressaten im Vergleich zu anderen Normadressaten anders behandelt wird, obwohl zwischen beiden Gruppen keine Unterschiede von solcher Art und solchem Gewicht bestehen, dass sie die ungleiche Behandlung rechtfertigen könnten."[501] Folgend soll also geprüft werden, ob mit den gesetzlichen Regelungen der Lebendspende und der Leichenspende wesentlich Gleiches durch den Gesetzgeber ungleich behandelt wird, ohne dass dies hinreichend gerechtfertigt wäre.

a) Ungleichbehandlung von wesentlich Gleichem

Zunächst müsste es sich bei der auf einen bestimmten Empfänger beschränkten Lebendspende und der gerichteten Leichenspende um wesentlich gleiche Sachverhalte handeln, die ungleich behandelt werden.[502]

Sowohl bei der Lebend- wie auch bei der Leichenspende handelt es sich um die Übertragung lebensnotwendiger Organe auf eine transplantatbedürftige Person. Bei der Lebendspende handelt es sich um ein Organ bzw. ein Teil eines Organs, welches der kerngesunde Spender im Hinblick auf die Erhaltung seiner eigenen Gesundheit abgeben kann, ohne dass dies für ihn über das Operationsrisiko hinaus übergebührlich gefährlich wäre. Eventuelle aber unvorhersehbare gesundheitsgefährdende Spätfolgen, etwa durch den Ausfall der verbleibenden gesunden Niere bei der Lebendnierenspende, sind freilich nicht ausgeschlossen. Auch bei der Leichenspende werden dem Spender nach Einwilligung bzw. nach Zustimmung durch die Angehörigen des Verstorbenen Organe zum Zwecke der Heilung bzw. zumindest zur Verbesserung des Gesundheitszustandes eines Transplantatbedürftigen entnommen.

So stellt § 1 Abs. 2 S. 1 TPG klar, dass dieses Gesetz für die Spende und Entnahme von menschlichen Organen oder Geweben zum Zwecke der Übertragung sowie für die Übertragung der Organe und Gewebe einschließlich der Vorbereitung dieser Maßnahmen gilt. Lebend- und Leichenspende dienen folglich dem gleichen Zweck, weshalb letztlich im Wesen vergleichbare Sachverhalte vorliegen.

Trotz dieser grundsätzlichen Vergleichbarkeit wird dem lebenden Organspender die Möglichkeit zugestanden, wenn auch nur in diesem zweifelhaft engen Rahmen,[503] einem bestimmten nahestehenden Menschen mit der Spende eines kompatiblen Organs zu helfen. Dem Leichenspender ist dies in Bezug auf vermittlungspflichtige Organe, wie vorausgehend gezeigt worden ist, nicht gestattet. Hier

---

501 Zuerst der erste Senat, siehe BVerfGE 55, 72 (88); später auch BVerfGE 70, 230 (239); 75, 108 (157); 81, 156 (205); 87, 1 (36); 92, 365 (407); 120, 125 (144).

502 Zu beachten ist hierbei, dass dem Gesetzgeber i.R.d. Art. 3 Abs. 1 GG weitgehende Gestaltungsfreiheit zukommt, zu den Gründen siehe Dreier/Heun, GG, Art. 3, Rn. 51.

503 Zur Kritik an der Beschränkung des Empfängerkreises bei der Lebendspende siehe unter E. I. 5.–8.

muss die Spende unter Beteiligung der Vermittlungs- und Koordinierungsstelle entsprechend der bereits ausführlich dargestellten Vorgaben, die das TPG für die Allokation vorsieht, vollzogen werden. Die Spende an eine von dem Spender persönlich bestimmte nahestehende Person wird hierdurch ausgeschlossen.

Eine Ungleichbehandlung von wesentlich gleichen Sachverhalten liegt insofern vor.

b) Verfassungsrechtliche Rechtfertigung

Diese Ungleichbehandlung ist jedoch gerechtfertigt, wenn sie ein zulässiges Ziel verfolgt, der Ungleichbehandlung ein zulässiger Grund zugrunde liegt und schließlich ein angemessenes Verhältnis zwischen Differenzierungsziel und Differenzierungsgrund besteht.

(aa) Differenzierungsziel

Ziel der Beschränkung des Empfängerkreises ist es, die Freiwilligkeit der Spendeentscheidung des Lebendspenders abzusichern.[504] Der Gesetzgeber geht irrtümlich davon aus, dass der Familienangehörige oder in besonderer persönlicher Verbundenheit Nahestehende eher eine auf freiwilligen Beweggründen beruhende Spendeentscheidung treffen wird, als ein Mensch es zugunsten eines entfernt Bekannten oder Unbekannten tun würde. Insofern werden der Lebendspender und seine Entscheidung für die Organspende als besonders schützenswert angesehen, anders als der Leichenspender, dem Gesundheitsgefahren nicht mehr drohen. Der Spendeprozess, der im Hinblick auf Koordination und Verteilung bei der Leichenspende gewissermaßen zweigeteilt ist, soll für Transparenz des Prozesses sowie für Chancengleichheit aller auf ein Organ wartenden Patienten sorgen.

Das überdies mit einer Spenderkreisbeschränkung verfolgte Ziel der Eindämmung des Organhandels kann in diesem Zusammenhang vernachlässigt werden. Begründet in der äußersten Ungewissheit eines Hirntodes ist dieses Ziel im Zusammenhang mit der Zulässigkeit der gerichteten Leichenspende irrelevant.

(bb) Differenzierungsgrund

Hinsichtlich der Leichenspende bestehen zwar in Bezug auf die erklärte Spendebereitschaft ebenfalls hohe Anforderungen, die den tatsächlichen Willen des Toten zu erforschen bezwecken. Doch besteht ein wesentlicher Unterschied: Für den Leichenspender ist, im Gegenteil zu dem selbst ohne das Organ bzw. den

---

504 Hierzu bereits siehe unter E. I. 6.

Organteil weiterlebenden Spender, keinerlei Gesundheitsgefahr mit der Entnahme verbunden. Die Ungleichbehandlung liegt daher in der vermeintlichen Schutzwürdigkeit des Lebendspenders begründet, was mit der Subsidiarität der Lebendspende im TPG manifestiert worden ist.

Der transparente und auf relative Chancengleichheit ausgelegte Transplantationsprozess bezweckt eine Steigerung des Vertrauens in die Organspende, was wiederum viele Menschen zu einer positiven Spendeentscheidung veranlassen soll.

(cc) Sachgerechtes Verhältnis

Das Ziel der Ungleichbehandlung müsste zu dem Grund der Ungleichbehandlung in einem sachgerechten Verhältnis stehen.

Die Spenderkreisbeschränkung soll die Freiwilligkeit der Entscheidung zur Spende absichern, weil die gesundheitlichen Risiken, die eine Organentnahme für den Spender bedeuten sonst nicht zu rechtfertigen wären. Die bestehende Nähebeziehung zum Empfänger der Spende rechtfertigt folglich gewissermaßen den Eingriff in die körperliche Unversehrtheit des Organgebers, was bei einer Spende aus rein wirtschaftlichen Gesichtspunkten verneint wird.[505]

An der Freiwilligkeit der Spendeentscheidung wird bei der Leichenspende nicht gezweifelt. Doch ist bei der Leichenspende die gesetzgeberische Interessenlage, wie gezeigt worden ist, eine völlig andere. Transparenz und Chancengleichheit müssten als hinreichend geeignet anzusehen sein, den Leichenspender im Hinblick auf das zu Lebzeiten bestehende Näheverhältnis zu seinen Verwandten, engen Bekannten und Vertrauten schlechter zu stellen, als den Lebendspender. Dieser wird gegenüber dem Leichenspender bevorteilt, indem es ihm möglich ist, ein Organ an eine von ihm bestimmte Person zu spenden, sofern diese von der Beschränkung der möglichen Empfänger eingeschlossen ist. Dem Leichenspender ist dies nicht möglich, obwohl die persönliche Verbindung zu Lebzeiten dieselbe Qualität aufwies und außerdem eine Gesundheitsgefährdung aus der Natur der Sache heraus gänzlich ausgeschlossen ist.

Die Spende nach dem eigenen Tod an eine vom Spender bezeichnete und sich innerhalb des beschränkten Empfängerkreises der Lebendspende befindliche Person, würde in Anbetracht der reell wenigen in Betracht kommenden Konstellationen die angestrebte Chancengleichheit für alle Wartelistepatienten nur unwesentlich beeinträchtigen. Die Mehrzahl der potentiellen Spender werden, so ist zu erwarten, keinen Transplantationsbedürftigen im Verwandtschafts- oder

---

505 Anknüpfungspunkt ist hierbei die einem jeden Menschen innewohnende Menschenwürde.

Bekanntenkreis haben, der entsprechend kompatibel ist. Insofern ist die Gefahr der Etablierung eines Parallelsystems aufgrund der geringen praktischen Relevanz nicht vorhanden.[506] Allein eine positive Entwicklung ist möglich, d. h., dass sich möglicherweise mehr Menschen mit ihrer Spendebereitschaft auseinandersetzen, wenn sie einen konkreten Empfänger mit einer Spende verbinden und bedenken könnten.

Auch Befürchtungen, dass Zweifel an der Transparenz der Verteilungsentscheidung aufkommen könnten, dürften bei einer Leichenspende im Verwandten- und Bekanntenkreis ausgeschlossen sein; ist diese Konstellation nicht nur äußerst selten, sondern noch dazu menschlich durchaus nachvollziehbar und insofern für jedermann transparent.

(dd) Ergebnis

Grund und Ziel der gesetzgeberischen Ungleichbehandlung der Lebend- und Leichenspende sind für sich gesehen zwar nachvollziehbar.[507] Doch fehlt es mangels Geeignetheit, die gesetzgeberischen Ziele zu erreichen, an einem sachgerechten Verhältnis zwischen beidem. Zwischen Lebend- und Leichenspende bestehen keine derartigen Unterschiede, dass sie die ungleiche rechtliche Behandlung rechtfertigen könnten. Der Ausschluss der sich innerhalb der sich an der Empfängerkreisbeschränkung orientierenden gerichteten Leichenspende ist nicht hinreichend verfassungsrechtlich gerechtfertigt. Der allgemeine Gleichheitsgrundsatz ist durch die unterschiedliche Behandlung verletzt.

7. Gesamtergebnis der verfassungsrechtlichen Prüfung

Die Untersuchung des Ausschlusses einer Beschränkung der Leichenspendeerklärung auf ihre Vereinbarkeit mit der Verfassung hat ein ebenso eindeutiges wie unhaltbares Ergebnis hervorgebracht. Sowohl das postmortal fortwirkende Persönlichkeitsrecht des Spenders als auch der Gleichheitsgrundsatz werden durch die fehlende Einflussnahmemöglichkeit des Leichenspenders hinsichtlich des Empfängers der Spende verletzt. Die Regelung des § 9 Abs. 2 S. 3 i.V.m. § 12 Abs. 3 S. 1 TPG verstößt diesbezüglich gegen die Verfassung.

---

506 BT-Drs. 16/13740, S. 11.

507 Das Vorliegen irgendeines sachlichen Grundes ist allerdings nunmehr zur Rechtfertigung der Ungleichbehandlung nicht als ausreichend anzusehen, siehe BVerfGE 81; 208 (224); 82, 126 (146).

8. Anpassung durch Auslegung?

Die Möglichkeit einer erweiternden Auslegung der Norm nach Sinn und Zweck ist in Betracht auf den vorliegend zu untersuchenden Ausschluss der gerichteten Leichenspende nicht zielführend, wird doch durch Ziel und Schutzrichtung der Norm diese nicht umfasst. Vielmehr steht die individuelle Empfängerbestimmung dem Ziel der Regelung, einer hoheitlich bestimmten und an abstrakten Kriterien orientierten Verteilungsentscheidung, entgegen.

Nach Auffassung des Bundesverfassungsgerichts jedoch, ist eine Regelung aufgrund ihrer Verfassungswidrigkeit nur dann ungültig, wenn sie nicht so ausgelegt werden kann, dass sie mit der Verfassung in Einklang steht, mithin verfassungskonform ist.[508] Dabei kann das, was mit dem möglichen Wortsinn nicht mehr vereinbar ist, nicht als Inhalt des Gesetzes gelten.[509] Zunächst einmal müsste § 9 Abs. 2 S. 3 TPG insofern überhaupt einer Interpretation zugänglich sein. Daran fehlt es, wenn der Wortlaut eine andere Deutung als jene, die der Wortlaut gerade unmittelbar bezweckt, nicht zulässt. Der Gesetzgeber hat für die Vermittlung und Übertragung vermittlungspflichtiger Organe den folgenden Wortlaut gewählt:

„Die Übertragung vermittlungspflichtiger Organe ist nur zulässig, wenn die Organe durch die Vermittlungsstelle unter Beachtung der Regelungen nach § 12 Abs. 3 S. 1 vermittelt worden sind."

Die Vorschrift besagt, dass vermittlungspflichtige Organe durch die Vermittlungsstelle entsprechend den Regelungen in § 12 TPG zu vermitteln sind, eine Übertragung erst dann stattfinden darf, wenn die dort aufgestellten Kriterien beachtet worden sind. Hierbei ist der Zusatz „nur" eingefügt worden. Die Übertragung ist also allein „nur" unter den genannten Voraussetzungen zulässig. Diesem Zusatz ist besondere Bedeutung beizumessen, bedeutet es doch den Ausschluss einer Übertragung, ohne dass die darauffolgend genannten Kriterien erfüllt sind.[510] Ein Interpretationsansatz, welcher bei einer Vermittlung ohne die Beachtung der in § 9 Abs. 2 S. 3 TPG ansetzt, ist folglich ausgeschlossen, weil er gerade die für eine Übertragung der Organe als notwendig vorausgesetzten Merkmale nicht erfüllt. Für eine hiervon abweichende Interpretation lässt die Vorschrift keinen Raum. Bereits der eindeutige Wortlaut als äußerste Grenze der Auslegung verbietet eine

---

508 Sog. verfassungskonforme Auslegung; statt vieler siehe BVerfGE 2, 266 (282); 8, 28 (34); 9, 194 (197 ff.).

509 Larenz/Canaris, Methodenlehre der Rechtswissenschaft, S. 164.

510 Zur Bedeutung des Zusatzes „nur" in einer Rechtsvorschrift, siehe: Handbuch der Rechtsförmlichkeit des Bundesministeriums der Justiz, Rn. 120.

verfassungskonforme Auslegung, welche zur Gültigkeit der verfassungswidrigen Norm führen könnte. Eine Auslegung kann somit letztlich nicht dazu führen, dass die Vorschrift gültig ist.

IV. Zusammenfassende Bewertung der aufgezeigten Lösungsansätze

Zusammenfassend bleibt festzustellen, dass sich die Anwendung von Entschuldigungs- und Rechtfertigungsgründen auf Fälle der gerichteten Leichenspende nicht grundsätzlich verbietet. Es wurde gezeigt, dass im Einzelfall ein Verstoß gegen die Vorgaben des TPG gemäß § 34 StGB gerechtfertigt sein kann. Eine analoge Anwendung der Vorschrift des § 8 Abs. 1 S. 2 TPG i.V.m. dem postmortalen Persönlichkeitsrecht hingegen, ist wegen der fehlenden vergleichbaren Interessenlage nicht möglich und auch eine teleologische sowie eine gültigkeitserhaltende verfassungskonforme Auslegung des wegen Verstoßes gegen Art. 2 Abs. 1 i.V.m. Art. 1 Abs. 1 GG und Art. 3 Abs. 1 GG verfassungswidrigen § 9 Abs. 2 S. 3 TPG verbietet sich, weil die Norm einer Interpretation nicht zugänglich ist.

Auf den „Berliner Fall" bezogen, bei welchem mit der Nichtbefolgung des Willens des Spenders, also der Transplantation auf seine Ehefrau, auch die anderen Organe verloren gewesen wären, bedeutet dies, dass das Vorgehen der Beteiligten gemäß § 34 StGB in diesem speziellen Fall insbesondere vor dem Hintergrund der zu erwartenden Konsequenzen für die Wartelistepatienten als gerechtfertigt anzusehen ist. Zu einer Dauerlösung für Fälle der gerichteten Organspende darf dieses Vorgehen allerdings nicht werden, weil dies die Aushöhlung der Verbotsvorschriften der §§ 17 ff. TPG zur Folge hätte. Aus rechtlicher Sicht ist die Schaffung einer gesetzlichen Regelung daher entgegen der vom Bundesministerium für Gesundheit vorgebrachten Bedenken[511] meines Erachtens dringend geboten, um die Rechtsunsicherheit, welche bezüglich der gerichteten Leichenspende herrscht, zu beseitigen und um dem beachtenswerten Selbstbestimmungsrecht des Spenders zur Durchsetzung zu verhelfen. Für eine solche Regelung bietet sich eine Orientierung an dem eingeschränkten Empfängerkreis der Lebendspende an, wobei zwingend der Ausschluss sachlich nicht begründbarer diskriminierender Beschränkungen enthalten sein muss.

---

511 Das Ministerium geht von großen Umsetzungsschwierigkeiten einer Regelung der gerichteten Leichenspende aus, weshalb an dem in § 12 Abs. 3 TPG verankerten Grundsatz festzuhalten sei, siehe BT-Drs. 16/13740, S. 11.

Vielfach werden jedoch Zweifel an der Praktikabilität von Beschränkungen einen bestimmten Empfänger betreffend geäußert.[512] So sei es nicht durchführbar in einem derart engen Zeitfenster, wie es während des Organspendeprozesses nur zur Verfügung steht, von den behandelnden Ärzten zu erwarten, den vom Spender gewünschten Status auf sein Vorliegen beim potentiellen Empfänger hin zu überprüfen und verlässliche Nachweise zu erlangen.[513] Dagegen lässt sich einwenden, dass § 3 Abs. 3 TPG zwingend die Unterrichtung der Angehörigen vorsieht und es im Rahmen dieses Gespräches ohne einen unverhältnismäßig größeren Aufwand möglich ist, die Familienzugehörigkeit des gewünschten Empfängers zu erfragen. Außerdem kann wohl rein praktisch in der überwiegenden Zahl der Fälle davon ausgegangen werden, dass der Spender vor Abgabe seiner Erklärung das Vorliegen der erforderlichen medizinischen Voraussetzungen zumindest überwiegend abgeklärt hat[514], sodass auf die hierbei entstandenen medizinischen Unterlagen zurückgegriffen werden kann und sich der medizinische Aufwand lediglich auf einige wenige zusätzliche Nachprüfungen beschränkt. Dieser gesamten Problematik ließe sich jedoch ohne weiteres Abhilfe schaffen, indem man für die Möglichkeit einer gerichteten Spende voraussetzt, dass der Empfänger einen Wartelistenplatz haben muss. Denn dann wären bereits dessen tatsächliche und medizinische Daten entsprechend den Vorgaben des § 3 Abs. 2 S. 2 des Vermittlungsstellenvertrages eruiert und würden im Zeitpunkt der Spende schon vorliegen und könnten so in kürzester Zeit auf ihre Kompatibilität hin untersucht werden.[515] Wäre jedoch die Transplantation auf den gewünschten erkrankten Angehörigen, mithin die Bedingung gem. § 158 BGB, aufgrund medizinischer Kontraindikationen von Anfang an unmöglich (z. B. wegen Blutgruppenunverträglichkeit), so ist die gesamte Einwilligung des Verstorbenen als von Anfang an unwirksam anzusehen.[516]

---

512 Koch, Persönlichkeitsrechtsschutz bei der postmortalen Organentnahme zu Transplantationszwecken in Deutschland und Frankreich, S. 171.

513 Ebd.

514 Sei es wie im „Berliner Fall", dass zuvor eine Lebendspende in Betracht gezogen worden ist.

515 Gleichlautend die Aussage von Prof. Dr. Kirste, damaliger Vorstand der DSO, im Gespräch mit der Verfasserin vom 29.09.2010 in Frankfurt am Main, welcher die Registrierung des Empfängers auf der Warteliste als Zulässigkeitskriterium für eine gerichtete Leichenspende ansieht.

516 Prütting/Wegen/Weinreich-Brinkmann, BGB, § 158 Rn. 22; Palandt/Ellenberger, BGB, § 158 Rn. 3.

Die dringende Notwendigkeit einer Gesetzesänderung macht zudem der folgende Fall deutlich.[517] Der zur Lebendspende einer Niere an seine Frau bereite Ehemann verstirbt während der Entnahmeoperation. Auch wenn die medizinischen Voraussetzungen vorliegen würden, ist durch die bestehende Gesetzeslage ausgeschlossen, dass seine Frau Empfängerin der nun postmortal entnommen Niere werden würde. Eine juristische Sekunde entscheidet hier über die Möglichkeit bzw. Unmöglichkeit der Organspende an eine vom Spender auserwählte Person. Einerseits wird paternalistisch auf den zwingenden Schutz des Lebendspenders vor einer auf Druck und Unfreiwilligkeit basierenden Spendeentscheidung verwiesen, andererseits aber demjenigen, der zu einem Zeitpunkt, in welchem er eine gesundheitliche Beeinträchtigung nicht mehr zu befürchten hat, eine Spende im nahen Familien- oder Bekanntenkreis unmöglich gemacht. Damit wird die Argumentation des Gesetzgebers *ad absurdum* geführt. Dieser Fall macht so auf dramatische Weise die Absurdität eines Ausschlusses der gerichteten Spende deutlich, welche in Anbetracht der einhergehenden Grundrechtsverletzungen nicht hinnehmbar ist.

V. Probleme bei der Schaffung einer gesetzlichen Regelung

Für die Schaffung einer gesetzlichen Regelung der gerichteten Leichenspende könnte sich der Gesetzgeber also an der Regelung zur Lebendspende des § 8 Abs. 1 S. 2 TPG orientieren, welche eine Spende zu Lebzeiten nur zum Zwecke der Übertragung an Verwandte ersten oder zweiten Grades, Ehegatten, eingetragene Lebenspartner, Verlobte oder andere Personen, welche dem Spender in besonderer persönlicher Verbundenheit offenkundig nahestehen gestattet. Durch eine Begrenzung des Empfängerkreises, angelehnt an jene zur Lebendspende, könnte gleichsam eine Ausbreitung von Organhandel verhindert werden und zugleich könnte dies der Durchsetzung des, wie gezeigt wurde, derzeit keine angemessene Berücksichtigung findenden Willens des Spenders dienen.

---

517 Vgl. Kliemt, in: ZiF 3/2000, S. 1, welcher dieses Beispiel nach eigenen Angaben Gundolf Gubernatis verdankt.

1. Problemaufriss

Doch ergeben sich bei einer kongruenten Anwendung des Empfängerkreises der Lebendspende Problemfelder, welche sich durch die Besonderheit der im Voraus erteilten Einwilligung zu Lebzeiten für den Zeitpunkt des eigenen Todes wie folgt darstellen. Zum einen knüpfen sich gewisse Probleme, die bereits für den Fall der Lebendspende dargestellt worden sind, auch bei der postmortalen Organspende an die „Personen, die dem Spender in besonderer persönlicher Verbundenheit offenkundig nahestehen". Denn für den Fall, dass eine solche Person als Organempfänger bestimmt wird, muss das erforderliche Näheverhältnis innerhalb der kurzen Ischämiezeit tatsächlich offenkundig sein. Wie ist das machbar? Des Weiteren stellt sich die Frage, ob, wie bei der Lebendspende bereits als zulässig erachtet[518], auch bei der postmortalen Leichenspende die Konstellation einer „postmortalen Überkreuzspende" denkbar und möglich ist.

2. Stellungnahme

Das sich bei einer Anknüpfung der gerichteten Spende an den Empfängerkreis der Lebendspende ergebende und auch hier zu Problemen führende Kriterium der „Personen, die dem Spender in besonderer persönlicher Verbundenheit offenkundig nahestehen" führt in der Tat gerade bei der zeitlichen Begrenztheit der Nachweismöglichkeiten nach der Feststellung des Hirntodes zu Schwierigkeiten. Ein Lösungsansatz wäre hier die bereits hinsichtlich der Lebendspende angesprochene Handhabe der Schaffung von Fallgruppen, bei deren Vorliegen das Näheverhältnis vermutet wird. So wäre mit einer gesetzlichen Regelung der gerichteten Leichenspende, anknüpfend an den Empfängerkreis der Lebendspende, zwingend die Spezifizierung dieses Kriteriums seitens des Gesetzgebers verbunden. Dies würde es den zuständigen Ärzten, in dem zur Verfügung stehenden Zeitrahmen ermöglichen zu prüfen, ob die erforderlichen Eigenschaften in der betreffenden Person vereinigt sind. Zwar mag auch dies in der jeweiligen Situation einen zusätzlichen Aufwand bedeuten, lässt sich doch ein Verwandtschaftsverhältnis oder die eheliche Verbundenheit wesentlich einfacher feststellen als ein Näheverhältnis von bestimmter Intensität und einer gewissen Dauer. Schließlich können, und dies ist sogar zu empfehlen, die Verwandtschaftsverhältnisse bei der ohnehin vorzunehmenden Aufnahme eines Transplantatbedürftigen auf die Warteliste gem. § 13

---

518 Hierzu unter E. I. 4.

Abs. 3 TPG neben den erforderlichen tatsächlichen und medizinischen Angaben recht unproblematisch eruiert und aufgenommen werden.[519] Hinsichtlich bestehender Näheverhältnisse ist ein solches Vorgehen zwar nicht derart unkompliziert umsetzbar, doch ermöglicht es der Zeitraum, den die organprotektive Therapie schafft, die erforderlichen Nachweise beizubringen bzw. die erforderliche Beziehung anderweitig[520] glaubhaft zu machen. Das Kriterium der besonderen persönlichen Verbundenheit kann keinesfalls, trotz einhergehender Problematik, gänzlich entfallen. Dies würde die heute vielfach gelebte nichteheliche Lebensgemeinschaft oder andere eheähnliche Lebensgemeinschaften oder Lebensformen unberücksichtigt lassen und den Spendewilligen in seiner Entscheidung wiederum zu stark begrenzen.[521] Anderslautende Meinungen, die die Anwendbarkeit der Eigenschaft der Verbundenheit nach dem Tod einer Person bezweifeln[522] muss entgegengehalten werden, dass die Organspendeerklärung zur postmortalen Organspende zu Lebzeiten abgegeben wird, sodass es auch auf das Vorliegen einer persönlichen Verbundenheit in diesem Zeitpunkt ankommt. Der Hinzufügung der Maßgabe der engen persönlichen Verbundenheit zwischen dem Verstorbenen und dem Begünstigten „zu Lebzeiten", könnte indes bei der Schaffung einer gesetzlichen Regelung durchaus Klarstellungsfunktion zukommen.

Die zwingend vorauszusetzende besondere persönliche Verbundenheit zwischen Spender und Empfänger schafft zugleich eine aus faktischen Gründen unüberwindbare Hürde für eine möglicherweise sodann in Erwägung zu ziehende Überkreuz-Leichenspende im Falle der Inkompatibilität von Spender und gewünschtem Empfänger. Ist es doch praktisch nahezu ausgeschlossen, dass zeitgleich zwei Verstorbene als Organspender in Betracht kommen, deren als

---

519 Auf diese Möglichkeit weist auch das zuständige Landesministerium des Freistaates Bayern hin, welches i.R.d. IGES-Umfrage um eine Stellungnahme zur gerichteten Organspende gebeten wurde, siehe BT-Drs. 16/13740, S. 160. Details zu den Ergebnissen der Umfrage siehe unter G V. 3.

520 Zu denken wäre hier beispielsweise an die Bezeugung durch Familienangehörige von Spender und Empfänger.

521 Auch mit der Schaffung des Kriteriums des in besonderer persönlicher Verbundenheit offenkundigen Nahestehens in § 8 Abs. 1 S. 2 TPG sollte insbesondere der Tatsache Rechnung getragen werden, „[...] dass die Ehe heute nicht mehr die alleinige Lebensform zweier sich nahe stehender Menschen ist [...]", vgl. Nickel, Transplantationsgesetz, S. 100.

522 Conrads, Rechtliche Grundsätze der Organallokation, S. 169 und Koch, Persönlichkeitsrechtsschutz bei der postmortalen Organentnahme zu Transplantationszwecken in Deutschland und Frankreich, S. 169.

Empfänger vorgesehenen Verwandten, Ehegatten, Verlobte oder sonst nahestehende Personen zu Lebzeiten eine enge persönliche Beziehung von gewisser Dauer zu dem jeweils kompatiblen Spender hatten. Außerdem ist die Spendeerklärung zunächst gerade nur auf eine bestimmte Person beschränkt, es sei denn, eine Auslegung der Erklärung ließe die Spende an einen Dritten zur „indirekten" Hilfe zulässig erscheinen. Derartige Fallgestaltungen sind in der Praxis jedoch kaum zu erwarten.

Die unzweifelhaft existierenden Umsetzungsschwierigkeiten sind, wie gezeigt werden konnte, durchaus nicht derart unüberbrückbar, dass von einer Regelung der gerichteten Leichenspende generell Abstand zu nehmen ist. Das Gegenteil ist der Fall. Auch eine Umfrage[523] unter Landesministerien und Verbänden zeigt, dass der gerichteten Organspende durchaus weder strikt noch geschlossen ablehnend gegenübergestanden wird, ihre Einführung sogar von manchen Institutionen ausdrücklich gefordert wird.

3. IGES Umfrage

Die IGES Umfrage zur Situation der Transplantationsmedizin 10 Jahre nach Erlass des Transplantationsgesetzes richtete sich u. a. an Landesministerien, Selbsthilfeverbände, explantierende Krankenhäuser, die Bundeszentrale für gesundheitliche Aufklärung und Verbände, wie die Deutsche Krankenhausgesellschaft, die Deutsche Stiftung Organtransplantation, Eurotransplant und die Bundesärztekammer. Einigen der genannten Institutionen wurde im Rahmen der Befragung zur Ausgestaltung des Angehörigengesprächs die Frage gestellt, wie sie die Bindung einer Einwilligung zur Organspende an bestimmte Voraussetzungen (z. B. bestimmter Empfänger/gerichtete Spende) beurteilen würden.[524] Auf die zum Teil erheblich divergierenden Antworten der Landesministerien, der DSO und der Bundesärztekammer soll im Folgenden näher eingegangen werden.

---

523 Hierbei handelt es sich um eine Umfrage des Instituts für Gesundheits- und Sozialforschung GmbH für das Bundesministerium für Gesundheit aus dem Jahr 2009, siehe BT-Drs. 16/13740, S. 143 ff. An dieser Stelle soll darauf hingewiesen werden, dass der Verfasserin keine Hintergrundinformationen zur Konzeption sowie zur Repräsentativität der Antworten für das jeweilige Bundesland vorliegen. Dennoch sollen die Antworten genutzt werden, um Ursachen bestehender Vorbehalte gegenüber einer gesetzlichen Regelung der gerichteten Leichenspende zu ergründen und diese ggf. zu widerlegen.

524 Punkt 3.1. des Fragebogens für die zuständigen Landesministerien.

a) Umfrageergebnisse

Die Beantwortung der Frage zur gerichteten Organspende fiel bereits innerhalb der jeweils für das Ressort Gesundheit zuständigen Landesministerien sehr unterschiedlich aus. Von der schlichten Nichtbeantwortung der Frage mangels Vorliegen von Stellungnahmen der für die Organspende zuständigen Stellen im Land (so das Land Rheinland-Pfalz[525]), über die strikte Ablehnung einer gesetzlichen Regelung, welche die gerichtete Organspende zulässt (so die Länder Baden-Württemberg[526], Bayern[527], Berlin[528], Hamburg[529], Hessen[530], Mecklenburg-Vorpommern[531], Nordrhein-Westfalen[532], Saarland[533], Sachsen-Anhalt[534] und Schleswig-Holstein[535]) bis hin zur zwar grundsätzlich positiven Bewertung, im Ergebnis jedoch ablehnenden Stellungnahme (so die Länder Niedersachsen[536], Sachsen[537] und Thüringen[538]) reichen die Antworten. Die Stellungnahme des Landes Brandenburg, es seien neben ethischen auch rechtliche Fragestellungen zu beachten,[539] kann keiner der genannten Positionen zugeordnet werden.

Sogar eine gänzlich positive Bewertung einer solchen Regelung unter Verweis auf eine Erhöhung der Akzeptanz der Organspende in der Bevölkerung bei einer Spende innerhalb des Familien- und Bekanntenkreises wurde vom Land Bremen[540] abgegeben, wenn auch darauf verwiesen wird, dass eine solche gesetzliche Regelung nicht in Sicht sei.

Auch die DSO spricht sich unter bestimmten Voraussetzungen für die Zulässigkeit der gerichteten Organspende aus, wobei die Grenze des Zulässigen bei

---

525 BT-Drs. 16/13740, S. 354.
526 BT-Drs. 16/13740, S. 128.
527 BT-Drs. 16/13740, S. 159 f.
528 BT-Drs. 16/13740, S. 211.
529 BT-Drs. 16/13740, S. 263.
530 BT-Drs. 16/13740, S. 279.
531 BT-Drs. 16/13740, S. 296.
532 BT-Drs. 16/13740, S. 331.
533 BT-Drs. 16/13740, S. 373.
534 BT-Drs. 16/13740, S. 409.
535 BT-Drs. 16/13740, S. 425.
536 BT-Drs. 16/13740, S. 312.
537 BT-Drs. 16/13740, S. 392.
538 BT-Drs. 16/13740, S. 443.
539 BT-Drs. 16/13740, S. 230.
540 BT-Drs. 16/13740, S. 248.

der Gesetzes- oder Sittenwidrigkeit einer Bedingung liegen soll.[541] Bezogen auf den „Berliner-Fall" wird es als nicht vermittelbar angesehen, warum eine Spende in diesem Fall gesetzes- oder sittenwidrig sein sollte. Wie auch die DSO spricht sich die Bundesärztekammer für eine gesetzliche Regelung der beschränkten Einwilligung in die Organspende aus, wobei eine Analogie zu dem beschränkten Empfängerkreis bei der Lebendspende vorgeschlagen wird. Diskriminierende Bedingungen sollten auch nach Meinung der Bundesärztekammer ausgeschlossen werden. Nicht zuletzt wegen des Potentials dieser Thematik, das Ansehen der Transplantationsmedizin durch medienwirksam dargestellte Versuche von gerichteten Spenden zu schädigen, wird eine explizite Regelung gefordert.

Diejenigen Länder, welche der gerichteten Organspende gegenüber (zumindest grundsätzlich) positiv eingestellt sind, rechnen mit einer positiven Beeinflussung der Spenderzahlen durch eine erhöhte Spendebereitschaft. Weiterhin wird auf den Effekt verwiesen, dass somit Organe zur Verfügung stünden, welche bei einer Ablehnung der Empfängerbestimmung nicht zur Verfügung gestanden hätten.

Zu den Beweggründen der Länder, die eine gerichtete Organspende ablehnen, gehören neben einhergehenden ethischen Fragestellungen und der Befürchtung von diskriminierenden Beschränkungen vor allem auch verfahrensrechtliche Bedenken. So wird von den Ländern Sachsen und Nordrhein-Westfalen angeführt, dass bei der Spende an eine vom Spender bevorzugte Person allein nicht-medizinische Kriterien die Bevorzugung rechtfertigen würden, was der gesetzlich vorgesehenen Bestimmung der Empfänger allein nach medizinischen Kriterien, insbes. nach Erfolgsaussicht und Dringlichkeit, widersprechen würde.[542] Außerdem wird als problematisch erachtet, was die Folge einer aus medizinischen Gründen nicht durchführbaren Transplantation an die vom Spender gewünschte Person wäre.[543] Kann das Organ dann entsprechend den Allokationskriterien vermittelt werden? Darüber hinaus wird sogar eine negative Beeinflussung der Spendebereitschaft befürchtet, wenn der Gedanke des Altruismus und der Solidarität in den Hintergrund tritt. Weiterhin werden auch die mangelnde Überprüfbarkeit der Freiwilligkeit der Spende und eine Verunsicherung der Bevölkerung[544] als Gründe für die ablehnende Haltung angeführt.

---

541 Siehe Stellungnahme der DSO in BT-Drs. 16/13740, S. 568 f.
542 BT-Drs. 16/13740, S. 331 u. S. 392.
543 BT-Drs. 16/13740, S. 392.
544 Gemeint ist eine Verunsicherung der Bevölkerung über Reichweite und Grenzen der Organspende, vgl. BT-Drs. 16/13740, S. 160.

b) Auswertung

Die Umfrageergebnisse zeigen, dass die Einführung einer gesetzlichen Regelung von den meisten Ländern abgelehnt wird, wohingegen die DSO und die Bundesärztekammer die Einführung fordern. Die diskriminierende Wirkung von Beschränkungen für bestimmte Empfängergruppen und die Nichtbeachtung medizinischer Faktoren bei der Allokation von Organen sind die Hauptgründe der ablehnenden Haltung. Die Befürworter hingegen sehen in der gerichteten Organspende eine Chance, die Akzeptanz der Organspende insgesamt zu steigern, wobei der Empfängerkreis sich an dem der Lebendspende orientieren sollte.

c) Rechtliche Stellungnahme

Teilweise werden praktische Umsetzungsschwierigkeiten der gerichteten Organspende als Hürde für eine gesetzliche Fixierung angeführt. Es wird befürchtet, dass es den behandelnden Ärzten *in praxi* unmöglich sei nachzuprüfen, ob der gewünschte Empfänger die tatsächlichen (z.B. Verwandtschaftsverhältnis entsprechend der Bedingung) und medizinischen Voraussetzungen (z.B. Blutgruppenkompatibilität)[545] einer Transplantation erfüllt.[546] Diesem Einwand ist entschieden entgegenzutreten. Führte man, wie bereits geltend gemacht, als gesetzliche Voraussetzung für eine Empfängerbestimmung an, dass der Begünstigte bereits auf einer der von den Transplantationszentren zu führenden Wartelisten registriert sein muss, um Empfänger der Spende sein zu können, so würden unmittelbar im Falle der Organspendesituation bereits sämtliche erforderlichen persönlichen und medizinischen Daten vorliegen, die benötigt werden, um das Vorliegen der Voraussetzungen für eine Organspende seitens der Ärzte in kürzester Zeit zu überprüfen. Die befürwortende Einstellung der Koordinierungsstelle und der Ärzteschaft zur gerichteten Leichenspende verdeutlichen, dass zumindest aus der Sicht der „Praktiker" derartige Umsetzungsschwierigkeiten nicht dazu führen dürfen, dass von einer rechtlichen und tatsächlichen Etablierung dieser letzten Willensbefolgung Abstand genommen wird. Es zeigt überdies, und das ist das Entscheidende, dass die gerichtete Organspende von Praktikern für in der Praxis umsetzbar gehalten wird.

---

545 Anzumerken ist hier, dass auch bei Blutgruppeninkompatibilität in Einzelfällen eine Transplantation durchaus möglich ist, siehe Hardt/Grosse-Wilde, Grundlagen der Transplantationsimmunologie, in: Krukemeyer/Lison (Hrsg.), Transplantationsmedizin, S. 4.

546 Koch, Persönlichkeitsrechtsschutz bei der postmortalen Organentnahme zu Transplantationszwecken in Deutschland und Frankreich, S. 171.

Insofern ist an dieser Stelle für die Schaffung einer für Rechtssicherheit sorgenden rechtlichen Lösung zu plädieren. Eine Einfügung der entsprechenden Möglichkeit könnte beispielsweise in § 9 Abs. 2 TPG erfolgen. Hier könnte ein Satz 4 eingefügt werden, welcher eine Ausnahme von der Vermittlungspflicht für die Fälle der vom Spender gewünschten Spende an Verwandte ersten oder zweiten Grades, Ehegatten, eingetragene Lebenspartner, Verlobte oder andere Personen vorsieht, welche dem Spender zu Lebzeiten in besonderer persönlicher Verbundenheit offenkundig nahestanden, wobei die bedachte Person im Zeitpunkt der möglichen Spende bereits auf der Warteliste für eine Organspende registriert sein muss.

Eine Änderung der Richtlinien gem. § 16 TPG ist aus hier vertretener Ansicht keine vorzugswürdige Alternative, der gerichteten Leichenspende in dem Verteilungsprozess ihren Platz zu geben.[547] Obwohl die bislang bestehenden verfassungsrechtlichen Bedenken an der Richtlinienkompetenz der Bundesärztekammer seit der Einführung eines Genehmigungserfordernisses der Richtlinien durch das Bundesministerium für Gesundheit in § 16 Abs. 3 S. 1 TPG zurückgetreten sind, fehlt es bei einer derartigen „Lösung" an der Klarstellungsfunktion für potentielle Spender und Ärzte. Wichtig erscheint es doch vor allem den Bürgern, die Umfragen zufolge der Organspende zumindest grundsätzlich positiv gegenüberstehen[548], zu verdeutlichen, dass sie nicht nur hinsichtlich einer persönlichen Entscheidung für oder gegen die Spende von Organen nach dem Tode gefordert sind. Es muss deutlich herausgestellt werden, dass in den aufgezeigten Grenzen eine individuelle Einflussnahme und Gestaltungsmöglichkeit in Bezug auf einen Organempfänger besteht. Gedanken, die diesbezüglich von einer positiven Beeinflussung des Spendewillens ausgehen sind selbstverständlich rein spekulativer Natur, doch können sie nicht gänzlich von der Hand gewiesen werden. Jedenfalls scheint eine eindeutige Aufnahme der gerichteten Leichenspende in das Transplantationsgesetz diejenige vorzugswürdige Möglichkeit zu sein, die Erheblichkeit des Selbstbestimmungsrechts derjenigen zu verankern, auf welche das Transplantationssystem nicht nur in Deutschland so dringend angewiesen ist – der Spender.

547 Auf diese Möglichkeit weist Lautenschläger hin, siehe Der Status ausländischer Personen im deutschen Transplantationssystem, S. 137.
548 Zur mangelnden Aussagekräftigkeit einer solchen Aussage siehe bereits unter Fn. 96.

H. Ethische Erwägungen

Die ethische Brisanz dieser Thematik der bedingten Organspende ist augenscheinlich. Unter Zugrundelegung ethischer Argumentationsstrukturen soll daher im Folgenden untersucht werden, welches Ergebnis eine ethische Betrachtung des begrenzten Empfängerkreises bei der Lebendspende, der bedingten Leichenspende, speziell aber der auf einen ausgewählten Empfänger gerichteten Leichenspende, hervorbringt. Hierfür soll zunächst auf die in diesem Zusammenhang grundlegenden Fragestellungen und Grundprinzipien verwiesen werden, bevor herausgefiltert wird, welche Interessen letztlich kollidieren und eine bedingte Organspendeerklärung unter Umständen ethisch legitimieren.

Stetig kann das Verfahren der Organgewinnung und -übertragung dank des medizinischen und medizintechnischen Fortschritts verbessert werden. Dieses Verfahren unterliegt, wie gezeigt werden konnte, den rechtlichen Regelungen des Transplantationsgesetzes, wobei Recht schließlich verkürzt ausgedrückt „nichts anderes als das ethische Minimum" darstellt[549]. Neben den Kontroversen zum Hirntodkriterium[550] bestimmt vor allem die Frage einer gerechten Verteilung knapper Organe die ethische Diskussion um die Organspende. Welcher der Patienten auf der Warteliste soll eines der wenigen zur Verfügung stehenden Organe erhalten und nach welchen ethischen Kriterien soll sich das Transplantationsverfahren richten?

Speziell für die Medizinethik haben Beauchamp und Childress vier Grundprinzipien aus der „common morality" abgeleitet, welche heute von Medizinethikern

---

549 Jellinek, Die sozialethische Bedeutung von Recht, Unrecht und Strafe, S. 45; nach zutreffender Ansicht Taupitz', stelle jedoch umgekehrt das Recht insofern ein „ethisches Maximum" dar, als das es die Einhaltung und Durchsetzung seiner Gebote weitgehend durch Zwang garantiere und damit faktisch einen höheren Verbindlichkeitsgrad aufweise, als „nur" ethische Regeln, in: Das Recht im Tod: Freie Verfügbarkeit der Leiche? Rechtliche und ethische Probleme der Nutzung des Körpers Verstorbener, S. 4 f.

550 Hierzu statt vieler ausführlich siehe Hunold, Organtransplantation in ethischer Sicht, S. 29 ff; sowie aus Sicht der theologischen Ethik, siehe Monteverde, Märtyrer oder Leichen? Das Hirntodkriterium als Topos theologischer Medizinethik, in: ZEE, 50. Jg, S. 182–196.

als maßgeblich angesehen werden[551] und anhand derer sich unter anderem auch eine Beantwortung der aufgeworfenen Fragen orientieren soll. Zuvörderst wird hier die Respektierung der Autonomie des Patienten genannt („respect for autonomy"), zum Zweiten die Schadensvermeidung („nonmaleficence"), als drittes Kriterium folgt die Wohltätigkeit/ Fürsorgepflicht („beneficence"), als viertes und letztes Grundprinzip führen die renommierten Bioethiker die Gerechtigkeit („justice") an.[552] Diese grundsätzlich gleichwertigen Grundprinzipien, welche vorliegend auch für die Verteilung der zur Transplantation zur Verfügung stehenden Organe maßgeblich sein sollen, zeigen den ethischen Grundkonflikt zwischen der Verpflichtung zum Schutz menschlichen Lebens und dem Tod, welcher jenen Patienten droht, die trotz „gerechter Verteilung" der zur Verfügung stehenden Ressourcen mangels Spenderorganen das dringend benötigte Organ nicht erhalten[553], deutlich auf.

Bei einer Sichtung der zur zweifellos weitgefassten Thematik der Ethik im Gesundheitswesen existenten Literatur ist besonders auffällig, dass eine Vielzahl der Autoren Eigenverantwortung und Autonomie nicht mehr länger nur als ein Grundprinzip der Medizinethik versteht, sondern diese vielmehr als Lösungsansatz im Umgang mit der zunehmenden Ressourcenknappheit im Gesundheitswesen aufgreifen, herausstellen und darüber hinaus im Ergebnis überwiegend positiv bewerten.[554] Speziell die Patientenautonomie, wonach Autonomie und Würde jedem Patienten eigen sind, steht hierbei für das Recht des Patienten „nicht als bloßes Objekt von Entscheidungen behandelt, sondern wie ein Wesen respektiert zu werden, das sich selbst bestimmen und verpflichten kann, auch wenn es sich als solches nicht artikulieren kann".[555]

Eben diese auf individuellen Werten und Entscheidungsfindungsprozessen beruhende Letztentscheidungsautonomie des Patienten ist ein zentraler Aspekt

---

551 Kreß, in: BGesBl 8/2008, 809.

552 Vgl. Beauchamp und Childress, Principles of Biomedical Ethics, S. 99 ff.

553 Beckmann, Ethische Aspekte der Organtransplantation, in: Beckmann/Kirste/ Schreiber (Hrsg.), Organtransplantation: Medizinische, rechtliche und ethische Aspekte, S. 118.

554 Stellvertretend hierfür seien angeführt: Buyx, Eigenverantwortung als Verteilungskriterium im Gesundheitswesen, in: Eth Med 2005, S. 269 ff.; Sass, Ordnungsethik des Gesundheitswesens und gesundheitsmündige Bürger, in: Brink/Eurich/Hädrich/ Langer/Schröder, (Hrsg.), Gerechtigkeit im Gesundheitswesen, S. 149 ff.; Bauer, Welche ethischen Pflichten haben Patienten in einem solidarisch finanzierten Gesundheitswesen?, in: Universitas 08/2006, S. 783 ff.

555 Wallner, Ethik im Gesundheitssystem, S. 52.

nicht nur bei der Lebendspende, sondern gerade auch im Rahmen einer ethischen Beleuchtung der Einflussnahmemöglichkeiten des Transplantatgebers auf den generalisierten und an objektiven Kriterien orientierten Spendeprozess der Leichenspende.

I. Gerichtete Lebendspende

Orientiert an den genannten medizinethischen Kriterien Beauchamps und Childress' muss hinsichtlich der Begrenzung des Empfängerkreises der Lebendspende auf Verwandte ersten oder zweiten Grades, Ehegatten, eingetragene Lebenspartner, Verlobte oder andere Personen, die dem Spender in besonderer persönlicher Verbundenheit offenkundig nahestehen, die zentrale Frage sein, ob die Autonomie des Spendewilligen in hinreichendem Maße Beachtung findet. Aufgrund der gesetzlichen Einschränkung auf den genannten Kreis von Personen ist es dem Organspender verwehrt, entfernt bekannten oder gar unbekannten Personen zu spenden. Daher haben auch die Interessen potentieller, jedoch außerhalb des zulässigen Empfängerkreises befindlicher Empfänger in die Beurteilung einzufließen.

Grundsätzlich obliegt es der freien Entscheidung eines Spenders, seine Organe nur einer gewissen, von ihm ausgewählten Person zur Verfügung stellen zu wollen. Dies soll erst recht gelten, wenn es sich hierbei um eine verwandte oder ihm nahestehende Person handelt.[556] Als ausschlaggebend dafür, welche Einschränkungen der Lebendspender an seine Bereitschaft als Organspender zur Verfügung zu stehen knüpft, wird sein persönliches Interesse angeführt, welches wesentlicher Faktor der autonomen Entscheidung sei.[557] Für den Fall, dass der Spender ein besonderes Interesse daran hat, einer ihm weitläufig bekannten oder gänzlich unbekannten Person zu spenden, weil er diesem Menschen das Geschenk der Lebensverlängerung bzw. der Leidenslinderung als Ausfluss reiner (u.U. religiös motivierter) Nächstenliebe machen möchte, ist an der Selbstbestimmtheit seiner Entscheidung mangels besonderer (familiärer) Nähebeziehung keinerlei Zweifel zu hegen. So wäre mit dieser Entscheidung nach der hier vertretenen Auffassung sogar das größtmögliche Maß an Autonomie erreicht, weil mögliche Zwänge, die

556 Ach/Anderheiden/Quante, Ethik der Organtransplantation, S. 108. Ob die Freiwilligkeit der Spendeentscheidung gerade bei einer Spende an die in § 8 Abs. 1 S. 2 TPG genannten Personen eher vermutet werden kann als bei ferner Bekannten oder gänzlich Unbekannten war bereits unter E. I. 7. Gegenstand der Untersuchung.
557 Ebd., S. 109.

sich aus einer gewissen Erwartungshaltung der Angehörigen ergeben könnten, ausscheiden.[558] Kollidierende Interessen der potentiellen Empfänger werden nicht gesehen, da deren Interesse, ein Organ zu erhalten, durch die Zulässigkeit einer über den Empfängerkreis des TPG hinausgehenden Spende gerade entsprochen würde.

An dieser Stelle muss jedoch das zweite der von Beauchamp und Childress herausgearbeiteten Prinzipien als Korrektiv herangezogen werden – die Schadensvermeidung. Es darf auch in einer ethischen Bewertung des begrenzten Empfängerkreises nicht unberücksichtigt bleiben, dass mit der Explantation eines Organs vom lebenden Spender für diesen ein nicht unerhebliches gesundheitliches Risiko verbunden ist. Hierbei ist nicht nur die mit einer jeden Operation einhergehende Gefährdung eines sich ansonsten bester Gesundheit erfreuenden Spendewilligen anzuführen. Auch das Risiko eines Spenders, sich später selbst mit einer Erkrankung der verbleibenden Niere konfrontiert zu sehen, ohne dass ein Funktionsausgleich durch die zweite erfolgen kann, ist nicht von der Hand zu weisen. Das Ziel der Vermeidung jeglicher bewusster Selbstschädigung durch staatliche Restriktionen kann freilich nicht in jedem Fall den einhergehenden Eingriff in die Autonomie eines Menschen rechtfertigen. Auch Rauchen, das Anbringen von Körperschmuck wie Piercings und Tattoos oder bestimmte Berufsbilder (wie beispielsweise das des Rennfahrers) bergen ein gewisses Risiko der (langfristigen) Gesundheitsschädigung in sich. Gleichwohl würde ein staatliches Verbot in diesen Fällen aufgrund des Vorrangs der Selbstbestimmung einen unverhältnismäßigen Eingriff in dieses darstellen, gewisse staatliche Restriktionen freilich ausgeklammert. Die Fürsorgepflicht des Staates, womit auch das dritte der angeführten Prinzipien herangezogen wird, vermag es demnach nicht, jegliche selbstbestimmte Selbstgefährdung vermeiden zu können.

Angewendet auf die eingangs geschilderte Spende außerhalb des Empfängerkreises ist jedoch ein anderes Ergebnis zu ziehen. Denn hier ist zu bezweifeln, dass das Interesse an der Spende genauso groß ist, wie im Falle der Lebensverlängerung oder Steigerung der Lebensqualität eines nahen Familienangehörigen oder einer mit dem Spender besonders verbundenen Person. Die fehlende emotionale Involvierung mangels eines unmittelbaren Erlebens des Krankheitsverlaufes und Leidens dieses Menschen führt unweigerlich zu einem verminderten persönlichen Interesse des Spenders. Unterstellt, ein finanzieller Anreiz zur Spende durch den Empfänger ist geeignet, das Interesse des Spenders auf ein solches

---

558 Auch Steigleder spricht in diesem Zusammenhang von „moralischen Erwartungen", in: BGesBl. 8/2008, 850 (855).

Maß zu schüren, wie es bei einer emotionalen Bindung der Fall ist, kann doch in Anbetracht des Organhandelsverbotes und dem Ziel, das Vertrauen der Bevölkerung in den Organspendeprozess zu steigern, dies einen erheblichen gesellschaftlichen Schaden herbeiführen. Insofern überwiegen bei einer über den durch das TPG vorgesehenen Empfängerkreis der Lebendspende hinausgehenden Beschränkung der Spendeerklärung angesichts der gesundheitlichen Gefahren und der Gefährdung der Seriosität des Organspendeprozesses in Deutschland die Fürsorgepflicht des Staates, die Autonomie des Spenders sowie das entgegenstehende Interesse potentieller Organempfänger.

II. Bedingte Leichenspende

Bei einer ethischen Betrachtung der Möglichkeit, die Organspendeerklärung, die erst nach dem Tod des freiwilligen Spenders zur Anwendung kommt, mit einer Bedingung[559] zu verknüpfen, entfällt das gewichtige Argument der Schutzpflicht des Staates aufgrund möglicher gesundheitlicher Gefahren für den Spender naturgemäß. Insofern gilt es vielmehr die Interessen des Verstorbenen, die Interessen der die Bedingung erfüllenden potentiellen Empfänger sowie der durch die Bedingung ausgeschlossenen Personen und staatliche Schutzpflichten gegeneinander abzuwägen.

1. Interessen des Verstorbenen

Im Interesse des Spendewilligen ist es, dass seine zu Lebzeiten abgegebene Erklärung nach dem Tod seinen Wünschen entsprechend umgesetzt wird. Ist der Wille, als Leichenspender zur Verfügung zu stehen also an eine gewisse Bedingung geknüpft[560], so gebieten das Fortwirken des Persönlichkeitsrechtes sowie die vorrangig den Angehörigen des Verstorbenen obliegende Pflicht zur Anerkennung und Respektierung des Wunsches grundsätzlich dessen Umsetzung.[561] Unabhängig

---

559 Hierunter fällt vorliegend nicht die gerichtete Leichenspende, diese wird unter einem gesonderten Punkt untersucht, siehe unter H. III.

560 Zu den Möglichkeiten der Bedingbarkeit beispielsweise unter Anknüpfung an eine gewisse dem Empfänger innewohnende Eigenschaft oder zeitliche bzw. institutionelle Rahmenbedingungen wurde bereits unter Punkt F. ausgeführt.

561 Nach Ach/Anderheiden/Quante besteht jedoch keinerlei tatsächliche, rechtliche oder unmittelbar moralische Verpflichtung die Interessen des Verstorbenen zu wahren,

vom Gegenstand der Einschränkung der Spendebereitschaft, also selbst bei Anknüpfung an die Hautfarbe, Religion oder Herkunft, liegt es im Interesse des Verstorbenen, dass nur eine Organentnahme stattfindet, soweit der Empfänger, bzw. bei strukturellen oder organisatorischen Einschränkungen im Transplantationsablauf das Ärzteteam, die vorgegebenen Voraussetzungen erfüllt.

2. Interessen begünstigter Transplantatbedürftiger

Den erkrankten und dringend ein neues Organ benötigenden Wartelistepatienten geht es vorwiegend bedingungslos um den Erhalt einer lebensrettenden Transplantation. Soweit die Bedingung an die Person des Organempfängers selbst anknüpft, ist ein dem Organerhalt entgegenstehendes Interesse dieser entsprechend Begünstigten nicht ersichtlich, erfüllt doch diese begünstigte Patientengruppe gerade die durch den Spender vorgegebenen Merkmale.

Soweit die Bedingung verfahrenstechnischer bzw. organisatorischer Natur ist, dürfte den potentiellen Empfängern sehr daran gelegen sein, dass diese erfüllt wird. Nur so stehen die Organe einer Vermittlung überhaupt zur Verfügung. Die Nichterfüllung der Bedingung würde, wie bereits gezeigt werden konnte, zu einem Wegfall der Spendebereitschaft führen, die Organe würden den potentiellen Empfänger nie erreichen.[562]

3. Interessen ausgeschlossener Transplantatbedürftiger

Anders hingegen ist die Situation der transplantatbedürftigen, die Bedingungen des Spenders jedoch nicht erfüllenden Wartelistenpatienten zu beurteilen. Deren Interesse besteht gleichermaßen an dem Erhalt eines kompatiblen Organs, auch wenn die durch den Spender geforderten Merkmale in ihrer Person nicht vorliegen. Insofern kollidiert das Interesse an einer Leidensminderung bis hin zum Überlebensinteresse des Transplantatbedürftigen dieser ausgeschlossenen Interessengruppe[563] mit dem Autonomieinteresse des Organgebers. Insbesondere, wenn

---

vielmehr bestünde lediglich ein eigenes Interesse der Lebenden, dass ihr Leichnam nach dem Tod so behandelt wird, wie sie es sich zu Lebzeiten wünschten, in: Ethik der Organtransplantation, S. 69.

562 Hierzu bereits siehe unter F. V.

563 Gründel spricht von einem „Recht des Kranken auf jede für ihn notwendig erscheinende und von ihm auch erwünschte medizinische Hilfe zur Gesundung bzw. zur

der durch die Spendererklärung ausgeschlossene Erkrankte ohne die Beschränkung durch die Vermittlungsstelle als Empfänger des lebensrettenden Organs bestimmt worden wäre, besteht ein originäres Interesse an der Nichtbefolgung der den Erkrankten als Empfänger ausschließenden Bedingung.

Jedoch könnte eine Verletzung der Interessen dieser Patientengruppe bereits ausgeschlossen sein, indem die Spendebereitschaft des Verstorbenen gerade dergestalt an die Bedingung geknüpft ist, dass bei deren Nichterfüllung die Spendebereitschaft gänzlich entfällt.[564] Dies hat zur Folge, dass selbst bei einer Nichtbeachtung der Bedingung, die Organe dieser Interessengruppe nicht zur Verfügung stünden. So kommen sowohl durch Befolgung wie auch durch Nichtbefolgung des Spenderwillens das Organ/ die Organe für eine Transplantation zugunsten der Ausgeschlossenen nicht in Betracht. Vielmehr würden durch die mangelnde spezifische Einflussnahmemöglichkeit des Spenders auch denjenigen Empfängern, welche die Bedingung, die der Spender an seine Spendebereitschaft geknüpft hat erfüllen, die Organe nicht zur Verfügung stehen. Zumindest jedoch würde sich eine Befolgung der bedingten Spendeerklärung mit der Folge der Durchführung der Spende dergestalt positiv auch für jene die Bedingung nicht erfüllenden Bedürftigen auswirken, dass durch die Spende an andere Wartelistepatienten, diese auf der Warteliste entsprechend aufrücken. Eine positive Folge würde sich so letztlich auch für die ausgeschlossenen Transplantatbedürftigen ergeben. Die Willensbefolgung würde somit allen nutzen und keinem schaden, während die Nichtbefolgung des Willens allen Wartelistenpatienten Schaden zufügen würde. Ein entgegenstehendes Interesse dieses Personenkreises besteht mithin in letzter Konsequenz nicht.

4. Staatliche Interessen und Interessen der Gesellschaft

Für die Frage, ob die Verknüpfung der Organspendeerklärung mit einer Bedingung ethisch zu befürworten ist, müssen auch die „öffentlichen" Interessen, gemeint sind die Interessen von Staat und Gesellschaft, in die Abwägung einfließen.

Staatlicherseits steht, wie schon zuvor mehrfach angeführt wurde, zuvörderst eine Steigerung der Organspendezahlen und damit eine Steigerung der zur Transplantation zur Verfügung stehenden Organe im Fokus, wenngleich dieses Ziel nicht

---

Verbesserung seiner Lebensqualität, soweit sich dies im Rahmen der bestehenden menschlichen und gesellschaftlich-ökonomischen Situation auch ermöglichen lässt", siehe Ethische Probleme bei der Lebendspende von Organen, in: Wiesing (Hrsg.), Ethik in der Medizin, S. 315 (316).

564 Hierzu siehe unter F. V.

uneingeschränkt verfolgt wird. Einschränkung erfährt dieses Ziel durch die transparente und auf Vertrauensbildung basierende Ausgestaltung des gesamten Transplantationswesens. Die mit einem Ausschluss bestimmter Bevölkerungsgruppen, beispielsweise aufgrund ihrer Herkunft, Hautfarbe oder Religion, verbundene mögliche Stigmatisierung[565] könnte dem entgegenstehen, indem zu befürchten steht, dass sich die Befolgung diskriminierender Bedingungen kontraproduktiv zu den verfolgten Zielen der Transparenz und der Vertrauenswürdigkeit verhält.

Unter den Interessen der Gesellschaft sind die Interessen aller Bürger als identitätsstiftende Mitglieder eines sozialen Verbundes zu verstehen. Die Ehrung und Achtung der Toten ist ein wichtiger Bestandteil des Fundamentes, auf welchem Menschenwürde und Persönlichkeitsrecht aufbauen können. Anders als das vordergründige Interesse des Staates die Zahl der zur Verfügung stehenden Organe zu steigern, ist aus gesellschaftsethischer Sicht daher wohl die Achtung der Wünsche des Verstorbenen als höchstes Gut anzusehen. Denn jedes Mitglied der Gesellschaft, also jeder Bürger, wird am Ende seines Lebens und nach seinem Tod selbst darauf vertrauen müssen, dass seine letzten Wünsche und Verfügungen durch die Lebenden befolgt und umgesetzt werden. Gleichwohl sind die Grenzen des Beachtenswerten in den Grundfesten der freiheitlich demokratischen Gesellschaft zu sehen, welche eine nicht zu rechtfertigende diskriminierende Behandlung ihrer Bürger verbietet.

5. Abwägungsergebnis

Es wurde gezeigt, dass die Interessen des Spenders sowie der durch die Bedingung begünstigten Patientengruppe und letztlich auch denen der Ausgeschlossenen möglicherweise im Falle des Ausschlusses bestimmter Bevölkerungsgruppen zum Teil staatlichen und gesellschaftlichen Interessen zuwiderlaufen, während hinsichtlich zeitlicher oder institutioneller Beschränkungen der Spendebereitschaft aus ethischer Sicht keine Bedenken bestehen.

Würde man also die Bedingbarkeit nicht akzeptieren, so entfiele nicht nur die Spendebereitschaft an sich, sondern zugleich die Rettungsmöglichkeit hinsichtlich jener Patienten, welche die geforderten Voraussetzungen erfüllen. Auch der nichterfolgende Zufluss von transplantablen Organen in das bestehende System

---

565 Auf diese Gefahr weisen Ach/Anderheiden/Quante hin, wobei seitens der Verfasser Unsicherheit hinsichtlich der Belastbarkeit der Vermutung besteht, in: Ethik der Organtransplantation, S. 109.

absoluter Knappheit[566] hätte die Folge, dass sich keiner der Wartelistenpatienten um einen Listenplatz verbessern könnte. So wäre außer dem Interesse eines an Gerechtigkeit und Transparenz orientierten Spendesystems letztlich keinem der genannten Interessen genüge getan, was überdies im Widerspruch zu dem staatlichen Ziel stünde, das Organaufkommen in Deutschland zu erhöhen. Fraglich ist, ob dieses Ergebnis tragfähig ist.

Ein grundsätzlich an Gerechtigkeit orientiertes System untergräbt sich selbst, wenn es evidente Ungerechtigkeiten zu- und so Teil des Systems werden lässt. Insofern muss differenziert werden zwischen Ungerechtigkeiten, die so schwer wiegen, dass sie dass System aushöhlen und Ungerechtigkeiten, die im Interesse der Erhöhung des Organaufkommens sowie der Leidensminderung und Lebensverlängerung der Patienten ethisch vertretbar und daher hinzunehmen sind. Eine pauschale Grenzziehung, ab wann eine solche schwerwiegende und nicht zu rechtfertigende Ungerechtigkeit durch eine Bedingung hervorgerufen wird, muss einer Einzelfallbestimmung weichen. Allein im Falle einer Diskriminierung, welche sachlich unter keinen Umständen zu rechtfertigen ist, darf aufgrund der einem jeden Menschen inne wohnenden Menschenwürde, gleich welcher Herkunft, Hautfarbe oder Religion, eine Ungleichbehandlung jedenfalls nicht erfolgen. Hier findet die Autonomie des Individuums naturgemäß ihre Grenze in der Werteordnung unserer Gesellschaft.[567]

III. Gerichtete Leichenspende

Die gerichtete Organspende als ein Unterfall der bedingten Leichenspende verdient auch im Rahmen der ethischen Betrachtung besondere Aufmerksamkeit. Zwar kollidieren hier grundsätzlich die gleichen Interessen, die vorangehend bereits angeführt worden sind. Doch besteht zumindest für den Fall der Spendeeinwilligung zugunsten eines Familienangehörigen oder nahen Verwandten oder Bekannten eine Sondersituation, die es bei einer ethischen Würdigung in jedem Fall zu beachten gilt. So ist das entscheidungsprägende Merkmal der gerichteten Organspende zugunsten eines Familienangehörigen oder eines besonders

---

566 Wallner, Ethik im Gesundheitssystem, S. 101.

567 Im Ergebnis wohl übereinstimmend für den Fall der Vermarktung des eigenen Körpers aus sozialer Not oder Gewinnstreben siehe Beckmann, Ethische Aspekte der Organtransplantation, in Beckmann/Kirste/Schreiber (Hrsg.), Organtransplantation: Medizinische, rechtliche und ethische Aspekte, 93 (133).

nahestehenden Bekannten die besondere emotionale Verbundenheit zu dieser Person. Der durch den Spender begünstigte Empfänger ist kein Unbekannter, welcher lediglich die abstrakt festgelegten Eigenschaften erfüllt[568], bzw., bei einer Negativabgrenzung[569], diese gerade nicht erfüllt. Vielmehr erwächst das Interesse des Spenders, seine Bereitschaft zur Spende nur zugunsten der Ehefrau, des Kindes oder eines engen Freundes zu signalisieren, gerade aus einer wohl größtenteils über lange Jahre gewachsenen besonderen emotionalen Verbindung. Diese Beziehungsebene könnte sogar eine ethische Pflicht zur Hilfe gegenüber den in Not Geratenen begründen, die es im Falle der Lebendspende aufgrund des Risikos für den Spender noch abzulehnen gilt.[570] *Hans-Martin Sass* fasst das besondere Gegenseitigkeitsverhältnis einer familiären Gemeinschaft mit den folgenden Worten zusammen:

„Reziprozität in der Familie ist das ideale Beispiel für eine nichtpekuniäre Reziprozität, eine Reziprozität in der kleinsten menschlichen und sozialen Einheit, die auf gegenseitiger Achtung, Hilfeleistung, Liebe und Solidarität vor und unabhängig von allen rechtlichen und gesellschaftlichen Regelungen und Ansprüchen besteht."[571]

Auch wenn diese Aussage auf die Familie bezogen ist, so sind die wesensprägenden Merkmale wie emotionale Bindung, gegenseitige Unterstützung und Zusammenhalt auch auf enge freundschaftliche Beziehungen ohne Weiteres übertragbar. Eine an eine ethische Verpflichtung heranreichende Spendebereitschaft kann sich aus diesen Attributen jedoch nur ergeben, soweit für den Spendewilligen kein eigenes Risiko gesundheitlichen Schaden zu nehmen droht. Dieses ist im Gegensatz zur Lebendspende bei der Leichenspende jedenfalls ausgeschlossen.

---

568 So bei der Formulierung: „Nur an…".
569 Hier ist die folgende Ausgestaltungen der Spendeerklärung gemeint: „Nicht an…".
570 Beckmann, Ethische Aspekte der Organtransplantation, in: Beckmann/Kirste/Schreiber (Hrsg.), Organtransplantation: Medizinische, rechtliche und ethische Aspekte, 93 (143); Birnbacher spricht in Organtransplantation – Stand der ethischen Debatte – sogar ganz allgemein von einer moralischen Pflicht zur Organspende, soweit für den Spender kein eigenes Risiko einhergeht, in: Wiesing (Hrsg.), Ethik in der Medizin. Ein Studienbuch, S. 311 (314); auch Steigleder erkennt eine grundsätzliche moralische Verpflichtung zur Organspende an, sofern der Spender sicher sein kann, dass die Organe erst nach seinem Tod entnommen werden und er durch die Entnahme in keiner Weise negativ tangiert wird, siehe Ethische Erwägungen zur Organtransplantation und zum Hirntodkriterium, in: BGesBl. 8/2008, S. 850 (853).
571 Sass, Lassen sich Reziprozitätsmodelle bei der Gewebe- und Organtransplantation ethisch rechtfertigen und praktisch realisieren?, in: Medizinethische Materialien, Heft 174, S. 13.

Auch wenn sich eine tatsächliche Verpflichtung zur Spende hieraus freilich nicht ergeben kann, so ist der Spendewille, welcher aus eben dieser Verbundenheit und der Verantwortung gegenüber Familienangehörigen und nahestehenden Personen entspringen mag, ethisch und tatsächlich nicht negierbar. Aus dem emotionalen Kontext des Spendewilligen zu dem ihm besonders nahestehenden gewünschten Empfänger ergibt sich daher auch aus ethischer Sicht die Zulässigkeit einer gerichteten Spendeentscheidung.

Auch unter Einbeziehung utilitaristischer Gesichtspunkte lässt sich feststellen, dass die Akzeptanz der gerichteten Leichenspende sowohl die Achtung der Autonomie des Spenders sichert, als auch die einhergehende Verwertbarkeit weiterer Organe für Wartelistenpatienten nur von Vorteil ist.[572] Denn es gilt diejenige Handlung als gut, die den größten Nutzen zur Folge hat und es muss Ziel aller Handlungen sein, den Nutzen für möglichst viele Menschen zu maximieren.[573] Allein gemessen an den Folgen der Akzeptanz einer personengebundenen Leichenspende also, würde dies den größten Nutzen sowohl für Spender und Empfänger, als auch für alle Wartelistenpatienten bedeuten, da gerade nur bei Erfüllung der Bedingung überhaupt Organe dem Vermittlungssystem zufließen würden. Zudem verhält sich der Spendewillige gerade „gesellschaftskonform", indem er die von Politikern und entsprechenden Akteuren des Gesundheitssystems in besonderem Maße propagierte Organspendebereitschaft signalisiert – wenngleich er nur eingeschränkt solidarisch verfügungswillig ist.[574] Die Autonomie des Spenders, vor der Solidarität mit Fremden zunächst der Verbundenheit mit ihm nahestehenden Personen Ausdruck zu verleihen, überwiegt auch bei einer ethischen Betrachtung im speziellen Fall der gerichteten Leichenspende das staatliche Interesse eines an vermeintlich rein objektiven Kriterien ausgerichteten Allokationssystems.

---

572 Brenner, Bioethik und Biophänomen. Den Leib zur Sprache bringen, S. 30; Höffe, Einführung in die utilitaristische Ethik, S. 84 ff.

573 Hick, Klinische Ethik, S. 285; als Väter des Utilitarismus gelten Jeremy Bentham und John Stuart Mill.

574 Kliemt, Meine Niere, deine Niere, keine Niere, in: ZiF 3/2000, 1 (3).

I. Gesamtergebnis

Das deutsche Transplantationssystem knüpft sowohl bei der Organentnahme vom lebenden wie vom toten Spender an das höchste Gut des autonomen Menschen an – dessen Willen –, dem Willen, als Organspender zur Verfügung zu stehen. Beim lebenden Spender geht der Gesetzgeber sogar in zweifelhafter Weise davon aus, dass die Entscheidung zur Spende insbesondere vom freien Willen getragen ist, wenn die Spende an einen Verwandten oder an eine in einem besonderen Näheverhältnis zum Spender stehende Person erfolgt. Aus diesem Grund ist der Empfängerkreis der Lebendspende gerade auf diesen Personenkreis beschränkt worden. Der hiermit verbundene Ausschluss der altruistischen Spende an einen Unbekannten wegen der Befürchtung einer möglichen Kommerzialisierung ist jedoch unverhältnismäßig. Die anonyme Spende in einen Organpool wäre ein probates und das Selbstbestimmungsrecht des Spenders weniger einschneidendes Mittel, um einem eventuellen Handel vorzubeugen. Zudem ist auf die Schwierigkeiten einer sogenannten Überkreuzspende hingewiesen worden, welchen zugunsten von Rechtssicherheit mit der Schaffung bestimmter, jedoch nicht abschließender, Fallgruppen zu begegnen ist.

Das Recht darauf, selbstbestimmt über die Verwendbarkeit der eigenen Organe zu disponieren, endet nicht mit dem Tod. Im Rahmen einer „Körperverfügung von Todes wegen" kann der eigene Wille zur Organspende dokumentiert werden. Ist der Wille des Verstorbenen zunächst unbekannt, so wird versucht, diesen über eine Befragung der Angehörigen zu ermitteln. Im Rahmen ihres Tortensorgerechts ist auch für deren Entscheidung über die Verfügbarkeit der Organe des Toten zur Spende zuvörderst der entsprechende Wille des potentiellen Spenders maßgeblich. Wie gezeigt werden konnte steht es in Deutschland jedem Bürger frei, seinen Willen zur Spende von Organen nach dem Tod auf bestimmte Organe zu beschränken. Eine weitere Spezifizierung des Willens lässt das Gesetz weder ausdrücklich noch bei entsprechender Auslegung zu.

Die vorangegangenen Untersuchungen haben jedoch ergeben, dass nicht jede anderslautende Bedingung, an welche die postmortale Spendebereitschaft zwingend geknüpft ist, zu einem Ausschluss des Verfügenden als Spender führt. Im Hinblick auf vermittlungspflichtige Organe steht eine durch den Spender an seine Einwilligung gebundene Bedingung im Widerspruch zu den auf Erfolgsaussicht und Dringlichkeit ausgerichteten Allokationskriterien, wenn auch diese nicht gänzlich frei von Durchbrechungen sind. Wie die Bevorzugung von Alten, Kindern sowie Patienten, die mit besonders hoher Dringlichkeit eine Transplantation benötigen, bei der Vermittlungsentscheidung zeigt, ist das TPG um den Ausgleich negativer Einflussfaktoren bemüht und lässt insofern modifizierte Allokationsvariablen greifen. Allein Bedingungen, welche sich im Rahmen der Organisationsstruktur des Transplantationsvorgangs unproblematisch berücksichtigen lassen, wie beispielsweise die Entnahmeoperation unter Vollanästhesie, stehen auch *de lege lata* nicht im Widerspruch zu den für vermittlungspflichtige Organe geltenden Allokationskriterien.

Bezüglich nicht-vermittlungspflichtiger Organe kann eine Spendeentscheidung durchaus an eine Bedingung geknüpft werden, sofern diese keine gegen das Diskriminierungsverbot verstoßende Wirkung entfaltet. Eine weitere Grenze setzt außerdem das Organhandelsverbot, welches aufgrund des bei einer Streichung zu befürchtenden Vertrauensverlustes der Bevölkerung in die Organspende dringend beibehalten werden muss.

Um einer *de lege lata* bezüglich vermittlungspflichtiger Organe unzulässigen gerichteten Organspendeerklärung Geltung zu verschaffen, sind verschiedene Ansätze geprüft worden. Im Ergebnis konnte festgestellt werden, dass der rechtfertigende Notstand gem. § 34 StGB im Einzelfall die Übertragung eines Organs auf den vom Spender gewünschten Empfänger rechtfertigt, sofern in der Folge weitere Organe zur Allokation über die Vermittlungsstelle freigegeben werden. Eine regelmäßige Berufung auf diesen Rechtfertigungsgrund kann hingegen die Schaffung einer gesetzlichen Regelung nicht ersetzen. Diese ist, wie außerdem belegt wurde, dringend notwendig, denn die derzeitige Regelung des § 9 Abs. 2 S. 3 i.V.m. § 12 Abs. 3 S. 1 TPG verstößt wegen ihrer Unvereinbarkeit mit einer gerichteten Spende nicht nur gegen das postmortal fortwirkende Selbstbestimmungsrecht des Spendewilligen. Auch ein Verstoß gegen den Gleichheitsgrundsatz ist gegeben, indem der Ausschluss der sich an der Empfängerkreisbeschränkung für die Lebendspende orientierenden gerichteten Leichenspende als nicht hinreichend verfassungsrechtlich gerechtfertigt anzusehen ist.

Auch die sich an die rechtlichen Ausführungen anschließenden ethischen Erwägungen unterstützen die Forderung nach der Schaffung einer gesetzlichen Regelung zur Zulässigkeit der gerichteten Leichenspende. Die Missachtung der Autonomie des Spendewilligen führt zu einem für alle Beteiligten nachteilsbehafteten Ergebnis. Zudem besteht aus ethischer Sicht gegenüber Verwandten und dem Spender besonders nahestehenden Personen eine Verpflichtung zur Hilfe bereits aus der besonderen emotionalen Verbundenheit.

Insofern kommt den Worten *Christoph Enders* „[d]enn die Prärogative praktischer Orientierung gebührt im demokratischen Rechtsstaat unzweifelhaft dem parlamentarischen Gesetzgeber, der in dem ihm obliegenden Unterfangen einer zeitgemäßen Definition schutzwürdiger Rechtsgüter relativ frei ist"[575] besondere Bedeutung zu. Es bleibt also zu hoffen, dass der Gesetzgeber, den ihm zukommenden Freiraum entsprechend nutzt und die Zulässigkeit der gerichteten Leichenspende im Transplantationsgesetz verankert. Die Einfügung der Zulässigkeit der gerichteten Leichenspende in § 9 Abs. 2 TPG ist als vorzugswürdig vor der Verankerung in den Richtlinien anzusehen. Die Einfügung eines Satz 4 mit einer Ausnahme von der Vermittlungspflicht für die Fälle der vom Spender gewünschten Spende an Verwandte ersten oder zweiten Grades, Ehegatten, eingetragene Lebenspartner, Verlobte oder andere Personen, welche dem Spender zu Lebzeiten in besonderer persönlicher Verbundenheit offenkundig nahestanden wäre eine adäquate Möglichkeit der Umsetzung. Ebenfalls aufgenommen werden müsste die Voraussetzung, dass sich die bedachte Person im Zeitpunkt der möglichen Spende bereits auf der Warteliste für eine Organspende befindet.

Ohne eine entsprechende Gesetzesänderung würde der Leichenspender, um es zugespitzt zu formulieren, in der Tat zum bloßen postmortalen „Leistungserbringer im Gesundheitssystem"[576] degradiert, ohne individuelle Einflussnahmemöglichkeit. Dies ist insbesondere angesichts der Fortwirkung des Persönlichkeitsrechtes über den Tod hinaus in dieser Form nicht hinnehmbar.

---

575 Enders, „Mein Körper gehört mir"!? – Das Menschenrecht der Bestimmung über sich selbst und die Phänomenologie seiner Grenzen, in: Götting/Sternberg-Lieben (Hrsg.), Der Mensch als Ware, 59 (73).

576 Die Frage, ob der Organspender als Leistungserbringer im Gesundheitssystem anzusehen ist, wirft Geisler in seinem Aufsatz „Organ – Lebendspende. Routine – Tabubrüche – Systemtragik", in: Universitas Dezember 2004, S. 1215 (1220) auf.

J. Thesenartige Zusammenfassung der Arbeitsergebnisse

Die Subsidiaritätsklausel ist beizubehalten und eine Klarstellung vorzunehmen, nach welcher der potentielle Empfänger trotz bestehender Subsidiarität selbstbestimmt zwischen Lebendspende- und Leichenspendeorganen entscheiden kann.

Die Richtlinienkompetenz muss weiter bei der Bundesärztekammer liegen, um die schnellstmögliche Umsetzung neuester wissenschaftlicher Forschungserkenntnisse zu gewährleisten. Die Ständige Kommission Organtransplantation stellt hierbei durch den vereinten interdisziplinären Sachverstand aktuellste und zugleich sachgerechte Empfehlungen sicher. Dies ist nunmehr auch durch die Einführung eines Genehmigungserfordernisses der Richtlinien durch das Bundesministerium für Gesundheit verfassungsrechtlich abgesichert.

An der neben der neu eingeführten Entscheidungslösung geltenden erweiterten Widerspruchslösung ist festzuhalten. Zur Steigerung der zur Organtransplantation zur Verfügung stehenden Organe ist vielmehr eine Änderung der Organisationsstruktur des Organspendeprozesses vorzunehmen, insbesondere ist eine Änderung der Personalstruktur in der Krankenhäusern, u. a. durch die nunmehr auch normierte Etablierung von Transplantationsbeauftragten, zu bewirken.

Der Ausschluss der altruistischen Lebendspende ist als unverhältnismäßig anzusehen. Die Spende in einen anonymen Organpool wäre ein wesentlich weniger eingriffintensives Mittel, um einem möglichen Handeltreiben vorzubeugen.

Die Zulässigkeit der Überkreuz-Lebendspende muss ausdrücklich gesetzlich festgeschrieben werden. Ein geeigneter Rahmen wäre die Etablierung verschiedener Fallgruppen, bei deren Vorliegen die persönliche Verbundenheit grundsätzlich vermutet wird, ohne weitere Konstellationen gänzlich auszuschließen.

Die Transplantation von Teilen eines Leichenorgans ist grundsätzlich als zulässig anzusehen, wenn sie beim Empfänger in spezifischer Organfunktion eingesetzt werden.

Bei Transplantationsunfähigkeit stehen Organe und Gewebe grundsätzlich nicht zu Forschungszwecken zur Verfügung; es sei denn, diese Verwendungsmöglichkeit ist ausdrücklich durch den Verstorbenen selbst oder seine Angehörigen zugelassen bzw. die Entscheidung darüber einem Sachwalter übertragen und durch diesen zugelassen worden.

Eine bedingte Spendeeinwilligung hindert die Transplantation nicht-vermittlungspflichtiger Organe nicht. Begrenzt wird die Zulässigkeit von Bedingungen lediglich durch das Diskriminierungsverbot sowie das Organhandelsverbot. Die Regelungen des vierten Abschnitts des TPG (§§ 9 ff. TPG) stehen einer Beschränkung des Empfängerkreises hinsichtlich eines vermittlungspflichtigen Organs durch den Verstorbenen und Spendewilligen entgegen. Die Bestimmung eines Empfängers mit der Einwilligungserklärung ist als unzulässig anzusehen.

Den aktuellen Verteilungsregelungen immanent ist eine gerechtigkeitsorientierte Durchbrechung der Allokationskriterien, welche vorrangig an dem Alter oder der besonderen Dringlichkeit einer Transplantation anknüpft.

Bedingungen, die Festlegungen zum Ablauf des Transplantationsprozesses treffen sind zulässig, sofern sie sich im Rahmen der vorgesehenen Organisationsstruktur halten.

Zur Beurteilung der Folgen einer unzulässigen Bedingung ist an die Vorschrift des § 139 BGB anzuknüpfen, welche von der Nichtigkeit des gesamten Rechtsgeschäftes ausgeht, wenn bei Teilnichtigkeit des Rechtsgeschäftes nicht davon auszugehen ist, dass es auch ohne den nichtigen Teil vorgenommen sein würde.

Eine gerichtete Leichenspende sowie die einhergehende Umgehung der normierten Verteilungsmaßstäbe kann unter Rückgriff auf § 34 StGB im Einzelfall gerechtfertigt sein. Eine mit der regelmäßigen Berufung auf diesen Rechtfertigungsgrund verbundene Aushöhlung der Vorschriften des TPG steht jedoch zu befürchten.

Eine analoge Anwendbarkeit der Vorschrift des § 8 Abs. 1 S. 2 TPG in Verbindung mit dem postmortal fortwirkenden Selbstbestimmungsrecht des gewillten Spenders zur Herleitung der Zulässigkeit der gerichteten Leichenspende scheitert an der unterschiedlich gearteten Interessenlage von Lebend- und Leichenspende.

§ 9 Abs. 2 S. 3 TPG ist verfassungswidrig. Er verstößt aufgrund der fehlenden Einflussnahmemöglichkeit des Spenders auf den Empfänger sowohl gegen das postmortal fortwirkende Selbstbestimmungsrecht des Spenders sowie gegen den Gleichheitsgrundsatz.

Eine verfassungskonforme Auslegung des § 9 Abs. 2 S. 3 TPG scheitert am eindeutigen Wortlaut der Norm.

Es ist eine Rechtssicherheit schaffende Ausnahmeregelung in § 9 Abs. 2 TPG aufzunehmen. Diese muss ein Ausnahme von der Vermittlungspflicht für die Fälle der vom Spender gewünschten Spende an Verwandte ersten oder zweiten Grades, Ehegatten, eingetragene Lebenspartner, Verlobte oder andere Personen, welche dem Spender zu Lebzeiten in besonderer persönlicher Verbundenheit offenkundig nahestanden, schaffen. Voraussetzung ist, dass die bedachte Person im Zeitpunkt der möglichen Spende bereits auf der Warteliste für eine Organspende registriert ist.

Die Autonomie ist des Menschen höchstes Gut. Ihre Grenze findet sie naturgemäß in der Werteordnung unserer Gesellschaft. Aus dem besonderen emotionalen Kontext der gerichteten Leichenspende an einen Verwandten oder besonders verbundenen Bekannten heraus, ergibt sich sogar eine ethische Pflicht zur Hilfe.

Literaturverzeichnis

Ach, Johann S./ Anderheiden, Michael/ Quante, Michael	Ethik der Organtransplantation, Erlangen 2000
Albrecht, Volker	Die rechtliche Zulässigkeit postmortaler Transplantatentnahmen, in: Kriminalwissenschaftliche Studien, Band 5, Marburg 1986
Arns, Wolfgang/ Citterio, Franco/ Campistol, Josep M.	'Old-for-old' – new strategies for renal transplantation, in: Nephrology Dialysis Transplantation 2007, 22 (2), S. 336–341
Augsberg, Steffen	HU-Allokation – vom Ausnahme- zum Regelfall, in: Middel, Claus-Dieter/Pühler, Wiebke/Lilie, Hans/ Vilmar, Karsten (Hrsg.), Novellierungsbedarf des Transplantationsrechts, München 2010, S. 163–177
Ders.	Die Bundesärztekammer im System der Transplantationsmedizin, in: Höfling, Wolfram (Hrsg.), Die Regulierung der Transplantationsmedizin in Deutschland. Eine kritische Bestandsaufnahme nach 10 Jahren Transplantationsgesetz, Tübingen 2008, S. 45–59
Bachmann, Dirk/ Bachmann, Kai	Aspekte zu Crossover-Transplantationen, in: MedR 2007, S. 94–98
Bader, Mathis	Organmangel und Organverteilung, Tübingen 2010
Bauer, Axel W.	Welche ethischen Pflichten haben Patienten in einem Solidarisch finanzierten Gesundheitswesen?, in: Universitas 08/2006, S. 783–791
Beauchamp, Tom L./ Childress, James F.	Principles of Biomedical Ethics, 6. Auflage, Oxford, New York 2009

Beckmann, Jan P.	Ethische Aspekte der Organtransplantation, in: Beckmann, Jan P./Kirste, Günter/Schreiber, Hans-Ludwig (Hrsg.), Organtransplantation: Medizinische, rechtliche und ethische Aspekte, in: Ethik in den Biowissenschaften, Band 7, Freiburg 2008
Beecham, Linda	Donors and relatives must place no conditions on Organ use, in: British Medical Journal 2000; 320: 534
Besold, Andrea/ Rittner, Christian	Über die Alternativen zur Lebendorganspende im Transplantationsgesetz: Die Überkreuz-Lebendspende -warum nicht auch in Deutschland?, MedR 2005, S. 502–510
Birnbacher, Dieter	Organtransplantation – Stand der ethischen Debatte, in: Wiesing, Urban (Hrsg.), Ethik in der Medizin. Ein Studienbuch, Stuttgart 2004, S. 311–315
Bleckmann, Albert	Staatsrecht II – Die Grundrechte, 4. Auflage, Köln u.a. 1997
Borowy, Oliver	Die postmortale Organentnahme und ihre zivilrechtlichen Folgen, Frankfurt 2000
Brenner, Andreas	Bioethik und Biophänomen: Den Leib zur Sprache bringen, Würzburg 2006
Breyer, Friedrich/ Van den Daele, Wolfgang/ Engelhard, Margret/ Gubernatis, Gundolf/ Kliemt, Hartmut/ Kopetzki, Christian/ Schlitt, Hans Jürgen/ Taupitz, Jochen	Organmangel. Ist der Tod auf der Warteliste unvermeidbar?, Berlin, Heidelberg 2006 (zitiert: Breyer u.a., Ist der Tod auf der Warteliste unvermeidbar?)
Ders.	Möglichkeiten und Grenzen des Marktes im Gesundheitswesen. Das Transplantationsgesetz aus ökonomischer Sicht, in: ZfmE 48 (2002), S. 111–123
Ders./ Kliemt, Hartmut	Solidargemeinschaften der Organspender: Private oder öffentliche Organisation?, in: Oberender, Peter (Hrsg.), Transplantationsmedizin. Ökonomische, ethische, rechtliche und medizinische Aspekte, 1. Auflage, Baden-Baden 1995

Brunner, Johannes	Theorie und Praxis im Leichenrecht, in: NJW 1953, S. 1173–1174
Bundesministerium der Justiz (Hrsg.)	Handbuch der Rechtsförmlichkeit. Empfehlungen des Bundesministeriums der Justiz für die rechtsförmliche Gestaltung von Gesetzen und Rechtsverordnungen nach § 42 Absatz 4 und § 62 Absatz 2 der Gemeinsamen Geschäftsordnung der Bundesministerien, 3. Auflage, Köln 2008
Buyx, Alena	Anreize in der postmortalen Organspende: Belohnte Spendebereitschaft, in: Eth Med 2009, S. 7–20
Dies.	Eigenverantwortung als Verteilungskriterium im Gesundheitswesen. Theoretische Grundlagen und Praktische Umsetzung, in: Eth Med 2005, S. 269–283
Clement, Ralf	Der Rechtsschutz der potentiellen Organempfänger nach dem Transplantationsgesetz. Zur rechtlichen Einordnung der verteilungsrelevanten Regelungen zwischen öffentlichem und privatem Recht, in: Recht & Medizin, Bd./Vol. 84, Frankfurt am Main 2007
Conrads, Christoph	Rechtliche Grundsätze der Organallokation. Verteilung des Mangels oder Mängel der Verteilung?, Baden-Baden 2000
Degenhart, Christoph	Staatsrecht I, Staatsorganisationsrecht, 24. Auflage, Heidelberg 2008
Ders.	Das allgemeine Persönlichkeitsrecht, Art. 2 I i.V.m. Art. 1 I GG, in: JuS 1992, 361–368
Deutsch, Erwin/ Spickhoff, Andreas	Medizinrecht. Arztrecht, Arzneimittelrecht, Medizinprodukterecht und Transfusionsrecht, 6. Auflage, Berlin, Heidelberg 2008
Ders.	Das Transplantationsgesetz vom 5.11.1997, in: NJW 1998, S. 777–782
Ders.	Die rechtliche Seite der Transplantation, in: ZRP 1982, S. 174–182
Dieners, Peter/ Reese, Ulrich (Hrsg.)	Handbuch des Pharmarechts. Grundlagen und Praxis, München 2010

Diettrich, Stefanie	Organentnahme und Rechtfertigung durch Notstand? Zugleich eine Untersuchung zum Konkurrenzverhältnis von speziellen Rechtfertigungsgründen und rechtfertigendem Notstand gem. § 34 StGB, in: Recht und Medizin Bd./Vol. 61, Frankfurt am Main 2003
Dolzer, Rudolf/ Kahl, Wolfgang/ Waldhoff, Christian/ Graßhof, Karin (Hrsg.)	Bonner Kommentar zum Grundgesetz, Heidelberg 2010
Dreier, Horst	Grundgesetz, Kommentar, Band I: Präambel, Artikel 1–19, 2. Auflage, Tübingen 2004
Dufková, Jarmila	Zur Frage der Zulässigkeit von sog. Cross-Spenden bei Nierentransplantationen lebender Organspender unter Berücksichtigung der Entscheidung des Bundesverfassungsgerichts vom 11.8.1999 zur altruistischen Lebendspende, in: MedR 2000, S. 408–412
Dies.	Die Zulässigkeit und Strafbarkeit der Organentnahme zu Transplantationszwecken im Vergleich zu klinischen Sektionen, in: MedR 1998, S. 304–308
Eberbach, Wolfram H.	„Meine Probe gehört mir" – Biobanken und Spendereinwilligung, in: Preuß, Dirk/Knoepffler, Nikolaus/Kodalle, Klaus-M. (Hrsg), Körperteile – Körper teilen, Kritisches Jahrbuch der Philosophie, Beiheft 8/2009, Würzburg 2009, S. 165–187
Eichholz, Jürgen	Die Transplantation von Leichenteilen aus zivilrechtlicher Sicht, in: NJW 1968, 2272–2276
Eisele, Jörg	Strafrecht, Besonderer Teil 1, Straftaten gegen die Person und die Allgemeinheit, Stuttgart 2008
Enders, Christoph	„Mein Körper gehört mir!?". Das Menschenrecht der Bestimmung über sich selbst und die Phänomenologie seiner Grenzen, in: Götting, Horst-Peter/Sternberg- Lieben, Detlev (Hrsg.), Der Mensch als Ware, Schriften zum geistigen Eigentum und zum Wettbewerbsrecht, Band 29, Baden-Baden 2010, S. 59–73

Epping, Volker/ Hillgruber, Christian	Grundgesetz, Kommentar, München 2009
Erler, Adalbert/ Kaufmann, Ekkehard (Hrsg.)/ Stammler, Wolfgang (Begr.)	Handwörterbuch zur deutschen Rechtsgeschichte, Band 4, Protonotarius Apostolicus – Strafprozeßordnung, Berlin 1990
Erman, Walter (Begr.)/ Westermann, Peter (Hrsg.)	Bürgerliches Gesetzbuch, Handkommentar mit AGG, EGBGB (Auszug), ErbbauRG, HausratsVO, LPartG, ProdHaftG, UKlaG, VAHRG und WEG
Esser, Dirk	Verfassungsrechtliche Aspekte der Lebendspende von Organen zu Transplantationszwecken, Gießen 2000
Fateh-Moghadam, Bijan/ Schroth, Ulrich/ Gross, Christiane/ Gutmann, Thomas	Die Praxis der Lebendspendekommissionen. Eine empirische Untersuchung zur Implementierung prozeduraler Modelle der Absicherung von Autonomiebedingungen im Transplantationswesen, in: Schroth, Ulrich/Schneewind, Klaus A./ Gutmann, Thomas/Fateh-Moghadam, Bijan (Hrsg.), Patientenautonomie am Beispiel der Lebendorganspende, Medizin-Ethik-Recht Bd. 6, Göttingen 2006, S. 119–187
Fischer, Thomas	Strafgesetzbuch und Nebengesetze, 58. Auflage, München 2011
Forkel, Hans	Das Persönlichkeitsrecht am Körper, gesehen besonders im Lichte des Transplantationsgesetzes, in: Jura 2001, S. 73–79
Fornara, Paolo	Lebendspende, insbesondere Cross-over – die ärztliche Perspektive, in: Middel, Claus-Dieter/ Pühler, Wiebke/Lilie, Hans/Vilmar, Karsten (Hrsg.), Novellierungsbedarf des Transplantationsrechts. Bestandsaufnahme und Bewertung, München 2010, S. 135–140
Freund, Georg/ Weiss, Natalie	Zur Zulässigkeit der Verwendung menschlichen Körpermaterials für Forschungs- und andere Zwecke, in: MedR 2004, S. 315–319

Ders./
Heubel, Friedrich

Der menschliche Körper als Rechtsbegriff, in: MedR 1995, S. 194–198

Fritzweiler, Jochen

Gefährliches Boxen und staatliches Verbot?, in: SpuRt 1995, S. 156–157

Gaedke, Jürgen

Handbuch des Friedhofs- und Bestattungsrechts. Mit ausführlicher Quellensammlung des geltenden staatlichen und kirchlichen Rechts, 10. Auflage, Köln 2009

Geisler, Linus S.

Die Lebenden und die Toten. Die Transplantationsmedizin beginnt sich von der „Tote-Spender-Regel" zu verabschieden, in: Universitas, Januar 2010, S. 5–13

Ders.

Organ – Lebendspende. Routine – Tabubrüche – Systemtragik, in: Universitas, Dezember 2004, S. 1215–1225

Giessing, Markus

10 Jahre „Eurotransplant Senior Program". Gibt es noch Altersgrenzen in der Nierentransplantation?, in: Der Urologe 2009, S. 1429–1437

Görgens, Bernhard

Künstliche Teile im menschlichen Körper, in: JR 1980, S. 140–143

Gohh, Reginald Y./
Morrissey, Paul E./
Madras, Peter N./
Monaco, Anthony P.

Controversies in organ donation: The altruistic living donor, in: Oxford Journals, Medicine, Nephrology, Dialysis, Transplantation 2001, Volume 16, Number 3, S. 619–621

Gründel, Johannes

Ethische Probleme bei der Lebendspende von Organen, in: Wiesing, Urban (Hrsg.), Ethik in der Medizin. Ein Studienbuch, 2. Auflage, Stuttgart 2004, S. 315–318

Gutmann, Thomas

Allokationsfragen: Aporien und Zweifelsfragen des geltenden Rechts, in: Höfling, Wolfram (Hrsg.), Die Regulierung der Transplantationsmedizin in Deutschland. Eine kritische Bestandsaufnahme nach 10 Jahren Transplantationsgesetz, Tübingen 2008, S. 113–135

Ders.

Für ein neues Transplantationsgesetz. Eine Bestandsaufnahme des Novellierungsbedarfs im Recht der Transplantationsmedizin, Berlin, Heidelberg 2006

Ders./ Schroth, Ulrich	Organlebendspende in Europa. Rechtliche Regelungsmodelle, ethische Diskussion und praktische Dynamik, in: Schriftenreihe Medizinrecht, Berlin, Heidelberg 2002
Ders./ Fateh-Moghadam, Bijan	Rechtsfragen der Organverteilung. Das Transplantationsgesetz, die „Richtlinien" der Bundesärztekammer und die Empfehlungen der Deutschen Gesellschaft für Medizinrecht, in: NJW 2002, S. 3365–3372
Ders.	Gesetzgeberischer Paternalismus ohne Grenzen? Zum Beschluss des Bundesverfassungsgerichts zur Lebendspende von Organen, in: NJW 1999, S. 3387–3389
Ders.	Probleme einer gesetzlichen Regelung der Lebendspende von Organen, in: MedR 1997, S. 147–155
Ders.	Lebendspende von Organen – nur unter Verwandten?, in: ZRP 1994, 111–114
Haft, Fritjof	Strafrecht, Besonderer Teil 1, 7. Auflage, München 1998
Hardt, Cornelia/ Grosse-Wilde, Hans	Grundlagen der Transplantationsimmunologie, in: Krukemeyer, Manfred G./Lison, Arno E. (Hrsg.), Transplantationsmedizin. Ein Leitfaden für den Praktiker, Berlin 2006, S. 1–24
Herodot	Neun Bücher der Geschichte. Nach der Übersetzung von Heinrich Stein, bearbeitet und ergänzt von Wolfgang Stammler, Essen 2006
Herrig, Christina	Die Gewebetransplantation nach dem Gewebegesetz, Entnahme- Lagerung- Verwendung unter besonderer Berücksichtigung der Hornhauttransplantation, Frankfurt 2002
Heun, Werner	Kommentar 2 – Anforderungen an das künftige Recht, in: Bundesärztekammer, Wissenschaftlicher Beirat und Ständige Kommission Organtransplantation, Symposium Gewebeverwendung und Transplantationsmedizin – Bestandsaufnahme und Perspektiven – vom 26. und 27. April 2004 in Berlin. Zusammenfassungen, Köln 2004, S. 67–72

Ders.	Der Hirntod als Kriterium des Todes des Menschen – Verfassungsrechtliche Grundlagen und Konsequenzen, in: JZ 1996, S. 213–219
Hick, Christian	Klinische Ethik, Heidelberg 2007
Hilchenbach, Frauke	Die Zulässigkeit von Transplantatentnahmen vom toten Spender aus zivilrechtlicher Sicht unter besonderer Berücksichtigung der Zustimmungsfragen, Heidelberg 1973
Hirsch, Günter/ Schmidt-Didczuhn, Andrea	Transplantation und Sektion. Die rechtliche und rechtspolitische Situation nach der Wiedervereinigung, Heidelberg 1992
Höffe, Otfried (Hrsg.)	Einführung in die utilitaristische Ethik, 4. Auflage, Tübingen 2008
Höfling, Wolfram	Transplantationsmedizin und dead donor rule, in: MedR 2012, S. 407–412
Ders.	Verteilungsgerechtigkeit in der Transplantationsmedizin?, in: JZ 2007, S. 481–486
Ders.	Kommentar zum Transplantationsgesetz (TPG), Berlin 2003 (zitiert: Höfling/Bearbeiter, TPG)
Ders.	Um Leben und Tod: Transplantationsgesetzgebung und Grundrecht auf Leben, in: JZ 1995, S. 26–33
Hömig, Dieter (Hrsg.)	Grundgesetz für die Bundesrepublik Deutschland, Kommentar, 9. Auflage, Baden-Baden 2010
Houssin, Didier	Historischer Hintergrund und ethische Überlegungen, in: Blickpunkt Ethik, Band 5, Organtransplantationen – ethisch betrachtet, Berlin 2006, S. 17–41
Hübner, Marlis/ Pannenbecker, Arnd/ Pühler, Wiebke	Arzneimittelrecht, in: Hübner, Marlies/ Pühler, Wiebke/ Middel, Claus-Dieter (Hrsg.), Praxisleitfaden Gewebegesetz: Grundlagen, Anforderungen, Kommentierungen, Köln 2009
Hunold, Gerfried	Organtransplantation in ethischer Sicht, in: Landeszentrale für politische Bildung Baden-Württemberg (Hrsg.), Organentnahme und Transplantation im Spannungsfeld zwischen Ethik und Gesetz, Bad Urach, Stuttgart 1997
Ipsen, Jörn	Staatsrecht II, Grundrechte, 9. Auflage, Neuwied 2006

Jähnke, Burkhard/ Laufhütte, Heinrich Wilhelm/ Odersky, Walter (Hrsg.)	Strafgesetzbuch, Leipziger Kommentar, Großkommentar, Sechster Band, §§ 223–263 a, 11. Auflage, Berlin 2005
Jansen, Norbert	Die Blutspende aus zivilrechtlicher Sicht, Bochum 1978
Jarass, Hans/ Pieroth, Bodo	Grundgesetz für die Bundesrepublik Deutschland, Kommentar, 11. Auflage, München 2011
Jellinek, Georg	Die sozialethische Bedeutung von Recht, Unrecht und Strafe, Reprint, Saarbrücken 2007
Joecks, Wolfgang	Strafgesetzbuch, Studienkommentar, 7. Auflage, München 2007
Joo, Ho-No	Organtransplantation und Strafrecht. Eine vergleichende Untersuchung zwischen deutschem und koreanischem Transplantationsgesetz, in: Europäische Hochschulschriften Bd./Vol. 4047, Frankfurt am Main 2005
Junge, Torsten	Tod und Unsterblichkeit. Legitimationsstrategien im Diskurs um Organspende, in: Hilt, Annette/ Jordan, Isabella/Frewer, Andreas (Hrsg.) Endlichkeit, Medizin, und Unsterblichkeit. Geschichte-Theorie- Ethik, Stuttgart 2010, S. 191–206
Junghanns, Ray	Verteilungsgerechtigkeit in der Transplantationsmedizin. Eine juristische Grenzziehung, in: Europäische Hochschulschriften, Reihe 2, Rechtswissenschaft, Bd. 3105, Frankfurt am Main 2001
Kallmann, Rainer	Rechtsprobleme bei der Organtransplantation. Straf- und zivilrechtliche Erwägungen, in: FamRZ 1969, S. 572–579
Keller, Martina	Ausgeschlachtet. Die menschliche Leiche als Rohstoff, Berlin 2008
Kingreen, Thorsten	Gesundheit ohne Gesetzgeber? Verfassungsrechtliche Vorgaben für Verteilungsentscheidungen im Gesundheitswesen, in: Kingreen, Thorsten/Laux, Bernhard (Hrsg.), Gesundheit und Medizin im interdisziplinären Diskurs, Berlin, Heidelberg 2008, S. 147–178

Kirchhof, Paul	Begriff und Kultur der Verfassung, in: Depenheuer, Otto/Grabenwarter, Christoph (Hrsg.), Verfassungstheorie, Tübingen 2010
Kirste, Günter	Organspende: Partielles Weiterleben in einem fremden Körper, in: Groß, Dominik/Tag, Brigitte/ Schweikardt, Christoph (Hrsg.), Who wants to live forever? Postmoderne Formen des Weiterwirkens nach dem Tod, Frankfurt am Main 2011, S. 191–196
Ders.	Transplantationsmanagement: Angebot und Vermittlung von Spenderorganen. Der rechtliche Rahmen nach dem Transplantationsgesetz, in: Der Diabetologe 5, 2010, S. 379–382
Ders.	Ablauf einer Organspende, in: Thieme- Refresher Organtransplantation 2008, S. R1–R20
Kliemt, Hartmut	Zur Kommodifizierung menschlicher Organe im freiheitlichen Rechtsstaat, in: Taupitz, Jochen (Hrsg.), Kommerzialisierung des menschlichen Körpers, Berlin, Heidelberg 2007, S. 95–108
Ders.	Warum darf ich alles verkaufen, nur meine Organe nicht?, in: Rittner, Christian/Paul, Norbert W. (Hrsg.), Ethik der Lebendorganspende. Beiträge des Symposiums in der Akademie der Wissenschaften und der Literatur, Mainz, vom 11. September 2004, Mainz 2005, (=Medizinische Forschung, Bd. 14 [2005]), S. 167–194
Ders.	Meine Niere, deine Niere, keine Niere. Making Choices in der Nierenallokation, in: ZiF 3/2000, S. 1–8
Ders.	Wem gehören die Organe?, in: Ach, Johann S/Quante, Michael (Hrsg.), Hirntod und Organverpflanzung. Ethische, medizinische, psychologische und rechtliche Aspekte der Transplantationsmedizin, Stuttgart-Bad Cannstatt 1997, S. 271–287
Kluth, Winfried/ Sander, Birgit	Verfassungsrechtliche Aspekt einer Organspendepflicht, in: DVBl. 1996, S. 1285–1293

Knust, Christine	Wallfahrtsorte, Wanderschausteller und das World Wide Web: Ökonomisierung und Verehrung von Heiligenreliquien in Mittelalter und Gegenwart, in: Groß, Dominik/Grande, Jasmin (Hrsg.), Objekt Leiche. Technisierung, Ökonomisierung und Inszenierung toter Körper, Frankfurt am Main 2010
Koch, Gudrun	Persönlichkeitsrechtsschutz bei der postmortalen Organentnahme zu Transplantationszwecken in Deutschland und Frankreich, München 2004
König, Peter	Das strafbewehrte Verbot des Organhandels, in: Roxin, Claus/Schroth, Ulrich (Hrsg.), Handbuch des Medizinstrafrechts, Stuttgart, München 2007, S. 406–434
Ders.	Strafbarer Organhandel, in: Criminalia, Bd. 22, Frankfurt am Main 1999
Kreß, Hartmut	Gesundheitsschutz als normatives Kriterium der Medizinethik, in: Bundesgesundheitsblatt 8/2008, S. 809–817
Kretschmer, Bernhard	Der Grab- und Leichenfrevel als strafwürdige Missetat, in: Strafrechtswissenschaft und Strafrechtspolitik, Bd. 11, Baden-Baden 2002
Krüger, Matthias/ Lautenschläger, Dunja/ Lilie, Hans (Hrsg.)	Transplantationsrecht, in: Hübner, Marlies/Pühler, Wiebke/Middel, Claus-Dieter (Hrsg.), Praxisleitfaden Gewebegesetz: Grundlagen, Anforderungen, Kommentierungen, Köln 2009
Ders.	Zehn Jahre Transplantationsgesetz-Aufgaben, Bilanz, Perspektiven und Reformbedarf, in: Charbonnier, Ralph/Laube, Martin (Hrsg.) Organ- und Gewebetransplantation. Zehn Jahre Transplantationsgesetz. Resümee und Reformbedarf, Loccumer Protokolle 16/07, Rehburg-Loccum 2008, S. 13–32
Krüger, Robert	Die Organvermittlungstätigkeit Eurotransplants im Sinne des § 12 TPG. Eine verfassungsrechtliche Analyse, in: Europäische Hochschulschriften, Reihe II, Bd. 5148, Frankfurt am Main 2011

Kudlich, Hans	Die strafrechtliche Aufarbeitung des „Organspende-Skandals", in: NJW 2013, S. 917–920
Kübler, Heidrun	Verfassungsrechtliche Aspekte der Organentnahme zu Transplantationszwecken, in: Schriften zum Öffentlichen Recht, Berlin 1977
Kühn, Hermann Christoph	Das neue deutsche Transplantationsgesetz, in: MedR 1998, S. 455–461
Kutlu, Aygün	AGB-Kontrolle bei stationärer Krankenhausaufnahme, in: Schriftenreihe Medizinrecht, Berlin, Heidelberg 2006
Lachmann, Rolf/ Meuter, Norbert	Medizinische Gerechtigkeit. Patientenauswahl in der Transplantationsmedizin, München 1997
Lang, Heinrich	Probleme der rechtsstaatlichen Einbindung der Transplantationsmedizin (Aufsicht, Rechtsschutz), in: Höfling, Wolfram (Hrsg.), Die Regulierung der Transplantationsmedizin in Deutschland. Eine kritische Bestandsaufnahme nach 10 Jahren Transplantationsgesetz, Tübingen 2008, S. 62–70
Larenz, Karl/ Wolf, Manfred	Allgemeiner Teil des Bürgerlichen Rechts, 9. Auflage, München 2004
Ders.	Methodenlehre der Rechtswissenschaft, 6. Auflage, Berlin, Heidelberg, New York 1991
Largiadèr, Felix	Transplantation von Organen. Von der Mythologie bis zur erlebten Gegenwart, Basel 2010
Laufs, Adolf/ Uhlenbruck, Wilhelm	Handbuch des Arztrechts, München 2002
Lautenschläger, Dunja	Der Status ausländischer Personen im deutschen Transplantationssystem, in: Recht und Medizin Bd./ Vol. 93, Frankfurt am Main 2009
Leibholz, Gerhard/ Rinck, Hans-Justus (Begr.)	Grundgesetz, Kommentar, Rechtsprechung des Bundesverfassungsgerichts, Art. 1–11

216

Lilie, Hans	Aktuelle Rechtsprobleme bei der Organtransplantation – Zur Widerspruchslösung –, in: Lilie, Hans/Rosenau, Henning/Hakeri, Hakan (Hrsg.), Die Organtransplantation – Rechtsfragen bei knappen Medizinischen Ressourcen, Beiträge des 6. Deutsch-Türkischen Symposiums zum Medizin- und Biorecht, Schriften zum Bio-, Gesundheits- und Medizinrecht, Band 8, Baden-Baden 2011, S. 55–59
Ders.	Überwachung und Prüfung der Transplantationsmedizin, in: Ahrens, Hans-Jürgen/Bar, Christian von/Fischer, Gerfried/Spickhoff, Andreas/Taupitz, Jochen (Hrsg.), Festschrift für Erwin Deutsch zum 80. Geburtstag, Berlin, Heidelberg 2009, S. 331–341
Ders.	10 Jahre Transplantationsgesetz – Verbesserung der Patientenversorgung oder Kommerzialisierung?, in: Schriftenreihe Medizin-Ethik-Recht, Bd. 10, Halle (Saale) 2008
Ders.	Zur Zukunft der Organ- und Gewebespende, in: Kern, Bernd-Rüdiger/Wadle, Elmar/Schroeder, Klaus-Peter/Katzenmeier, Christian (Hrsg.), Humaniora. Medizin-Recht-Geschichte. Festschrift für Adolf Laufs zum 70. Geburtstag, Berlin, Heidelberg 2006, S. 959–971
Ders.	Kommentar 1 – Anforderungen an das künftige Recht, in: Bundesärztekammer, Wissenschaftlicher Beirat und Ständige Kommission Organtransplantation, Symposium Gewebeverwendung und Transplantationsmedizin – Bestandsaufnahme und Perspektiven – vom 26. und 27. April 2004 in Berlin. Zusammenfassungen, Köln 2004, S. 45–53

Lück, Heiner	Zur Rechtspraxis der Leichenbeschaffung in Kursachsen während des 18. Jahrhunderts, in: Schultka, Rüdiger/Neumann, Josef N. (Hrsg.), Anatomie und Anatomische Sammlungen im 18. Jahrhundert: anlässlich der 250. Wiederkehr des Geburtstages von Philipp Friedrich Theodor Meckel (1755–1803), Münster, Berlin 2007, S. 451–467
Lütz, Manfred	Die Diskussion zum Transplantationsgesetz – eine Ärztliche Stellungnahme, in: Firnkorn, Hans-Jürgen (Hrsg.), Hirntod als Todeskriterium, Stuttgart 2000, S. 27–31
Luther, Christoph	Postmortaler Schutz nichtvermögenswerter Persönlichkeitsrechte, in: Schriften zum deutschen und internationalen Persönlichkeits- und Immaterialgüterrecht, Band 21, Göttingen 2009
Mangoldt, Hermann von (Begr.)	Kommentar zum Grundgesetz, Band 1: Präambel, Artikel 1 bis 19, 6. Auflage, München 2010
Marckmann, Georg	Menschliches Blut – altruistische Spende für Kommerzielle Zwecke?, in: Taupitz, Jochen (Hrsg.), Kommerzialisierung des menschlichen Körpers, Berlin, Heidelberg 2007, S. 69–81
Maunz, Theodor/ Dürig, Günter (Begr.)/ Herzog, Roman (Hrsg.)	Grundgesetz Kommentar, Band 1, Texte- Art. 5, 62. Ergänzungslieferung, München 2011
Maurer, Hartmut	Die medizinische Organtransplantation in verfassungsrechtlicher Sicht. Bemerkungen zum Entwurf eines Transplantationsgesetzes, in: DÖV 1980, S. 7–15
Medicus, Dieter	Allgemeiner Teil des BGB, 9. Auflage, München 2006
Miserok, Karl/ Sasse, Ralf/ Krüger, Matthias	Transplantationsrecht des Bundes und der Länder mit Transfusionsgesetz. Kommentare. Text, Wiesbaden 2001–2006
Mohammadi-Kangarani, Ehsan	Die Richtlinien der Organverteilung im Transplantationsgesetz – verfassungsgemäß?, in: Recht und Medizin, Bd. 105, Frankfurt am Main 2011

Monteverde, Settimio	Märtyrer oder Leichen? Das Hirntodkriterium als Topos theologischer Medizinethik, in: ZEE, 50. Jg, S. 182–196
Müller, Jutta	Ärzte und Pflegende, die keine Organe spenden wollen. Transplantatmangel muss nicht sein, in: Recht und Medizin Bd./Vol. 68, Frankfurt am Main 2004
Müller, Knut	Postmortaler Rechtsschutz – Überlegungen zur Rechtssubjektivität Verstorbener, in: Europäische Hochschulschriften, Bd./Vol. 1942, Frankfurt am Main 1996
Müller, Rolf	Die kommerzielle Nutzung menschlicher Körpersubstanzen. Rechtliche Grundlagen und Grenzen, in: Schriften zum Bürgerlichen Recht, Berlin 1997
Müller, Sabine	Revival der Hirntoddebatte: Funktionelle Bildgebung für die Hirntod-Diagnostik, in: Eth Med 2010, S. 5–17
Münch, Ingo von (Begr.)	Grundgesetz-Kommentar, Band 1 (Präambel bis Art. 19), 5. Auflage, München 2000
Nagel, Eckhard/ Alber, Kathrin/ Bayerl, Brigitta	Transplantationsmedizin zwischen Fortschritt und Organknappheit. Geschichte und aktuelle Fragen der Organspende, in: APuZ 20–21/2011, S. 15–21
Neft, Hans	Reform des Transplantationsgesetzes – Weichenstellung für eine bessere Patientenversorgung?, in: MedR 2013, S. 82–89
Ders.	Novellierung des Transplantationsgesetzes – eine herkulische Aufgabe?, in: NZS 2010, S. 16–25
Neumann, Sebastian	Soziale Absicherung von Organspendern. Auswirkungen des Gesetzes zur Änderung des Transplantationsgesetzes, in: NJW 2013, S. 1401–1404
Nickel, Lars Christoph/ Preisigke, Angelika	Zulässigkeit einer Überkreuz-Lebendspende nach dem Transplantationsgesetz. Zum Urteil des BSG vom 10.12.2003 – B 9 VS 1/01 R –, in: MedR 2004, S. 307–310

Ders./ Schmidt-Preisigke, Angelika/ Sengler, Helmut	Transplantationsgesetz. Kommentar mit einer umfassenden Einführung, Stuttgart, Berlin, Köln 2001 (zitiert: Nickel/Schmidt-Preisigke/Sengler, TPG)
Ders.	Die Entnahme von Organen und Geweben bei Verstorbenen zum Zwecke der Transplantation, nach dem Transplantationsgesetz vom 5. November 1997 unter Berücksichtigung der nationalen Regelungen der anderen europäischen Staaten, Bonn 1999
Nöldeke, Jana	Five Year Analysis of the Eurotransplant Senior Program, Berlin 2005
Norba, Daniela	Rechtsfragen der Transplantationsmedizin aus deutscher und europäischer Sicht, in: Schriften zum Gesundheitsrecht, Bd. 15, Berlin 2009
Odenwald, Steffen	Die Einwilligungsfähigkeit im Strafrecht unter Besonderer Hervorhebung ärztlichen Handelns, in: Europäische Hochschulschriften, Bd./Vol. 3808, Frankfurt am Main 2004
Oelert, Uta	Allokation von Organen in der Transplantationsmedizin, in: Recht und Medizin, Bd. 56, Frankfurt am Main 2002
Opper, Ingmar A.	Die gerechte und rechtmäßige Verteilung knapper Organe, Norderstedt 2008
Orben, Steffen	Rechtliche Verantwortung für Behandlungsfehler, in: Hallesche Schriften zum Recht, Bd. 19, Köln, Berlin, München 2004
Otto, Harro	Gegenwärtiger Angriff (§ 32 StGB) und gegenwärtige Gefahr (§§ 34, 35, 249, 255 StGB), in: Jura 1999, S. 552–553
Paeffgen, Hans-Ullrich	Überlegungen zur „Cross-over"-Lebend-Spende von Nieren, in: Hoyer, Andreas/Müller, Henning E./ Pawlik, Michael/Wolter, Jürgen (Hrsg.), Festschrift für Friedrich-Christian Schröder zum 70. Geburtstag, S. 579–602
Palandt, Otto (Begr.)	Kommentar zum Bürgerlichen Gesetzbuch, 72. Auflage, München 2013 (zitiert: Palandt/Bearbeiter, BGB)

Palmes, D./ Spiegel, H.-U./ Dietl, K.-H.	Strategien zur Kompensation des Spenderorganmangels, in: Krukemeyer, M.G./Lison, Arno E. (Hrsg.), Transplantationsmedizin. Ein Leitfaden für den Praktiker, Berlin 2006, S. 81 ff.
Pawlowski, Kai	Die strafrechtliche Bewertung der Organtransplantation, Bochum 2007
Pfeiffer, Alexandra	Die Regelung der Lebendorganspende im Transplantationsgesetz, in: Frankfurter kriminalwissenschaftliche Studien, Bd. 83, Frankfurt am Main 2004
Pieroth, Bodo/ Schlink, Bernhard	Grundrechte Staatsrecht II, 25. Auflage, Heidelberg, 2009
Pitschas, Rainer	Regulierung des Gesundheitssektors durch Telematikinfrastruktur – die elektronische Gesundheitskarte, in: NZS 2009, S. 177–184
Prütting, Hanns/ Wegen, Gerhard/ Weinreich, Gerd (Hrsg.)	BGB Kommentar, 6. Auflage, Köln 2011 (zitiert: Prütting/Wegen/Weinreich-Bearbeiter, BGB)
Pschyrembel, Willibald	Klinisches Wörterbuch, 261. Auflage, Berlin 2007
Radau, Wiltrud Christine	Die Biomedizinkonvention des Europarates. Humanforschung -Transplantationsmedizin – Genetik – Rechtsanalyse und Rechtsvergleich, in: Schriftenreihe Medizinrecht, Berlin, Heidelberg 2006
Rahmel, Axel	Eurotransplant und die Organverteilung in Deutschland, in: Krukemeyer, Manfred Georg/Lison, Arno E. (Hrsg.), Transplantationsmedizin. Ein Leitfaden für den Praktiker, Berlin, New York 2006, S. 64–79
Rebmann, Kurt/ Säcker, Franz Jürgen	Münchener Kommentar zum Bürgerlichen Gesetzbuch, Band 5: Familienrecht, 1. Halbband, (§§1297–1588), 2. Auflage, München 1989 (zitiert: MK/Bearbeiter, BGB)
Riha, Ortrun	Kodifizierung ärztlicher Ethik. Vom hippokratischen Eid zum Genfer Gelöbnis, in: Sitzungsberichte der Sächsischen Akademie der Wissenschaften zu Leipzig, mathematisch-naturwissenschaftliche Klasse, Bd. 131, Heft 4, Stuttgart, Leipzig 2010

Rittner, Christian/ Besold, Andrea/ Wandel, Evelyn	Die anonymisierte Lebendspende nach § 9 S. 1 TPG geeigneter Organe (§ 8 I 2 TPG lege ferenda) – ein Plädoyer pro vita und gegen ärztlichen und staatlichen Paternalismus, in: MedR 2001, S. 118–123
Rixen, Stephan	Die geltende Regelung zur Lebendspende: Vorverständnisse, Probleme, Änderungsbedarf, in: Höfling, Wolfram (Hrsg.), Die Regulierung der Transplantationsmedizin in Deutschland. Eine kritische Bestandsaufnahme nach 10 Jahren Transplantationsgesetz, Tübingen 2008, S. 73–83
Romeo-Casabona, Carlos M.	Das spanische Modell der „Zustimmungslösung" bei Organverpflanzung – Von der gesetzlichen Regelung zur Praxis, in: Preuß, Dirk/Knoepffler, Nikolaus/ Kodalle, Klaus-M. (Hrsg.), Körperteile – Körper teilen?, Würzburg 2009, S. 99–118
Rosenau, Henning	Die Widerspruchslösung in der Transplantation als rechtliche Möglichkeit, in: Lilie, Hans/ Rosenau, Henning/Hakeri, Hakan (Hrsg.), Die Organtransplantation – Rechtsfragen bei knappen Medizinischen Ressourcen, Beiträge des 6. Deutsch-Türkischen Symposiums zum Medizin- und Biorecht, Schriften zum Bio-, Gesundheits- und Medizinrecht, Band 8, Baden-Baden 2011, S. 61–78
Rosenberg, Sebastian	Die postmortale Organtransplantation. Eine „gemeinschaftliche Aufgabe" nach § 11 Abs. 1 S. 1 Transplantationsgesetz -Kompetenzen und Haftungsrisiken im Rahmen der Organspende-, in: Recht und Medizin Bd./Vol. 88, Frankfurt am Main 2008
Roth, Carsten	Eigentum an Körperteilen. Rechtsfragen der Kommerzialisierung des menschlichen Körpers, in: Bibliothek des Eigentums, Bd. 6, Berlin, Heidelberg 2009
Roxin, Claus	Zur Tatbestandsmäßigkeit und Rechtswidrigkeit der Entfernung von Leichenteilen (§ 168 StGB), insbesondere zum rechtfertigenden strafrechtlichen Notstand (§ 34 StGB) – OLG Frankfurt, NJW 1975, 271, in: JuS 1976, S. 505–511

Sachs, Michael	Grundgesetz, Kommentar, 5. Auflage, München 2009
Säcker, Franz Jürgen/ Rixecker, Roland (Hrsg.)	Münchener Kommentar zum Bürgerlichen Gesetzbuch, Band 1, Allgemeiner Teil, 1. Halbband: §§ 1–240, ProstG, 5. Auflage, München 2006
Sass, Hans-Martin	Lassen sich Reziprozitätsmodelle bei der Gewebe- und Organtransplantation ethisch rechtfertigen und praktisch realisieren?, in: Medizinethische Materialien, Heft 174, Bochum 2007
Ders.	Ordnungsethik des Gesundheitswesens und gesundheitsmündige Bürger, in: Brink, Alexander/ Eurich, Johannes/Hädrich, Jürgen/Langer, Andreas/Schröder, Peter (Hrsg.), Gerechtigkeit im Gesundheitswesen, Sozialpolitische Schriften, Heft 88, Berlin 2006
Sasse, Ralf	Zivil- und strafrechtliche Aspekte der Veräußerung von Organen Verstorbener und Lebender, in: Europäische Hochschulschriften, Bd. 1888, Frankfurt am Main 1996
Satzger, Helmut/ Schmitt, Bertram/ Widmaier, Gunter	Strafgesetzbuch, Kommentar, 1. Auflage Köln 2009
Schachtschneider, Albrecht/ Siebold, Dagmar I.	Die „erweiterte Zustimmungslösung" des Transplantationsgesetzes im Konflikt mit dem Grundgesetz, in: DÖV 2000, S. 129–137
Schäfer, Paul	Rechtsfragen zur Verpflanzung von Körper- und Leichenteilen, Münster 1961
Scharfenberg, Elisabeth	Organspende. Für die Zustimmungslösung, für Aufklärung und Strukturreformen, in: gpk Nr. 7/08, S. 55–57
Schenk, Stephan	Die Totensorge – Ein Persönlichkeitsrecht. Zivilrechtliche Untersuchung der Verfügungsbefugnis am toten menschlichen Körper, in: Schriften zum Zivilrecht, Bd. 39, Hamburg 2007
Schiefer, Gernot	Motive des Blutspendens. Tiefenpsychologische Untersuchung mit Gestaltungsoptionen für das Marketing von Nonprofit-Organisationen des Blutspendewesens, Wiesbaden 2006

223

Schmidt-Aßmann, Eberhard	Grundrechtspositionen und Legitimationsfragen im öffentlichen Gesundheitswesen: verfassungsrechtliche Anforderungen an Entscheidungsgremien in der gesetzlichen Krankenversicherung und im Transplantationswesen, Berlin, New York 2001
Schmidt-Bleibtreu, Bruno (Begr.)/ Hofmann, Hans (Hrsg.)/ Hopfauf, Axel (Hrsg.)	Kommentar zum Grundgesetz, 12. Auflage, Köln 2011
Schneider, Ingrid	Die soziale und rechtliche Regulation des Transfers von Körpersubstanzen: Kategorien, Klassifikationen und Normbildungsprozesse, in: Steineck, Christian/Döring, Ole (Hrsg.), Kultur und Bioethik. Eigentum am eigenen Körper, in: Schriftenreihe Recht, Ethik und Ökonomie der Biotechnologie, Bd. 21, 2. Auflage, Baden-Baden 2009
Schnorbus, York	Schmerzensgeld wegen schuldhafter Vernichtung von Sperma – BGH, NJW 1994, 127, in: JuS 1994, S. 830–836
Schnorrenberg, Hans Ekkehard	Zur Kommerzialisierung menschlicher Körpersubstanzen: Verstößt die Vereinbarung der Zahlung eines Entgelt an den Substanzgeber gegen die Menschenwürde?, in: Potthast, Thomas/ Herrmann, Beate/Müller, Uta (Hrsg.), Wem gehört der menschliche Körper? Ethische, rechtliche und soziale Aspekte der Kommerzialisierung des menschlichen Körpers und seiner Teile, Paderborn 2010, S. 223–233
Schöch, Heinz	Die Aufklärungspflicht des Arztes und ihre Grenzen, in: Roxin, Claus/Schroth, Ulrich (Hrsg.), Handbuch des Medizinstrafrechts, Stuttgart, München 2007, S. 47–70
Schönke, Adolf/ Schröder, Horst/ Eser, Albin	Strafgesetzbuch, Kommentar, 27. Auflage, München 2006
Schott, Markus	Patientenauswahl und Organallokation, in: Basler Studien zur Rechtswissenschaft, Reihe B, Öffentliches Recht, Bd. 63, Basel 2001

Schreiber, Hans-Ludwig	Die Notwendigkeit einer gesetzlichen Neuordnung des Rechts der Lebendorganspende, in: Bloy, René/ Böse, Martin/Hillenkamp, Thomas/Momsen, Carsten/Rackow, Peter (Hrsg.), Gerechte Strafe und legitimes Strafrecht. Festschrift für Manfred Maiwald zum 75. Geburtstag, Berlin 2010, S. 785–791
Ders.	Rechtliche Aspekte der Organtransplantation, in: Organtransplantation. Medizinische, rechtliche und ethische Aspekte, Freiburg, München 2008
Ders.	Die Notwendigkeit einer Ausweitung der Zulässigkeit von Lebendspenden, in: Rittner, Christian/Paul, Norbert W. (Hrsg.), Ethik der Lebendorganspende. Beiträge des Symposiums in der Akademie der Wissenschaften und der Literatur, Mainz, vom 11. September 2004, Mainz 2005, (=Medizinische Forschung, Bd. 14 [2005]) S. 61–67
Ders./ Haverich, Axel	Richtlinien für die Wartelistung und für die Organvermittlung, in: DÄBl. 2000; 97: A-385–386 [Heft 7]
Ders.	Wann ist der Mensch tot? Im Transplantationsgesetz muß die Frage nach dem Ende des Lebensschutzes beantwortet werden, in: Firnkorn, Hans-Jürgen (Hrsg.), Hirntod als Todeskriterium, Stuttgart 2000, S. 44–52
Ders.	Vorüberlegungen für ein künftiges Transplantationsgesetz, in: Kohlmann, Günter (Hrsg.) Festschrift für Ulrich Klug zum 70. Geburtstag, Band II, Strafrecht, Prozessrecht, Kriminologie, Strafvollzugsrecht, Köln 1983, S. 341–358
Schreiber, Marcus	Die gesetzliche Regelung der Lebendspende von Organen in der Bundesrepublik Deutschland, in: Recht und Medizin 65, Frankfurt a. M. 2004
Schröder, Michael/ Taupitz, Jochen	Menschliches Blut: verwendbar nach Belieben des Arztes? Zu den Formen erlaubter Nutzung menschlicher Körpersubstanzen ohne Kenntnis des Betroffenen, in: Medizin in Recht und Recht, Bd. 24, Stuttgart 1991

Schroth, Ulrich	Spenderautonomie und Schadensvermeidung, in: MedR 2012, S. 570–576
Ders.	Lebendspende, insbesondere Cross-over – die juristische Perspektive, in: Middel, Claus-Dieter/ Pühler, Wiebke/Lilie, Hans/Vilmar, Karsten (Hrsg.), Novellierungsbedarf des Transplantationsrechts. Bestandsaufnahme und Bewertung, München 2010, S. 141–156
Ders.	Die postmortale Organspende, in: Roxin, Claus/Schroth, Ulrich (Hrsg.), Handbuch des Medizinstrafrechts, Stuttgart, München 2007, S. 357–373
Ders./ König, Peter/ Gutmann, Thomas/ Oduncu, Fuat	Transplantationsgesetz, Kommentar, München 2005
Ders.	Das strafbewehrte Organhandelsverbot des Transplantationsgesetzes. Ein internationales Problem und seine deutsche Lösung, in: Oduncu, Fuat/Schroth, Ulrich/Vossenkuhl, Wilhelm (Hrsg.), Transplantation, Organgewinnung und –allokation, Göttingen 2003, S. 166–188
Ders.	Das Organhandelsverbot, in: Schünemann, Bernd/ Achenbach, Hans/ Bottke, Wilfried/Haffke, Bernhard (Hrsg.), Festschrift für Claus Roxin zum 70. Geburtstag am 15. Mai 2001, Berlin, New York 2001, S. 869–890
Ders.	Die strafrechtlichen Tatbestände des Transplantationsgesetzes. Aporien einer paternalistischen Gesetzgebung, in: Brudermüller, Gerd/Seelmann, Kurt (Hrsg.), Organtransplantation, Würzburg 2000, S. 159–171
Ders.	Stellungnahme zu dem Artikel von Bernhard Seidenath: „Lebendspende von Organen- Zur Auslegung des § 8 I 2 TPG", MedR 1998, 253, in: MedR 1999, 67–68

Schünemann, Hermann	Die Rechte am menschlichen Körper, in: Recht und Medizin, Bd. 10, Frankfurt am Main 1985
Schulte, Stefanie	Die Rechtsgüter des strafbewehrten Organhandelsverbotes. Zum Spannungsfeld von Selbstbestimmungsrecht und staatlichem Paternalismus, in: Recht und Medizin Bd. 99, Frankfurt am Main 2009
Seidenath, Bernhard	Lebendspende von Organen – Zur Auslegung des § 8 Abs. 1 S. 2 TPG, MedR 1998, S. 253–256
Sethe, Kurt	Zur Geschichte der Einbalsamierung bei den Ägyptern und einiger damit verbundener Bräuche, in: Sitzungsberichte der Preußischen Akademie der Wissenschaften, phil.-hist. Klasse, Berlin 1934, S. 211–255
Siegmund-Schultze, Nicola	Zweifel: Wie sicher ist die Diagnostik des Hirntodes?, in: Ärzte Zeitung für Onkologen und Hämatologen, Beilage der Ärzte Zeitung, 2010/08, S. 16–17
Soergel, Hans Theodor (Begr.)	Bürgerliches Gesetzbuch mit Einführungsgesetz und Nebengesetzen, Band 1: Allgemeiner Teil, §§ 1–103, Berlin u.a. 2000
Staudinger, Julius von (Begr.)	Kommentar zum Bürgerlichen Gesetzbuch mit Einführungsgesetz und Nebengesetzen, Buch 1, Allgemeiner Teil, §§ 90–130; §§ 1–54, 63 BeurkG, Berlin 2004
Steigleder, Klaus	Ethische Erwägungen zur Organtransplantation und zum Hirntodkriterium, in: BGesBl. 8/2008, S. 850–856
Steiner, Udo	Das Bundesverfassungsgericht und die Volksgesundheit, in: MedR 2003, S. 1–7
Sternberg-Lieben, Detlev	Der menschliche Körper als Ware – Grenzen durch das Strafrecht?, in: Götting, Horst-Peter/ Sternberg-Lieben, Detlev (Hrsg.), Der Mensch als Ware, Schriften zum Geistigen Eigentum und zum Wettbewerbsrecht, Band 29, Baden-Baden 2010, S. 11 ff.

Stoecker, Ralf
Ein Plädoyer für die Reanimation der Hirntoddebatte in Deutschland, in: Preuß, Dirk/Knoepffler, Nikolaus/ Kodalle, Klaus-M. (Hrsg.), Körperteile – Körper teilen?, Würzburg 2009, S. 41–59

Strätz, Hans-Wolfgang
Zivilrechtliche Aspekte der Rechtsstellung des Toten unter besonderer Berücksichtigung der Transplantation, Paderborn 1971

Stukenbrock, Karin
Der tote Körper als anatomisches Objekt: Wahrnehmungen im 18. Jahrhundert, in: Schultka, Rüdiger/Neumann, Josef N. (Hrsg.), Anatomie und Anatomische Sammlungen im 18. Jahrhundert. Anlässlich der 250. Wiederkehr des Geburtstages von Philipp Friedrich Theodor Meckel (1755–1803), Münster, Berlin 2007, S. 437–449

Tag, Brigitte
Grenzüberschreitung, Aufklärung oder beides?, in: Wetz, Franz Josef/Tag, Brigitte (Hrsg.), Schöne neue Körperwelten. Der Streit um die Ausstellung, Stuttgart 2001, Rn. 143–170

Dies.
Der Körperverletzungstatbestand im Spannungsfeld zwischen Patientenautonomie und Lex artis. Eine strafrechtliche Untersuchung, Berlin, Heidelberg 2000

Dies.
Rechtliche Erwägungen zu Körperspende, Plastination und Menschenwürde, in: Katalog zur Ausstellung Körperwelten, 9. Auflage, Heidelberg 2000, S. 259–286

Dies.
Zum Umgang mit der Leiche. Rechtliche Aspekte der dauernden Konservierung menschlicher Körper und Körperteile durch die Plastination, in: MedR 1998, 387–394

Taupitz, Jochen
Richtlinien in der Transplantationsmedizin, in: NJW 2003, S. 1145–1150

Ders.
Das Recht im Tod: Freie Verfügbarkeit der Leiche? Rechtliche und ethische Probleme der Nutzung des Körpers Verstorbener, Dortmund 1996

Ders.	Privatrechtliche Rechtspositionen um die Genomanalyse: Eigentum, Persönlichkeit, Leistung, in: JZ 1992, S. 1089–1099
Teubner, Andreas	Aufgaben und Umfang der Tätigkeit der Lebendspendekommission nach § 8 Abs. 3 TPG, Jena 2006
The President's Council on Bioethics	Controversies in the Determination of Death: A White Paper, Washington, D.C. 2008
Tort, Michel	Le désir froid – Procrèation artificielle et crise des Repères symboliques, Paris 1992
Truog, Robert D./ Miller, Franklin G.	The Dead Donor Rule and Organ Transplantation, in: New England Journal of Medicine, 359, 7, 2008, S. 674–675
Ulrich, Moritz	Durchbrechungen der Allokationskriterien des § 12 Abs. 3 TPG – das „old for old"- Programm, Frankfurt am Main 2013
Viebahn, Richard	10 Jahre Transplantationsgesetz – Bestandsaufnahme und Würdigung aus Sicht eines Transplantationsmediziners, in: Höfling, Wolfram (Hrsg.) Die Regulierung der Transplantationsmedizin in Deutschland. Eine kritische Bestandsaufnahme nach 10 Jahren Transplantationsgesetz, Tübingen 2008, S. 9–26
Vieweg, Klaus (Hrsg.)	Juris Praxiskommentar, BGB, Band 1, Allgemeiner Teil, 2. Auflage, Saarbrücken 2005 (zitiert: jurisPK/ Bearbeiter, BGB)
Vogel, Sebastian T.	Organentnahme bei hirntoten Schwangeren. Oder: Sterbehilfe am Lebensanfang? Frankfurt am Main 2013
Vossenkuhl, Wilhelm	Ethische Grundlagen ärztlichen Handelns. Prinzipienkonflikte und deren Lösungen, in: Roxin, Claus/Schroth, Ulrich (Hrsg.), Handbuch des Medizinstrafrechts, Stuttgart, München 2007, S. 3–20
Wallner, Jürgen	Ethik im Gesundheitssystem, Wien 2004

Walter, Ute	Organentnahme nach dem Transplantationsgesetz: Befugnisse der Angehörigen, in: FamRZ 1998, S. 201–211
Weck, Monika Christine	Vom Mensch zur Sache? Der Schutz des Lebens an seinen Grenzen, Aachen 2003
Wessels, Johannes/ Beulke, Werner	Strafrecht. Allgemeiner Teil. Die Straftat und ihr Aufbau, 38. Auflage, Heidelberg 2008
Wille, Sophia	Das Recht des Staates zur postmortalen Organentnahme. Zur Verfassungskonformität des Notstandsmodells im Bereich der Leichenorgangewinnung, in: MedR 2007, S. 91–94
Wolfslast, Gabriele	Transplantation ohne Gesetz? Zur rechtlichen Situation der Organspende, in: MMW 1982, S. 105–109

Die Reihe RECHT UND MEDIZIN wird von den Professoren Deutsch (Göttingen), Kern (Leipzig), Laufs (†) (Heidelberg), Lilie (Halle a.d. Saale), Schreiber (Göttingen) und Spickhoff (Göttingen) herausgegeben. Ihre Aufgabe ist es, Monographien und Dissertationen auf dem Gebiet des Medizinrechts zu veröffentlichen. Dieses Gebiet, das an Bedeutung noch zunehmen wird, umfaßt auf der juristischen Seite sowohl zivilrechtliche als auch straf- und öffentlich-rechtliche Fragestellungen. Die Fragen können von der juristischen oder von der medizinischen Seite aus untersucht werden. Übergreifendes Ziel ist es, den medizinrechtlichen Fragen nicht etwa ein gängiges juristisches Denkschema überzuwerfen, sondern die besonderen Probleme der Regelung medizinischer Sachverhalte eigenständig aufzufassen und darzustellen.

Manuskriptzusendungen an die Herausgeber bitte per Brief- bzw. Paketpost. Die Adressen der Herausgeber sind:

Prof. Dr. Dr. h.c. Erwin Deutsch (Zivilrecht und Rechtsvergleichung)
Höltystraße 8
37085 Göttingen

Prof. Dr. Bernd-Rüdiger Kern (Zivilrecht, Rechtsgeschichte und Arztrecht)
Universität Leipzig
Juristenfakultät / Lehrstuhl für Bürgerliches Recht, Rechtsgeschichte
und Arztrecht
Burgstraße 27
04109 Leipzig

Prof. Dr. Hans Lilie (Strafrecht, Strafprozessrecht und Medizinrecht;
federführender Reihenherausgeber)
Martin-Luther-Universität Halle-Wittenberg
Juristische Fakultät: Strafrecht
Universitätsplatz 6
06108 Halle a.d. Saale
hans.lilie@jura.uni-halle.de

Prof. Dr. Dr. h.c. Hans-Ludwig Schreiber (Strafrecht und Rechtstheorie)
Grazer Str. 14
30519 Hannover

Prof. Dr. Andreas Spickhoff (Zivil- und Zivilprozessrecht, Internationales und
Vergleichendes Medizinrecht)
Georg-August Universität Göttingen
Juristische Fakultät
Platz der Göttinger Sieben 6
37073 Göttingen

RECHT UND MEDIZIN

www.peterlang.com

Printed by
CPI books GmbH, Leck

FSC
www.fsc.org

MIX

Papier | Fördert
gute Waldnutzung

FSC® C083411

Zeitfracht Medien GmbH
Ferdinand-Jühlke-Straße 7
99095 Erfurt, Deutschland
produktsicherheit@kolibri360.de